裸足のソクラテス

ΣΩΚΡΑΤΗΣ

哲学の祖の実像を追う

八木雄二
YUJI YAGI

春秋社

はじめに

わたしたちはふつう、古代ギリシアの哲学と近代啓蒙哲学という、二つの柱によってヨーロッパの哲学を学んでいる。ソクラテス、プラトン、アリストテレス、デカルト、カント、という名で知っている哲学である。

なかでもプラトンの『ソクラテスの弁明』とデカルトの『方法序説』は、短い作品であると同時に少なくとも読みやすそうな内容なので、哲学入門のつもりで手に取られることが多い。言うまでもなく、一方は古代ギリシア哲学への入門になるだろうし、他方は、近代啓蒙哲学への入門になるだろう。

このうち、デカルトの『方法序説』に関しては、その内容が近代科学文明の宣言のようなものなので、多少のむずかしさはあっても、誤解は少なく読める。

それに対して、『ソクラテスの弁明』は、話の筋は一見わかりやすいが、ソクラテスの言っていることをよくよく考えてみると、なかなか手ごわい内容を含んでいる。専門家の間でさえ、いまだにいくつもの研究書が出るほど、理解のさだまらない内容をもつ。

しかし、『ソクラテスの弁明』がもつなぞは、そういう中身の問題だけではない。

じつは、この『ソクラテスの弁明』を含めてプラトンのほとんどの作品は、近代になってからヨーロッパに知られるようになったのであって、中世のヨーロッパには知られていなかったのである。

ヨーロッパ中世の哲学を知らない読者は、それがどうした、中世はもともと暗闇で、宗教に圧倒されて哲学などほとんどなかったのだろうと、思われるかもしれない。ところがどうして、同じギリシア哲学であるアリストテレスに関していえば、ほぼすべての作品が短期間のうちにギリシア語からラテン語に翻訳され、中世の間に研究しつくされていたと言っても言い過ぎではない。中世の間で固まったアリストテレス理解は、大筋では現代でも常識になっている。

中世の哲学者たちは、アリストテレスに関しては、それほど専門的に理解を深めていた。その彼らが、同じくギリシアにあったプラトンの哲学的対話篇については、その存在すら知らなかった。

その理由は、一体なにか。

ヨーロッパ人の書いた書物によれば、たまたまそうなっただけ、と言いたげな説明しかない。プラトンの作品は、東ローマ帝国内にはあったものの、イスラム圏が東ローマ（現トルコの地）まで伸長したことによって、そこに文化交流の壁ができて、中世ヨーロッパには伝わらなかったからだ、という。しかし、アリストテレスのギリシア語原典も、似たような事情にあった。中世ヨーロッパがそれを得たのは、いくつかの十字軍遠征と、イスラム勢力の脅威が東ローマに及んで、そこにいた学者たちがヨーロッパに逃れてきたからだと言われる。

要するにアリストテレス作品とプラトン作品の置かれた歴史的状況は、似たり寄ったりであった。それにもかかわらず、アリストテレスだけが、中世期、ヨーロッパに持ち込まれ、きわめて熱心に研究されたのである。一体、なぜか。プラトンの作品のほうは、なぜヨーロッパに持ち込まれなかったのか。東ローマ（ビザンティン）帝国がオスマントルコに倒され（十五世紀）、そこから学者が流出することによって『ソクラテスの弁明』をヨーロッパの人たちが知るようになるのは、十六世紀からなのである。

奇妙なのはそれだけではない。中世のキリスト教神学者がもっとも尊敬していたのは、アウグスティヌス（三五四-四三〇）である。中世の神学のどの神学も、その全体的枠組みは、アウグスティヌスの哲学を承けたものであった。つまり中世を通じてもっとも偉大な権威を認められたのがアウグスティヌスであった。その彼は、まったくのプラトン派なのである。彼は、自分のプラトン贔屓を作品で述べている。

ところが、その彼を一大権威と仰いだ中世の神学者たちが、自分たちの時代に東ローマにプラトンを求めなかった。なおかつ、古代においても、アウグスティヌス自身が、プラトンの作品を、どうやら一つも読んだことがないのである。アウグスティヌスは『ソクラテスの弁明』も知らない。アウグスティヌスが学んだものは、プラトン哲学と呼ばれていたが、プラトン自身の作品ではない。プラトンの作品は、ギリシアの地アカデメイアには存在していたに違いないが、西ローマ帝国内にいたアウグスティヌスの周りには、どうやら存在していなかったらしい。あったのは、プラトン派を名乗る他者の作品だった。

その後、プラトンの作品自体が欠損した状況は、中世の間、ヨーロッパにおいて変わらずに続いた。

これは奇妙なことではないだろうか。

ヨーロッパでは、この欠損状態は歴史的偶然に過ぎないと見られている。つまり、とくに理由もなしにそうであった、ということになっている。

ソクラテスに関しては、もう一つ不思議なことがある。

『ソクラテスの弁明』には、「ダイモーンの声」が出てくる。子どものころからソクラテスはそれをたびたび聞いていたという、よく知られた話である。日本語訳では、「神霊」などと訳されているが、英語で言えば「デーモン」。すなわち、「悪魔」である。他方、多神教であった古代ギリシアの主神は、「ゼウス」である。そしてゼウスと言えば、キリスト教の神の呼び名である。ソクラテスは、当時のほかの人々と同じように、しばしば「ゼウスにかけて」(神に誓って)話をしていた。ダイモーンも、ゼウスも、古代ギリシアにおいて、同じ世界の存在である。それにもかかわらず、ソクラテスに特別に声を掛けていたダイモーンは、ヨーロッパで後に「悪魔」の意味になった。その一方、同じソクラテスが供物を捧げていたゼウスはラテン語起源をもつ言語では「神」となった（英語のゴッドは語源がラテン語・ギリシア語ではない）。

異教の神がどれも「悪魔」と、ひとまとめにして言われるのなら不自然ではない。たとえば仏陀も、キリスト教の一部ではひそかに「悪魔」と言われている。ところがキリスト教世界はギリシアの主神を自分たちの「唯一の神」の名として受け取りながら、ソクラテスに現れた神霊は「悪魔」にしたのである。なぜソクラテスの「ダイモーン」は「悪魔」であって、「天使」ではないのか。

この歴史が偶然に過ぎないと見るのは、どうにも腑に落ちない。

ヨーロッパがプラトンの著作群を遅れて見つけたように、最近になってわたしは、クセノポンが書いた『家政』と『饗宴』の英訳本を書店の棚に見つけて手に取った。

クセノポンは、プラトンとほぼ同年輩と見られている人物である。クセノポンがプラトン同様、いくつかのソクラテスが登場する作品を書いていることは知っていても、これまで読んでみようとしていなかった。専門の研究者たちが、この二つの作品はクセノポンの創作に過ぎないと見なしているのを聞いて、これまで長い間、それを信じてしまっていたからである。読んでみて、わたしは、「これは本物」だと直感した。本物のソクラテスのことばが伝えられている、と思った。しかし今しがた述べたように、プラトンが書いた『ソクラテスの弁明』を本物として高く評価している人たちは、ほぼ等しく、クセノポンが書いたソクラテス関連の作品をクセノポンの出来の悪い創作と見なして軽視ないし無視している。わたしが読んだ英訳者も、この点では変わらない。

クセノポンの二つの作品を読んでみて、わたしは本当のソクラテスの姿がヨーロッパにおいて巧妙に隠されてきたのではないかと疑うようになった。隠している立場の人間の顔は、まったく見えない。だから第三者には本当のソクラテスが隠されていることも、じつは見えない。おそらくそのためにプラトンの『ソクラテスの弁明』のうちに見えているソクラテスのことばが、わかりづらく、謎めいている。プラトンの『ソクラテスの弁明』が謎めくのは、このように考えて見ると当然かもしれない。なぜなら、誰が、ソクラテスのどこを、どういう理由で隠しているか、それらのどれもが、人目に触れないように巧妙に隠されているからである。

『家政』と『饗宴』というクセノポンの二つの作品は日本語にほとんど訳されていない。したがって日本人には目に触れる機会がほとんどない。しかしこの二つの作品に触れることによって別の真実がわたしの目には見えて来たので、それを知ってもらうために、拙い訳だが、みなさんにも読んでもらいたいと思う。ただしこの本では二つの作品を、対話が行われた年代を推定して一部分割して原典から訳出した。読みやすいように、可能な限りの註も施した。

わたしは、それをもとにして、プラトンの書いた『ソクラテスの弁明』をあらためて読み直した。関連して、ソクラテスを嫌っていたアリストパネスの喜劇も、この機会にいくつか読んでみた。すると思いのほか、その喜劇のセリフのうちにも本当のソクラテスの姿が伝えられていることに気づくことになった。

実際、これらの作品をまとめて読んでみると、ある姿勢をもって崩れないソクラテス自身の哲学が、見えてきた。ヨーロッパの歴史のなかで隠されてきた真実が、異なる立場の複数の作者の作品を通して、わたしには理解できるようになった。そこには、プラトンやアリストテレスとは異なる、ある同一性をもった哲学があった。つまりソクラテスの哲学は、これまでヨーロッパの学者たちによって説明されてきたものとは異なる、ある独特のものであることが分かるようになった。それが隠されてきたのだ。

ソクラテスには、とてつもなく深い謎がある。

裸足のソクラテス　目次

裸足のソクラテス——哲学の祖の実像を追う

第1章　神託と不惑の人生

1　作品の登場人物ソクラテス

哲学者ソクラテスは、自分では何も書かなかった唯一のヨーロッパの哲学者として知られている。したがって、ソクラテスの哲学は、同時代の作家の作品を通じて知ることができるだけである。

とはいえ、原ソクラテスの姿を伝えてくれる作品は、意外に多い。『ソクラテスの弁明』をはじめとするプラトンのいくつかの作品、クセノポンが書いた『ソクラテスの思い出』、『家政』、プラトンの作品と同じ題名であるが、それとは異なるクセノポンの『饗宴』、『ソクラテスの弁明』、それから、当時の有名な喜劇作家アリストパネスの作品『雲』、『鳥』などである。

この三人は、同時代に生きてソクラテスを直接に知っていた作家である。さらに、やはり同時代の人、アンドキデスの作った弁論がある。彼は、ソクラテスを直接には知らなかったらしいが、同じアテナイの人間で、なおかつ、自分が失った市民権を取り戻す裁判の席でソクラテスの友人であった人物カリアスを非難している。そのカリアスの名は、上記三名の著作のうちにも言及されている。そのため、ソクラテスをめぐる人物像の思わぬ一端をうかがい知ることができる。

これらをていねいに読んでみると、とても今から二千四百年も前のこととは思えないほどソクラテスの周囲はいきいきと現代に伝わっている。プラトンやアリストテレスのほうが、じつはわからないことだらけなのである。

ソクラテスは裁判で死刑になったために、紀元前三九九年の春に死んだこと、そのとき七十歳であったことが分かっている。当時の人物で「頃」でなしに生没年が言える人間は、歴史書に残される国王にすら、ほとんどいない。たとえばプラトンも、アリストテレスも、アリストパネスも、いつ生まれたか、いつ何歳で死んだか、どんな人物であったか、はっきりしない。残っているのは、作品という「仕事」だけである。

そして彼らの作品を通じて、ソクラテスには、四十歳の頃に特別の事件が起きたことが知られている。それによって彼はアテナイの市民に広く知られる人間になった。二十歳そこそこの若いアリストパネスは、五十歳の頃のソクラテスを、「よろしくない弁論を若者に教える教師」として劇『雲』を通じて揶揄した。しかし同時にアリストパネスは、ソクラテスがいつもはだしでいるうえに、だれも真似できないほど禁欲的であり、戦場でも、おどろくほど勇敢に振る舞ったことを、同じ作品のなかで伝えている。また、『鳥』では、「ソクラテス」の語尾を動詞の形に変え、日本語にすれば「ソクラテスする」を造語して、「髪の毛は伸ばし放題、垢まみれで、空腹に耐えて暮らす」と述べている。[1] 他のところでは、「風呂嫌い」とも言っている。このセリフは、彼を嫌った人物のことばなのだから、ソクラテスの外見を率直に伝えているはずである。

そしてクセノポンが書いた『家政』の後半は、どうやらソクラテスが三十歳の頃の対話を伝えており、前半は六十歳の頃の対話を伝えている。そしてクセノポンが書いた『饗宴』は、ソクラテスが五十歳の頃の対話を伝えている。プラトンが書いた『ソクラテスの弁明』は、七十歳のときの弁論であり、その中で、四十歳のころの神託事件について証言している。したがって、三十歳から七十歳まで、ソクラテスが若い頃から老熟するまでの、ほぼ十年ごとの話が文書で伝わっているのである。

そして、四十歳と言えば、孔子によると「不惑」の歳である。実際、ソクラテスはそのときから、哲学に身を捧げる生活を始め、その言動は、どうやら妻クサンティッペの非難にも揺るがず、友人の問いにも揺るがず、政治的権力者による粛正の脅しにも揺るがず、敗走する戦場でも揺るがず、貧乏な生活にも、一か月にわたる飢餓状態（スパルタ軍によるアテナイ市の兵糧攻めがあった）にも、まったく揺るがなかったことが、三人の作品を通じて見て取れる。[2]

その四十歳のときの事件とは、デルポイにおける太陽神アポローンの神託事件であ

【1】アリストパネス『鳥』一二八二行

【2】八百年後のアウグスティヌスもソクラテスについては「その生と死の名声ははなばなしかった」と聞いている。アウグスティヌス『神の国』第八巻第三章（服部英次郎訳）

る。友人のカイレポンが持ち帰ったこの神託が、ソクラテスを公に、哲学者として著名なものにした経緯も裁判時の本人の証言が明らかにしている。この事件のあと、ソクラテスは屋外の場での対話によって若者に少なからぬ影響を与えていた。

しかしソクラテスは、当時の政治家の活動を話題にして政治について他者と議論することはなかったらしい。つまり町の中心にあるアゴラで話していても、ソクラテスは政治世論作りには距離を置いていた。当時は、政治指導者は市民たちに、政治への参加をつねに促していた。同時代の有名政治家ペリクレスもその一人である。ところがソクラテスは、政治については特定の立場を明らかにしなかった。そんなソクラテスを見て、身の危険を覚えながら好戦的な政治指導者をこき下ろす喜劇をつくっていたアリストパネスは、ソクラテスは「無意味で、民主社会に悪弊を持ち込むソフィスト」に違いないと考えたようである。

そしてアリストパネスはソクラテスのノンポリ（政治への無関心）ぶりに怒り、ソクラテスは地上のことを無視して空中のことを思案しており、「若者を堕落させるソフィスト」だというイメージを人々の間に広く流した。しかしその一方、ソクラテスの対話力は、哲学に興味を懐く人々の評判を呼び、いつしかギリシア諸国に知れ渡るほどになったことが、プラトン作品からも、アリストパネスの作品からも、読み取ることができる。

今からざっと二千四百年前に生きていたソクラテスに関するこの情報量は、驚異的である。釈迦や、孔子など、自分ではなにも書かなかった思想家は、同時代にいるが、ソクラテスほどに、本人が生きていた当時の詳細な描写が伝わっている古代の思想家は、だれ一人いない。わたしたちは、ほぼ等身大のソクラテスに、触れることができるのである。

2 作家クセノポン

いくつかのソクラテスに関する作品を残したクセノポンは、ソクラテスより四十歳ほど若かったので、おそらくクセノポンが直接ソクラテスに接するようになったのは、彼が十代後半であり、ソクラテスが五十五歳を超えた頃からだと思われる。

このように言えば、そのクセノポンが、どうしてそれより若い頃のソクラテスの対話を書くことができたのかと、疑問をもつ向きもあるだろう。じつは多くの専門家がそのために、『家政』をはじめとして彼が書いた作品は、あくまでも創作であって、ソクラテスの実際の話を伝えているものではないと考えている。

わたしはこの解釈に反対する。一つは、当時の平均的な人は、現代人とは違って、その場で人が話していることを細大漏らさず覚える能力を養っていたらしいことが、さまざまな証拠から推測できるからである。

たとえばプラトンの作品のいくつかは、だれかがソクラテスの行った会話の場にいて、その場での会話を一部始終覚えて、それをだれかに伝え、それをまただれかが聞いている、という設定になっている。そしてそれは、当時の人々にとって、特別なことではなかったらしい。そしてそうであるからこそ、プラトンはそのような設定で対話篇を書いたと考えられる。また現代の未開社会の人々のフィールド研究でも、未開社会の人は、驚くほどの記憶力をもつことが報告されている。[3]

二つ目には、著者のクセノポンは、さまざまな作品を書き残した作家ではあるが、じつは武人で、哲学者ではない。プラトンのように哲学的な持論をもたないし、論争を好む人間でもない。ところが『家政』その他の作品に出てくるソクラテスの会話は、高度な哲学の能力がなければとてもできないものばかりである。クセノポンにそんな話が創作できるとは、とても思えない。これが、『ソクラテスの思い出』ならびにその他の作品が、クセノポンの創作とは思えない二番目の理由である。

三つ目には、『家政』は、クセノポンより少しだけ年上で、なおかつクセノポンとも友人であるクリトブロス（ソクラテスと同年の親友クリトンの息子）に対して、ソクラテスが話しているものである。したがって、クリトブロスからクセノポンがその話を聞く可能性は十分にある。つまりソクラテスから話を聞いたクリトブロスが、その内容を憶えており、それをクセノポンに話してくれた、ということが考えられる。あるいは、ソクラテスは、何人かの人たちに、周りで自分たちの一対一の会話を聞かせていたことが知られている。そしてそういう人のなかに、ソクラテスが話したことを細大漏らさず憶えた熱心なソクラテス信者がいたらしい。ヘルモゲネスである。クセ

【3】レヴィ・ブリュル『未開社会の思惟』上下、山田吉彦訳、岩波文庫、一九九一年を参照。

ノポンが書いた『ソクラテスの弁明』も、この人物からの伝聞である。そしてその人物から、クセノポンは、後日（ソクラテスの死後）、クリトブロスとの対話を聞いて、それを書き残したと考えることができる。クセノポンが書いた『饗宴』も同様である。

読者のなかには、この著者の意見に納得できない人がいるかもしれない。とくに古代の人々が現代人にはとても現実とは思えないほどの大量の会話を瞬間記憶のような能力で憶えてしまうことなど、到底考えられないと疑うかもしれない。しかし、わたしは、様々な体験から、古い時代の人間は、そうであるに違いないと思っている。つまり古代の人たちは自分の記憶に頼ることによってしか生きることができない場面に現代とはけた違いに多く出くわしていた。このことは、たしかなのである。そしてわたしは、だれであれ人間の脳は、その人が「生きる緊張感」を生活のどこでももっているかによって、思いのほか、記憶力を強めたり、弱めたりするものだと考えている。

とにかく、著者は以上のような見解をもって、クセノポンの作品を読み、その内容からソクラテスの原型を見てゆくつもりでいる。

3　プラトン『ソクラテスの弁明』

クセノポンの作品について述べてきたが、裁判で死刑になったときのソクラテス自身の弁論をもっともよく伝えているのは、やはりプラトンが書き残した『ソクラテスの弁明』である。プラトンは、自分の耳でそれを聞いた。それはたしかである。実際、裁判で有罪判決が出たとき、友人たちはソクラテスに替わって賠償金の支払いに応じることにした。若いプラトンは、その申し出をソクラテスに告げようと、彼の証言台に近づいたことを、プラトンが書いたその作品中でソクラテスが証言している。

当時の人々が瞬間的な記憶力にすぐれていたことは述べた。プラトンは、なかでも優秀な頭脳の持ち主であったから、ソクラテスの弁論の多くを、やはりその場でそのまま覚えることができたに違いないと、著者は考える。

ただし、プラトンは、一般に考えられているほどソクラテスの熱心な弟子ではない。クセノポンも、プラトンが特別の弟子仲間とは思っていなかったと思われる。クセノポンの『ソクラテスの思い出』のなかでも、プラトンはちょっと触れられているのみである。プラトン自身の思想は、明らかにピュタゴラスに近い。ピュタゴラスは、ペルシア大帝国の圧迫でイオニア地方の故郷を追われた哲学者であり、出自はプラトンと同様、貴族（騎士階級出身、土地所有者）だろう。幾何学の研究、天体の研究、音楽の研究で、特異な功績を残した哲学者である。

ソクラテスは、同年齢の友人クリトンや、あるときから友人となったカリアスは別として、裕福な家に生まれていながら貧乏になった弟子を多く持っていた。一方、プラトンは、高貴な家名を継ぐ自尊心の強い人だったと思われる。プラトンは、ソクラテスを主な話し手とする、たくさんの対話篇を書いているが、わたしの見立てでは、生前に公刊したのは、『ソクラテスの弁明』（以下、『弁明』と略す）だけだったと思われる。ほかの作品は、公刊せず、ごく親しい人に見せただけか、あるいは、自分がつくった学校、アカデメイアで生徒に読ませただけだったと思われる。これは当時寡頭派に属していたプラトンの家が、敗戦後伝統的な民主政権のもとで力をふるえなかったことや、プラトン自身が、ソクラテスの弟子仲間と同調できず、むしろピュタゴラス学派の人々とそりが合ったに違いないと思えるからである。

実際、プラトンの対話篇は、『弁明』以外、多かれ少なかれ、プラトンの創作であって、実際にあった対話がその一部に組み込まれている程度であったと思われる。なぜなら、ほとんどの作品に登場するソクラテスが対話の中で展開する論理は、大と小、多と一、等と不等、など、数学的、幾何学的な用語のもつ論理で展開されているからである。プラトンが書いた『パイドン』という作品は、ソクラテスがドクニンジンの汁をあおって死ぬシーンを最後にもつ有名な作品であるが、プラトンは病気か何かでいなかったことになっている。しかも最後の対話で主立って意見を言うのは、ピュタゴラス派の学者たちである。『パイドン』はプラトンの創作であることは明らかだと思われる。

それゆえ、わたしは、プラトンの創作は考察の対象からはずして、クセノポンのいくつかの作品と、プラトンの作品の中では唯一、百パーセントソクラテス自身のことばを伝えている『弁明』をもとにして、ソクラテスの本当の姿を探っていきたいと思う。

4 ソクラテスの生涯

哲学者ソクラテスは裁判で死刑になった。そして当時の死刑は、ドクニンジンをすりおろしたものを飲み干すことで執行された。それが含む神経毒が四肢から心臓に及んで命を奪う。それは刑が決まってから一か月後の日没、紀元前三九九年春のことであった。

裁判の中で、ソクラテスは自身の年齢について「七十歳」と述べた[4]。とすれば、生まれたのは紀元前四六九年と推測される。そしてすでに述べたように、その七十年の生涯は、四十歳の頃に起きた事件をはさんで、前半と後半に分けて考えることができる。前期四十年間、後期三十年間である。

この四十歳の頃（紀元前四二九年前後）のある日、友人のカイレポンが勝手にデルポイの霊地に出かけて、「ソクラテスより知恵のある者はいるか」と、そこの巫女に問いかけた[5]。すると巫女は、「より知恵のある者はいない」という驚くべき神託を出した。カイレポンは月桂樹の枝の冠をかぶり[6]、この神託をもってアテナイの町に数日かけておそらく夢中で駆け戻った。ソクラテスが喜ぶ顔を心に思い描いていただろう。

しかしカイレポンからそれを聞いたソクラテスは、なぜか喜ばなかった。彼はそれを聞いて、むしろ思い悩んだと証言している。神託になぞがあると考え、独りでじっくり考え込んだ。そして思いあぐねた結果、ある行動を起こした。アニュトスという

【4】プラトン『弁明』一七D。

【5】同上二一A。デルポイは、古代ギリシアにおいて「神のことばを受けることができる場所」としてもっとも大きな権威をもっていた。

【6】神託を受けた帰り道であることを、月桂樹の枝の冠をかぶることで示すのが習わしだった。

傲慢な政治家に声をかけ、「知っているに違いないことがら」についてソクラテスは問いかけたのである。正義についてか、ともかく「善美なことがら」について、である。[7]

しかしアニュトスは、ソクラテスに問われると、思いのほか、答えることができなかった。周囲にはそれを聞いていた人々がいた。世間の人々に対して、知っていそうに見せることで維持していたアニュトスの自尊心は、大いに傷つけられた。彼は怒り、ソクラテスを逆恨みした。

その後、ソクラテスは、傲慢になりがちな人を呼び止めては、それがだれであろうと、「知ったつもり」の化けの皮を引きはがす厳しい「問い」を仕掛け続けた。ソクラテスは『弁明』のなかで、自分を一匹のアブに例えている。[8] アテナイの繁栄した町を「大きくて素性は悪くないが、眠りこけてしまいがちな馬」にたとえて、それを「ときどき刺して眠気を飛ばしているアブ」のようなものが、自分なのだと言う。

他方、クセノポンが書いた『ソクラテスの思い出』(以下、『思い出』と略記)によれば、彼から学ぼうとしていた人たちに対しては、善美なことについて、正義について、等々、親切に答えていた。[9] それが彼の名を「哲学の父」として不朽のものにした。[10] ソクラテスは、その話法において、一方にきびしく、他方にやさしかったのである。しかしソクラテスは『弁明』のときに至るまで、その哲学の根本を説かなかったように見える。つまり人生の最期となる『弁明』の場に至って、はじめてソクラテスは、

【7】プラトン『弁明』二一C–D

【8】同上三〇E

【9】クセノポン『ソクラテスの思い出』に記された対話のほとんど(第一巻四章以下)は、プラトンが描くところのソクラテスとは違い、温厚な印象を与える会話になっている。プラトンは名家の出自で、おそらくピュタゴラス派の

自分の哲学の背景をすべて話したのだと考えられる。プラトン『弁明』が、わかりやすい言葉を用いていながら、その裏に多くの謎を潜ませているのは、そのゆえであろう。わたしたちはその謎解きをしなければならない。

5　ソクラテス生涯の背景

ソクラテスが生まれた場所は都市国家アテナイ（現アテネ）の町[11]であった。

当時のこととして知っていなければならないのは、ペルシア大帝国がギリシア本土に送った二度の大軍の進撃を、都市国家アテナイが二度とも自分のところで食い止めたことである。一度目は「マラトンの戦い」。その戦いはアテナイから北に四十キロ余りの海岸で起きた[12]。アテナイ市民軍は同盟軍とともに、ペルシアの大軍を追い払った。その知らせをアテナイの人々にもたらした功績を記念するマラソン競技は、オリンピックの競技として、よく知られている。

そして二度目の対ペルシア戦役は、それから十年後だった。このときも将軍テミストクレスのもと、市の南に広がるサラミスの海戦でアテナイは大勝利をおさめた。それは紀元前四百八十年、ソクラテス誕生のほぼ十年前のことだった。そして都市国家アテナイは、ペルシアの捲土重来に備えて、エーゲ海周辺のギリシア諸都市の多くとデロス同盟を結び、貢納金を集め、強力な海軍をつくり、大いに栄えた。

その後、紀元前四三一年、ちょうどソクラテスが四十歳の頃に、アテナイは、今度

学者であった。三十歳の頃、ソクラテスの裁判に列席してその弁明をかなり詳しく書き伝えた。その後、「ソクラテス」を主要な登場人物とする対話篇を数多く執筆した。アテナイ郊外アカデメイアの聖域に哲学の学校を開き、この学校は九百年続き、紀元後五八五年、東ローマ皇帝の命によって閉鎖された。アカデメイアはその九百年の間に、古代ギリシアの学知を地中海世界に伝え続けた。

他方、クセノポンは、プラトンとほぼ同年齢であるが、軍人となることを夢見て育ち、ソクラテスの反対を押し切ってペロポネソス戦争後、スパルタにいたペルシア王の弟が集めた軍隊に同行した。そしてペルシアの王都近くまで来たときに、自分たちの軍隊が、じつはその弟が、兄王を倒して自分が王になろうとして集められたことを知った。しかもそれを知ったのは、兄王の兵士によって自分たちの軍隊の指揮官たちが殺されたことを知ったあとだった。

クセノポンが同行していたギリシア人の軍隊は、そのとき一万人であったが、巨大な敵国の真っただ中に放り出された状態となった。一刻も早く安全に、敵地の中を長い道のりを経て自国に帰還しなけ

は名将ペリクレスのもと、スパルタを盟主とするペロポネソス同盟相手に、長期にわたる戦端を開いた[13]。民主政権を率いたペリクレスが健在だった当初は、敗色は薄かった。しかし、彼が数年後に病没してからのち、好戦的なクレオーンという将軍のもとで、市民は多くのデマゴーグに惑わされ始めた。クレオーンが戦死して、いっときはスパルタとの間に休戦が成立したが、それも長続きしなかった。ついには若者アルキビアデスの勇ましい演説にまどわされて、アテナイはシケリア（現シシリー島）に対する大それた戦略を採用した。

ところがアテナイは数年後、市民を絶望のどん底に陥れるほどの大きな損失を、シケリアでこうむった。大部分の艦船を失い、有力な人々を失ったのである（紀元前四一五年）。アテナイはしだいに敗色濃厚となり、アルギヌサイ沖の海戦で悪天候のために再び多くの艦船と人員を失い[14]、ついに唯一のライフラインだった港を、敵方の艦船で封鎖され[15]、一か月間にわたる籠城の末、スパルタの出す条件をのんで、アテナイは敗戦国となった（紀元前四〇四年）。

七十歳のソクラテスが裁判にかけられて死刑になるのは、それから五年後のことである。したがって、ソクラテスを問答で有名にした生涯の後期、四十歳以降の三十年は、ほぼペロポネソス戦争の期間と重なっている。とはいえソクラテスの「哲学活動」が戦争から影響を受けたようすは、まったくない[16]。ただし、自国の戦いへの従軍は市民の義務であった。それゆえ、ペロポネソス戦争が始まる少し前、紀元前四三三

ればならない。そのとき、クセノポンは、その指揮を任された。そして彼は、後衛を引き受け（ソクラテスのデーリオンの戦いをまねているのか）見事にギリシア軍を自国に連れ戻した。このことを記したのが、彼の『アナバシス』である。つまり彼は、敵地からの撤退行軍の英雄なのである。戦勝の英雄は多いが、負けた軍隊の撤退行軍の英雄は、あまり聞かない。

その後彼は、スパルタで荘園を得て、作品の執筆と農地経営で後半生を過ごすが、彼の撤退行軍の成功の知恵も、農地経営の知恵も、ソクラテスから教えられていたものであるに違いない。このことは、彼の書いた作品から察することができる。

【10】古代、紀元前の間は、ソクラテスは「哲学の父」として一般に受け止められていた。じつはプラトンとクセノポンの著作は、たとえソクラテスに言及していない作品であっても、ほぼすべて残っている。同時代の作家でその書いたものがほぼすべて残っている事例はほかにない。この事実が示しているのは、現代からはまったく想像できないほどのソクラテスに対する崇敬だろうと、著者には思

年（ソクラテス推定年齢三十六歳）から翌年まで、彼はポテイダイアの地（バルカン半島北部）の戦闘に従軍した。このとき、彼は北国の冬にもはだしで居たこと、独り沈思して、驚くべきことに、一昼夜、野外で立ち尽くしていたことが、プラトン『饗宴』で伝えられている。[17] これは生涯の前期に当たる貴重な事実である。[18] なぜなら、この事実は、四十歳以前の彼が、まだ考えておかなければならない大きな問題を抱えていたことを暗示するからである。

他方、ソクラテス自身が証言している[19]アンピポリスの地の戦闘に従軍した年は、はっきりしない。そして紀元前四二四年（ソクラテス推定年齢四十五歳）には、デーリオンの地の戦闘に従軍している。そこでは、退却する軍隊の最後尾を彼が雄々しく守ったことが伝えられている。[20] どうやら彼は、敗走する自軍の最後尾で、四方に鋭く目を配っただけで、追討しようとする敵を自軍に近づけなかったらしい。つまり戦時の勇気がたたえられていたと言っても、敵方を大勢殺したからではない。この事実は、四十歳を超えた彼が、基本的な思索を済ませていたことを示唆する。なぜなら、このような勇気は、生死についてのゆるぎない信念が背景にあることを暗示するからである。

そして、異なる戦地におけるこの二つの行動は、四十歳前後にあったと思われる神託事件をはさんで、彼の哲学人生が、はっきりと分けられることを示している。

また当時、陸戦は、騎馬兵、弓兵、投石隊、重装歩兵、軽装歩兵によるものであった。デーリオンの戦闘には、ソクラテスは重装歩兵で参加した。[21] しかし重装備を自前

われる。すなわち、両者の作品がソクラテスを直接に知っていた人の作品である、ということが、何よりもそれらが「書き伝えられ、残されてきた」理由なのではないかと、察せられる。
　たとえば、それと比べて、ソクラテスを知らないアリストテレスは、いくつかの対話篇を公刊したと言われているが、一つも残っていない。じつは、穴倉に秘蔵されていた講義録が発見されてできたのが、今日わたしたちが見るアリストテレスの全集なのである。

【11】 当時の国家は、まず町が作られ、それを城壁で囲んで敵の来襲に備え、町の外（郊外）に畑などの食糧の生産地をもつ。同じ国家の中に二つ以上の中心的な町をもつことは例外的であった。アテナイ市は、海岸から少し内陸に入ったところに築かれ、後に港を必要としたことから、アテナイ市とは別に、ペイライエウスの町を港にしてもっていた。

【12】 二回目のペルシア軍のギリシア本土への侵攻において、はじめにあった戦いは「テルモピュライの戦い」であった。スパルタ軍は自分たちが少数であったゆえに

でもつことができたのは、市民のすべてではなく、ある程度は生活に余裕のあった市民であった。出身階級には、司祭階級、騎士階級、農民階級、労務者階級があって、ソクラテスは騎士階級に属したらしい。したがって、その点では重装歩兵での参加は不思議ではないが、それでも彼は武具をもつことが不思議なくらい貧乏であったはずである。ということは、ソクラテスは貧しいながらも恥ずかしくない戦闘準備を日頃から整えていたことになる。少なくとも四十歳以降はかなり貧しかったはずなので、彼のこの行為は、日本の能「鉢の木」に出てくる田舎武者を思い起こさせる。[22]

6　神託の受け取り

前節で述べたことから想像できるように、ソクラテスが公的に注目されることになったのは、彼の人生の後半であった。町の外では自国の敗戦に終わる戦争が続いており、一方、町なかでの「哲学」の活動においては、彼の話を聞こうとつきまとう弟子（友人）が多数居たと同時に、世間的に大物の敵もいた、という状況である。敵方に居たのは、アニュトスという傲慢不遜な政治家であり、[23] そのご機嫌を取ろうとする取り巻きであり、ソクラテス批判のお先棒をかつぐことになったアリストパネスという若い喜劇作家（風評をふりまく、いわば当時の週刊誌記者）であった。[24]

　ただしアリストパネスは、アニュトス派ではない。なぜなら、彼はソクラテスの裁判時に四十台半ばで、まだ生きていたので、アニュトス派が裁判で証言を頼んでいれ

山の狭間を戦闘の地に選んだ。しかしスパルタ軍およそ三百名は、勇猛に戦ったが、全滅した。

【13】つまりアテナイ市には、ほぼ五十年間の平和と繁栄があったのである。

【14】紀元前四〇六年。この戦いで将軍たち十名が告発されたとき、ソクラテスが議長としてかかわった。プラトン『弁明』三二B

【15】アテナイの城壁は、陸戦の覇者であるスパルタ軍によってすでに包囲されていた。

【16】これはソクラテスが戦争を含め、国政に関わろうとしなかった事実と一致する。

【17】プラトン『饗宴』二二〇A

【18】不惑の年以前には、ソクラテスも、相当の時間をかけて考えていたテーマが、何かあったことを示唆している。つまりそのような考察を通じて、不惑の年を迎える頃には、その後に展開される思想（どんなに厳しい問答にも自ら耐えるだけの精神的力量）ができあがったと、見なすことができる。

ば、裁判所に来てアニュトス側で証人に立っていただろう。そしてそのときには、ソクラテスも、彼を登壇させて、問答で『雲』の創作上の虚偽を明らかにすることができただろう。ところが、プラトン『弁明』によれば、アリストパネスの姿は裁判所になかった。したがって、アリストパネスがソクラテスを死刑に追いやるうえで、都合のいい作品『雲』を書いたのは、彼がアニュトスに媚を売るためではなく、別の理由でアリストパネスがソクラテスを嫌っていたためだとわかる。

その理由とは、ソクラテスがその知恵のある論で大勢の若者を引き付けていながら、国政に参与しようとしなかったためだと考えられる。じつは現代のソクラテス研究者ですら、この点ではソクラテスを批判している。つまりソクラテスは「正義のための戦い」をうたっていながら、当時の政権が無意味に続けようとする戦争を止めるために、民会で発言しようとしなかった[25]。

他方アリストパネスは、『アカルナイの人々』をはじめとして、一貫して「反戦・平和主義」を前面に押し出した喜劇を発表していた。すなわち、好戦的な政治家、あるいはその種の人々（寡頭派）をきびしく非難していた。実際に当代の有力政治家クレオーンから身の危険を感じることが起きていたほどである[26]。ところがソクラテスは、弟子のカイレポンが「アポロンの神が認めた知恵者」と宣伝しているにもかかわらず、民会で正義をつらぬくために発言せず、世間の片隅で話しているだけ、国家の一大事のはずのスパルタ諸国との戦争の是非についてはまったく論じようともしない態度を

【19】プラトン『弁明』二八E。ソクラテスは、ポテイダイア、アンピポリス、デーリオンと戦地名を並べている。この並びを、時間を追ったものとして読むと、アンピポリスの戦闘がいつのことだったかわからなくなるが、もしも地理的位置に即した並べ方をしたのなら、アンピポリスはポテイダイアと同じく北方マケドニア（トラキア）地方にある要衝なので、南にあってアテナイ近隣の要衝デーリオンの戦地名より先にソクラテスが口にしたと考えることはできる。こういうことなら、アンピポリスの戦いは、クセノポン『饗宴』の年、紀元前四二二年であり、この戦闘で、好戦的なアテナイの将軍クレオーンと、スパルタ側の名将プラシダスの両者が戦士した。それによって、翌年アテナイとスパルタの間で休戦協定（ニキアスの平和）が成立。紀元前四一八年マンティネイアで戦闘は再発した。

【20】同前二二一。

【21】同前。

【22】「鉢の木」は、鎌倉から来た旅僧を家に泊めるとき、暖を取るためのまきがなく、大事に育て

守っていた。

それを知ったアリストパネスが怒りを覚えても不思議はない。身を賭して平和主義を訴えていたアリストパネスから見れば、若者を国家の重大問題に向かわせようとしないソクラテスは、好戦的なクレオーン同様、自分の作品をもって徹底的に非難すべきソフィストの代表者に見えたに違いない。

つまりソクラテスは、国家の現状を憂えていた愛国者に、その国民性を疑われていたのである。

神託を持ち帰ったカイレポンは、ソクラテスが「誰よりも知恵者である」という神託を受けたことを、だれかれの区別なく、話して回ったと思われる。その証拠に、この事件から数年後と見られるアリストパネス『雲』に、カイレポンはソクラテスの「一番弟子」として紹介されている。カイレポンは、アリストパネスの他の喜劇作品にも登場するほどアテナイ市民には有名人であった。悪人ではないが、興奮すると抑えの利かない人物と見られていたようである。その彼が、「うちの師匠、ソクラテスは……」と神託内容を触れ回っているのを聞いて、一般市民は、その内容を信じなかっただろうし、他方、カイレポンを通じてソクラテスの名を知った人間も多かったに違いない。

ていた鉢の植木を折って火にくべた、という話である。この田舎侍は、貧しくとも戦闘に参加するための武具も馬も手放さず、鎌倉幕府から知らせが届いたときには、武具をとり、遅れまいと老馬を駆って、やっとのことで「いざ鎌倉」と将軍のもとにはせ参じる。ここでハッピーエンドが待っている。じつは彼の家に泊まった旅の僧は、身をやつした鎌倉将軍であった。将軍は彼の生活をほめ、彼に褒美を取らせる。現実にはありそうもない話であるが、この能は、生活は貧乏でも武士としての務めを果たそうとする立派な武士の話として、人気のある曲目である。もしかしたら、伝えられているソクラテスは、そのギリシア版かもしれない。

【23】 クセノポン『弁明』二九－三〇。裁判が結審したあと、ソクラテスは、近くを通りかかったアニュトスに思いのたけを語っている。それを読むと、ソクラテスにとって、アニュトスはもっとも憎むべき相手であったことが想像できる。

【24】 喜劇はつねに同時代の人々に笑いを提供するものであるから、

7 神託のなぞ

ソクラテスは、カイレポンが嘘を言っているのではないことはわかっていても、巫女が本当に神のことばを伝えたのか、当初は半信半疑だったと思われる。神託は信ずべきことがらであるとわかっていても、その内容には不審があった。プラトン『弁明』によれば、そのときのことを思い起こして、ソクラテスはつぎのように言っている。「神託のことを聞いてから、わたしは心に、問いかけたのです。いったい神は何を言おうとしているのか。いったい、どういうなぞかけをしているのだろうか」[27]。じっさい、当時、神託のことばは率直なもの（ことば通りのもの）ではなく、多くがなぞかけになっていることは、一般常識であった。

ペルシア帝国を迎え撃つアテナイからの使者に与えられた神託も、「木の砦に入って戦えば」という神託であり、「木の砦」は、当時木製であった神殿のことか、木製の船のことかで議論があり、船を選んだことでアテナイは勝利をえることができた。あるいは、スフィンクスが、「生まれたときは四足で、大きくなって二本足となり、年老いて三本足になるものは何か」となぞかけをした、という話は、ソポクレスのギリシア悲劇『オイディプース王』のなかの有名な話である[28]。このなぞかけに対して「それは人間だ、赤子のときは手足を使って四本足で歩き、大人は二本足で歩き、年を取れば杖をついて三本足で歩く」と見事に答えたものは、知恵者として国の王に迎

その内容はまったく同時代的である。したがって、アリストパネスはそのときどきのアテナイの状況を反映する喜劇を残してくれている。

【25】 プラトン『ソクラテスの弁明・クリトン』講談社学術文庫、解題。

【26】 アリストパネス『アカルナイの人々』三七八行以下

【27】 プラトン『弁明』二一B（田中美知太郎訳）。

【28】 ソポクレス『オイディプース王』。

えられた、というのが、その話である。古代のギリシアでは、人になぞかけをするのは神がよくする知恵遊びぐらいに受け止められていた。

したがって、自分より知恵のある者はいないと言われたソクラテスも、神がなぞかけを挑んできたと受け取ったに違いない。しかしソクラテスが神託をそのように受け取った理由は、一般的に神託がなぞめいたものであるから、という理由によるだけではない。むしろソクラテスは、自分は知恵のない人間だと、つねに思っていたからである。弁明の場でつぎのように言っている。「なぜなら、わたしは自分が大小いずれにしても、知恵のないものであると自覚しているからです。すると、そのわたしを、一番知恵があると宣言することによって、いったい神は何を言おうとしているのか。じっさい、まさか神が嘘を言うはずもない。神にあっては、嘘をつくことなどありえないからです。そして長い間、いったい神は自分になにを言おうとしているのか、ずっと考え、思い迷っていました[29]」

ソクラテスは、カイレポンが持ち帰った「自分より知恵のあるものはいない」という神託は、自分が確かめて来た事実に反するものであり、自分に対する「なぞかけ」に違いないと受け取った。事実、ソクラテスは、自分には知恵がないことを自分の中では確かめていた。それにもかかわらず、知恵のない自分より知恵のあるものはいない、と神が言うのは、どういう意味なのか。相手が人間なら嘘をつくことがありうる。しかし神が嘘をつくことは考えられない。そもそも嘘をつく理由がない。しかし、神

【29】プラトン『弁明』二一B(田中美知太郎訳)。

託が真実であるとすれば、知恵がないはずの自分に、ほかの人の知恵を超えた知恵がある、ということになる。これはどういう意味なのか[30]。

ソクラテスは、心の中では答えが見つからなかった。

8 なぞときの方法の発見

ソクラテスは、思い迷った末に、ついに意を決して、「まったく気の進まないことではあったけれど」（モギス・パヌ）[31]、つぎのような方法でなぞを探究して見ることにしたと言う。「それはだれか、知恵があると思われている人をたずねることだった。ほかはとにかく、そこへ行けば神託を反駁して、ほら、この人のほうが、わたしより知恵があるではありませんか、それなのに、あなたはわたしを知者だとおっしゃった、というふうに、神託に向かってはっきりと言うことができるというわけです[32]」

つまり心の中でいくら考えても、神託のなぞは解けないとわかりかけたとき、ソクラテスは、「知恵者と見られている人のところへ出かける」、「そしてその知恵をたしかめてみる」という実際行動を決断して行動に出たのである。

しかしソクラテスにとって、これはかなり思い切った行動であった。それは、その「知恵があると思われている人」というのが、アニュトスという政治家であったらしい、ということから十分に想像できる。アニュトスは、皮革の仕事で財を成して、政治家になった人物で、どうやらかなり傲慢な人物であったらしい。一般世間から知恵

【30】ソクラテスはこのように見ているが、『家政』の中のイスコマコスとの対話でも、ソクラテスは、自分には農業の知識がないと思っていたところが、イスコマコスの質問に、自分が知っていたことに気づかされる。ここでは、「知恵」について、アポロン神との対話で、知らないと思っているのに、知っていることに気づかされる、という類似のパターンが起きている。

【31】プラトン『弁明』二一B

【32】同前B–C（田中美知太郎訳）。

のある人物（政治指導者の器がある）と見られており、おそらく、人前に出るときも、さっそうと風を切って歩いていたか、肩を怒らして歩いていたか、とにかく自分におべっかを使う者を従えて町中を歩いて居たような人物だったらしいからである。ソクラテスにとって、おそらくもっとも嫌いなタイプの人間で、できれば一生、口を聞きたくない人間であっただろう。しかし神託のなぞときのためには、まさにその人物のところへ行って話を聞いてみなければならないという結論に彼は達したのである。

なぜ、わざわざ、自分がもっとも嫌うタイプの人間で神託を試してみなければならないと、ソクラテスは考えたのか。同程度に知恵がありそうな人間がほかにいなかったのか。いても、アニュトスに話しかけなければ神託の謎解きにならないと考えた理由があるのか、等々、疑問は深まる。しかし、この問題の追求は、やめておこう。そもそも、この行動の意味を理解するためには、神託を受け取る前のソクラテスを見ておく必要がある。というのも、哲学人生前期のソクラテスが、神託を受け取り、なぞを見つけているからである。なぞを解いたあとは、哲学人生後期のソクラテスが現れる。それは、人に正義を問い、善美を問い、他方で、正義を主張し、知恵を主張し、善美について語る「哲学の父ソクラテス」である。

それゆえ、わたしたちが手にしている資料（プラトンとクセノポンの作品）から、可能なかぎり、前期（神託事件前）のソクラテスがどういう人間であったかを、まずはさぐらなければならない。そのために、その時代の対話と推測されるイスコマコスとの対話（『家政』の後半）を章をあらためて読むことにしたい。

第2章　善美な夫に善美な妻——『家政』(1)

1　『家政』とは

作品の題名「家政」は、日本語としては「家の政治」の意味である。原語では、「オイコノミコス」。このことばから、「エコノミクス」(経済)ということばが生じている。現代日本では、「家」と言えば、核家族の状態しかイメージできない。そのため、「家」と「経済」の間で、このことばの意味を取ろうとしても、取りようがないかもしれない。

古代ギリシアの世界では、貧乏人は別として、尊敬される金持ちとなれば、家には複数の奴隷(召使)がいて、家の仕事を割り振られている。そして家外の仕事でも、現場の労働は奴隷たちによって行われた。奴隷は、言うまでもなく、生身の人間だから、その衣食住を考え、その労働の指導についても、必要なことは、所有者がきちんとしないと、たちまち家が大混乱に陥り、家が傾くことになる。

つまり「家政」は、核家族の主婦労働というより、自分の家を含む小さな企業の「経営」に近い。クセノポン『家政』でも、取り上げられる具体的なテーマは、大農場主の家の中の采配であり、同時に、大農場自体の経営である。

したがって、現代人が受け取るイメージからは離れて、わたしたちはむしろ、農場のような企業経営のこと、あるいは、それが「家」のような、経済的利益《ノン・プロフィット》を求めない組織の場合も含めて、人間の組織全般の、運営に関する知恵を探る研究が、「家政」の意味だと考えなければならない。すなわち、現代で言えば、「経営学」に当たる。

2　『家政』の話し手

最初に登場するソクラテスは、六十歳前後である。話し相手にしているのは、三十歳くらいのクリトブロスである。彼はソクラテスの親友、クリトンの息子である。クリトンは、まだクリトブロスが子供のころから、ソクラテスに息子の教育指導を依頼していた。そして当時の若者は、三十歳前後に、父親から財産を含めて「家」の経営を譲られ、結婚するのがふつうだった。クリトブロスも父親から農場経営を託されることになり、不安になってソクラテスにいろいろと訊ねている。

ソクラテスは、クリトブロスの不安に答えて、クリトブロスとの問答で、クリトブロスの知を確認しつつ、経営についてどう考えるべきか教えている。しかし、いろいろと話しているうち、自分が若い頃（三十歳前後）、立派な農場主と会話したことを憶えているので、それを話してあげようと言って、『家政』の後半の話に入る。

『家政』の後半は、ソクラテスと農場主イスコマコスとの会話になる。イスコマコスはこの当時、おそらく四十歳代後半で、妻をもって十年ほどの状態である。この妻も良妻と噂されていたので、ソクラテスは、イスコマコスに、妻の教育についても尋ねている。この妻の名前は、この会話のなかには出てこないが、じつはある事件にかかわる弁論（アンドキデスの弁論）があって、そこから、彼女がクリュシラという名前であることがわかっている。

3 『家政』の翻訳と註釈について

著者はギリシア語に堪能ではない。ただ好運なことに、とりあえず英訳があり、なおかつ、原典のギリシア語は、ハイレベルではない。ヨーロッパでは、古典ギリシア語の読解の練習に、初級読本として最初に読まされることで有名なのがクセノポンなのである。『家政』の日本語訳は著者の知る限り一点である。拙訳の校正のときに参考にした。

とはいえ、作品の読解には、哲学についての知識も必要である。またすでに述べたように、当時の生活など、雑学に類する知識も、必要になる。読者が、作品を読み進むうえで参考になることは、知りうる限り枠外の註に盛り込んだ。とはいえ、註を読みつつ、本文を読むことが必要になるので、そのあたりの面倒は、ご容赦願いたい。

またこの本では、原型のソクラテスを知るために、彼の年齢順にその会話を紹介する。そのために、『家政』の途中から翻訳を進める。引用の最初は六十歳ころのソクラテスが、三十歳ころのクリトブロスに話している。その後、ソクラテスの記憶に残るソクラテス三十歳頃の対話に進んでいく。

4　『家政』の翻訳1――『家政』第六章の終わり

「いいだろう、クリトブロス、ぼくはむかし、ある人物と会って話したことがある。その人物はわたしの見るところ資産家であり、正義の人と言われており、善美の人（カロス・カガトス）と呼ばれていた。そのときのことをはじめから詳しく話すのは、どうだろう」

「もちろん、聞かせてほしいです。ぼくも善美な人と呼ばれたいと願っていますよ」

「では、それを話そう。またその考察のために、彼のところへ行ったわけも話そう。ぼくは、すぐれた大工、すぐれた鍛冶屋、すぐれた画家、すぐれた彫刻家、その他のところへ、彼らが作ったものはたしかに善いものに違いないと思い、見て回ったことがある。しかしそれらは短時間の内に見終わってしまった。ぼくは、むしろその行為が善美な人（カロス・カガトス）であると畏敬をもって呼ばれる人が、一体どんな人か知りたくなり、本当に、そういう人に会ってみたいと、心から望むようになった。

ところで、〝美（カロス）〟は、〝善（アガトス）〟に結び付けられている。そこで美しく見えるすべての人たちが、善に対してどうなのか、つまり善が美に結び付けられているところを見てみようと、まずはよく調べてみた。

しかしその考えは間違っていた。その姿が美しいものをよく調べて見ると、その中にはその魂がまるで醜悪なものがいた。そこでぼくは、外見の美しい人を調べるのはやめて、善美な人と呼ばれている人を訪ねることにした。ぼくはイスコマコスが、男からも女からも、外国人からも町の人からも、善美な人と呼ばれているのを聞いて、それ以来、彼に会ってみたいと思った【1】」


【1】クセノポン『家政』第六章十二―十六

以上が、三十歳前後のソクラテスがイスコマコスという人物と会って話してみたいと思った経緯である。ソクラテスは、三十歳前後の当時、善美なこととはどういうことか考えていた。そういうなかで、善美の名で呼ばれうる人を実際に見て回った。大工にも「すぐれたもの」がいる。それは「大工として善美である」ことだから、実際に行ってみた。鍛冶屋のうちでも「すぐれたもの」に会ってみた。またすばらしい絵を描く画家もたずねてみた、そしてすばらしい技術で像をつくる彫刻家も尋ねてみた。しかし、「善美」を追求していたソクラテスは、彼らのうちには、自分が追求している善美がないことを知った。作品は「すぐれたもの」であったが、そのことと、それを作る人間が「すぐれたもの」であるのは、別のことであることを知ったのである。やはり主体として行動する側の人間が「善美であること」を追求すべきだと、彼は考えたに違いない。

ところで、ギリシア語の「カロス」は「美」を意味し、「アガトス」は善を意味する。この二つをつなげたギリシア語「カロス・カガトス」が、「善美な人」（男性）を意味する。ソクラテスは、自分が教えられてきたこの「カロス・カガトス」ということばにおいては、「美」が「善」に先立ってあり、「美」が「善」に結び付けられていることに気づいた。つまり「美」が先だってあり、「善」があとから、それにともなってある、という可能性を、自分が使っていたギリシア語から考えた。そこで、見た目に美しい人に、あとから「善」が生じてくるところを捕まえてみようと考えた。このように考えて、ソクラテスは確認作業を実施した。

ところが、評判の美人（美男子）の幾人かに近づいて話してみたところ、なかにはその心が醜いとしか思えない人物に出会った。ソクラテスは、自分が実際に経験したその事実に説得されて、「姿の美」から「心の善美」がともなうことはないと、確信した。

ソクラテスのこの体験主義は、おそらく、徹底したものだった。じっさい、心の善美が姿の善美とは異なることなど、ふつうの人間は、いちいち確かめに出かけたりしないだろう。どうせわかり切っていると考える。ソクラテスという人間は、自分の頭のなかでの想像には信を置かない。いちいち、経験で確かめるのだ【2】。

こうした経験を経て、ソクラテスは、姿の美人ではなく、本当に善美な人をさがした。すると、ある噂に出会った。それはイスコマコスという名の人物がアテナイにいて、彼は大農場をもつ資産家であるが、とても立派な人物だという噂であった。しかもその噂をしているのはアテナイ人ばかりではなかった。なおかつ、男の間でも女の間でも、同じように噂されていた。ソクラテスは、彼に会って話すことができないかと、その機会を待った。

するとあるとき、一人でいるイスコマコスを見つけた。

町の中心にアゴラ（市民広場）がある。その周囲に、ギリシア式の柱が並んだ廊下（商店街のアーケードのようなところ）がある。その柱の下に座っているイスコマコスを、ソクラテスは見つけたのである。


【2】クセノポンが伝えているソクラテスは、徹底した体験主義者である。これに対してプラトンが描くソクラテスは、数学的論理（含む・含まれる、という集合論理のほかに、等・不等、大・小の数的論理、比例性の幾何学的論理）に訴えてつねに答えを出そうとする。クセノポンの伝えるソクラテスも、ときには、推論において、抽象的概念を用いるが、それは「善美」のような、普遍的な概念について論じる場面にいたったときだけである。

5 『家政』の翻訳——第7章

ある日、ぼくはエレウテリオス（解放者）・ゼウスの列柱に座っていた彼を見つけた。彼はとくに何かしているようには見えなかった。そこでぼくは、彼のとなりに座って言った。

「ここに座ってあなたは何をしているのですか、イスコマコスさん。いつもは忙しそうじゃないですか。ぼくはいつもあなたがアゴラにいるのを見ますが、あなたはたいてい、何かで忙しくしていて、まるで暇がないのを見ていますよ」

「ソクラテス、じつは町の外から来る人を、ここで待つことにしたのだ。そのせいで、こうして君は、暇なぼくを見つけることになったのさ」

「では、今、とくに何もないのでしたら、あなたが、いつもはどこで何をしているのか、聞かせてくださらないでしょうか。ぼくは、あなたが善美な人《カロス・カガトス》だと言われているのを聞きました。その評判がどうして立っているのか、知りたいのです。あなたは身体的なごようすから察するに、屋内で過ごしていらっしゃらないですね[3]」

イスコマコスは、ぼくの質問に笑みを浮かべて言った。

「誰かが、ぼくのことを君に言ったとき、どう言ったか知らないが、ぼくが所有の交換の場に召喚されるとき、あるいは三段櫂船か合唱大会への出資があるとき[4]、だれもぼくを〝善美な人〟という名では探さないよ。召喚するひとたちは、ぼくをただ〝イスコマコス〟という、父がつけてくれた名で呼ぶだけだ。いずれにしろソクラテスよ、君の質問に答えよう。ぼくは全く屋内では過ごさない。ぼくの妻は[5]、一人で完璧に家の中のことはやってくれている」

「イスコマコスさん、ぼくは、それについても聞きたいのです。あなたは個人的にあなたの奥さんに、どのように、良き妻となるべきか、教えたのでしょうか。それとも、あなたが先方の両親から彼女をもらったとき、彼女はもうすでに自分のやるべきことについて、知っていたのでしょうか」


【3】イスコマコスは、ソクラテスと同様に、健康的に日に焼けていたのである。

【4】当時は、市民の全員から税を徴収するのではなく、特定の金持ちが公共の出費を支えた。「三段櫂船」とは、オールが上下に三列並んだ軍船（当時の戦艦）、合唱大会というのは、公共の祭りの出し物。当時の劇は歌劇を始祖とするものだったので、喜劇、悲劇の費用も意味する。これらの出資を市から求められたとき、自分にできないときには、代わりに資金を負担してくれる人を指名して自分と替わってもらうことができる。しかしその際には、所有の一部を交換することを求められた。

【5】イスコマコスは、戦時公共出費などに応じている。またその生活のようすから見て、すでに四十代半ばかと思われる。当時の風習では三十歳を過ぎれば妻をもったはずなので、このときの妻は、二度目の妻であったと推測する。

「ソクラテスよ、どうやってそのとき彼女がそれをすでに知っていたと言えるのか。彼女がぼくのところへ来たとき、彼女はまだ十五歳にしかなっていなかった[6]。そして彼女はそのときまで大事に育てられ、ささいなことも見聞きすることができなかったのだ。彼女が、羊毛がどうやってコートになるか知っているとか、つむぐ仕事がどんなふうに女奴隷に命じられるか見ていたことくらいで、君は満足すべきだと思わないか。ぼくは満足だったよ、ソクラテス。というのも、彼女が来たとき、食欲に関しては、彼女はじつによくしつけられていたからね。それは夫にとっても妻にとっても、もっとも大事な修練なのだと思うからね[7]」

「イスコマコスさん、彼女が知るべきだったことは、そのほかに何があったのでしょう。あなたは自分で、家のことをどうしたらよいか、彼女に教えたのでしょうか」

「ゼウスにかけて、聞いてくれたまえ[8]、まずその前に、ぼくは神々に犠牲を捧げたね[9]。そしてぼくが教えること、彼女が、ぼくたちにとってベストなものごとを学ぶことを神に祈ったよ」

「そしてあなたの妻は、その祭儀に参列したのですか。そして同じ祈りをささげたのですか」

「たしかに、彼女はそうした。彼女はたくさんの誓いを神々に立てた。そして良き妻となれるようにと祈った。彼女が心がけの良い人であろうことは明らかだっ

【6】日本でも戦前まで、十五歳で嫁に行くことは、貧しい家庭では特別なことではなかった。歴史で語られる家庭はなんらかの上流の家庭なので、十五歳というのは若過ぎることだと、つい思われたりするが、人類史的に見れば、男も女も、文明以前は、十五歳前後で大人と見なされるのは、古今東西、ほぼ共通している。したがって当時、すでに文明社会であっても、古い習慣から、十五歳で女性は結婚することは通常であった。ただしアテナイにおける市民権は十八歳以上だった。

【7】ホメロスの「イーリアス」を読むと、どうやら激しい戦闘の日々では、戦士は戦いが終わった夕刻に、一日一度の食事をとっている。年月は経っているが、当時も、人々は一日一食を守っていたらしい。ただ、「イーリアス」の時代は、戦士の主食は肉だった。肉食なら一日一食でも体はもつ。しかし、小麦のパンを主食にするこの時代、一日一食の習慣を身に着けることは、かなりの修練が必要であったに違いない。とくに十五歳の女の子が家にいて、食事を一日一回に制限することは、なかなかのことであっただろう。

た」

「イスコマコスさん、ゼウスにかけて、どこから始めたのか教えて下さい。最初にあなたは何を彼女に教えたのですか？　スポーツ競技や馬のレースの観戦よりも、わたしはそれを聞きたいのです」

「いいだろう、ソクラテス。ぼくは彼女が会話に入ってきて、人なれするまで待ってから、つぎのような順番で彼女に聞いた。『言ってごらん、なぜわたしが君と結婚し、なぜ君の両親が君をわたしにくれたか、君は分かっているだろうか。つまり君にもわかっていたことにちがいないが、別のだれかとベッドをともにすることは、わたしたちにとってむずかしいことではないのだから。しかしわたしは、子供たちを一緒にもつのに最善の人を得るとしたら誰がいいかを考えていたし、君の両親は、君を心から大事に思っていた。そういうなかで、わたしは君を選んだ。そして君の両親は、他の候補者たちではなく、わたしを選んだ。

さて、子供について言えば、まず神が許してくれるか待つことにしよう、どんなふうに子供たちを育てればいいか考えるのは、そのあとだ。そのときにわたしたちが互いに共有する利益の一つは、子どもたちにわたしたちを支えてもらうこと、わたしたちが育て上げたときに、彼らにできるだけわたしたちのめんどうを見てもらえることだ。しかし今わたしたちが共有するものは、このわたしたちの家と、わたしがわたしたちのために得た収入のすべてと、君がたずさえてきて預けてくれたも

【8】　当時の人々（男）の会話には、ひんぱんに「ゼウスにかけて」、「ヘラにかけて」と、ギリシアの主神とその妻に誓うことばが発話のはじめに出る。現代的に言えば「嘘じゃない」、「本当に」、「たしかに」という程度の意味である。あるいは、発話者の少々緊張した呼吸、あるいは、相手に緊張して聞いてほしい、という思いを伝えるものだった。ただし、頭を下げたり十字を切ったりする祈りの作法を伴うものではないので、祈っているわけではない。現代人には耳慣れないために小うるさくなるので、現代語訳からは省かれることが多いが、この本では、あえて入れる。

【9】　結婚は、当時は、宗教的にも重要な出来事であった。各々の家には守護神がいたからである。つまり結婚は守護神が異なる家から人が出て、異なる家に、人が新たに入ることを意味した。そのために何らかの祭儀が家で特別に執り行われた。これは赤子の誕生の時も同じである。家の守護神というのは、日本にも片鱗が残る「かまどの神」である。かまどは一般に家の中庭に据えられた。

のすべてだ。どちらがより大きな貢献をしたか、考える必要はない。むしろわたしたちは、わたしたちのどちらが、もっとよいパートナーとして、より貢献できるかを、考える必要がある』

するとソクラテス、ぼくの妻は答えた。『あなたのために、わたしに何ができるでしょうか。すべて、あなたのおかげです。母はわたしに、自分の仕事に責任をもてるようにとおっしゃいました』

ぼくは言った。『ゼウスにかけて、いとしいお前、わたしの父も、わたしに同じことを言ったよ。しかし知っておくべきは、わたしたちはいずれも、自分たちの所有が最高の状態にあり、取り扱いがゆるすかぎりで、正しく、誠実な仕方で、それが増えるように、働かなければならないということだ』

妻はたずねた。『わたしたちの所有を増やすために、わたしにできることはなんでしょう。わたしにできることが、何かありますか』

『ゼウスにかけて、あるさ』と、ぼくは答えた。『神が君に与え、社会が認めている君の才能を、最高度に発揮できることが』

『どんな才能ですか？』と彼女は聞いた。

『価値あることだ。巣の中で女王蜂が統括していることが価値のある仕事でないとは言えないかぎり！[10] わたしが今まさにとりかかろうとしていることを話そう。神々は、男女のペアをつくるとき、とくべつに用意周到であった。つまりそのペア

【10】 ホメロスの「イーリアス」にも、蜂の群れを用いた美しい比喩がある（第二歌、第十二歌）。古くから人々が蜂のようすを見ていたことが推測される。そしてここでもイスコマコスがミツバチの例を出しているところから見て、ミツバチの生活に農民が親近感をもっていたことがうかがえる。面白いことに、尊敬されている大学者プラトンやアリストテレス（かれらは資産をもつ貴族であって農民でない）は、蜂の巣の「王」は、オスだと決めつけている。この事実は、庶民の言うことを信用せず、学者が自分のほうが正しいと考えがちな謬見（自分の思い込みで判断して、事実を見て確認することを怠ること）の危険性を教えてくれる。簡略に言えば、その道の専門家にも、きわめて無知な部分がある、ということの証左である。ソクラテスは、この点でも、プラトンたちの研究態度とは異なっていた。すなわち、ソクラテスの言う「無知の自覚」は、必要な事実体験を求めるものでもあった。このことは、誰しも（著者も読者も）、心しなければならない。

が協力し合うとき、相互に最高の利益があるように用意した。第一に、この相互のペア成立が、種が滅んでしまうことがないよう、子を作る結合であるように。第二に、人間は、このペアの成立によって、年をとったときに支えてくれるものをもつことができる手段を作れるように。第三に、人間の生活は他の動物の生活とは異なり、家屋を明らかに必要とする。しかし人はこの家屋の内に何らかのものを貯める必要があるとすれば、彼らは外ではたらく人を必要とする。耕すこと、種をまくこと、植えること、放牧すること、これらは外での仕事であり、生活に必要なものの源泉だ。

ところで、これらの必需品は、家屋に持ち込まれる。次に家屋は、必要な仕事をする人を安全に保つためにある。新しく生まれた子どもを養育するためにも家屋が必要だ。同様に、作物から食べ物をつくり、羊毛から衣服をつくるためにも、家屋が必要だ。

これら二つ、つまり屋外と屋内には、労働と配慮（エピメレイア）[11]が必要だ。そこで神は、直接的に、女の本性を屋内の仕事に適したものにし、男の本性を屋外の仕事に適したものにしたのだ。じっさい、神は筋肉質の体と心を、暑さや寒さ、旅や戦時の派遣に耐えられるようにした。それは彼が屋外の労働を男のために用意したことを意味する。そして神は、屋内の仕事を女に割り振ったと思える。なぜなら、神は女の体をそれらには不向きにつくられたからだ[12]。

【11】「配慮」は、人や物事を管理する心のはたらきを表す。「気遣い」、「気配り」、「世話」、「関心」、「心配」などの意味をもつ。ソクラテスは、ここにイスコマコスがもつ「善美」の由来を見出していく。

【12】労働と配慮のうち、労働はその身体的力の違いによって、屋外向きか、屋内向きかの違いがあり、神は、それぞれを男と女に割り振った。他方、配慮することについては、すぐ後に語られる通り、イスコマコスは男女に同等の能力を認める。そして配慮する能力とは、管理運営の能力であり、統括し、政治をする能力である。

そして神が女の本性的な仕事を新しく生まれた赤ん坊を養育することに向けたことを知れば、神は女に、愛することを、男に対してより新しく生まれた赤ん坊に、より多く促したことも納得できる[13]。そして神は女に、貯蔵したものを世話する仕事を割り振ったから、その仕事では、おくびょうさは不利益なものではないことを知っていて、男よりも女のほうに、恐れることをより多く与えたのだ。そして外の仕事をするものには、悪事をなすものから自分たちを守る仕事が必要なので、神は勇気をより多く与えた。

しかし両性に平等に与えられるものが必要なので、神は両性に、記憶と配慮を与え、その結果、男と女とどちらが、これらをより多くもつか、言うことができないのだ。また神は、彼らに克己の能力を与え、男と女のいずれでも、利益を獲得することがうまいほうを優れたものとした。両性が異なる本性的能力をもつがゆえに、互いの必要はより大きなものであり、相互にペアとなることは利益となる。なぜなら、一方が才をもつことに対して、他方はそれをもたないからだ。

愛するお前、わたしたちは、神がわたしたちのそれぞれに割り当てたものを認識しなければならず、一生懸命それぞれの役割をはたしてゆかなければならない。社会も、またそれをよしとする。社会が一人の男と一人の女をいっしょにするのだから、ちょうど神が男と女に子どもを与えるように、社会は所有財産の管理を二人にまかせる。その上、神がいずれの性にか、よりすぐれた才覚を与えることがらでは、

【13】イスコマコスは、子どもが生まれれば妻の愛が夫の自分よりも子供に向けられることに気づいていた。

社会もそれを祝賀する。なぜなら女にとっては外出するより屋内にとどまるほうがよいし、男は、外の仕事をせずに屋内にとどまれば、人から非難される。そしてもし男が、神が与えてくれた才覚に反するはたらきをするなら、神々は彼の不服従に気づき、男の義務を怠っているゆえに、あるいは、女の仕事をしていることを理由に、彼を罰する。そしてわたしが思うに、女王蜂は、神が与えた仕事をしているのだ』。

　すると妻はたずねた。『女王蜂の仕事は、どんなふうにわたしがすべきことと似ているのでしょうか』

『女王蜂は巣の中にとどまっているが、彼女は蜂たちが怠惰であることを許さない。外での作業を義務としているものたちを、彼女はその仕事へと送り出す。蜂たちが巣に運び込むものを、彼女は分かっていて、それを受取ると、必要とするときまで安全に保つ。使用するときが来たとき、彼女はそれを公平に各々の蜂に分け与える。彼女はまた巣の中で巣の建設を監督し、それが正しく、急いでなされるようにする。彼女は子どもたちを世話して、子どもたちが成長して大人になるように監督する。そして若者がはたらけるようになったら、彼女は彼らを送り出して植民地を見つけ出す[14]。そしてそこでも彼女は、女王だ』

『ではわたしも、こうしたことをするように求められているのですか』

『そうだ。君は屋内にとどまり、外の仕事をもつ奴隷たちを送り出し、屋内の仕

【14】別天地に植民することは、ヨーロッパでは古くからの習慣であった。古代ギリシアも、北方から移動して、そこにいた人たちを追い払うか、圧倒的に支配して、自分たちが移り住み、そこで自分たちの人口が増えると、再び適当なところを見つけて襲撃し、自分たちの一部を移植した。当時の都市は、基本的に植民によってできた。イスコマコスも、自分たちの習慣（文化）を、巣を分封する蜂の群れに見ている。

事をもつものたちを監督するのだ。君は外から持ち込まれる産物を受取り、使う必要がある分だけ彼らに分け与えなければならない。そしてその分け与えの割合について言えば、先のことを考え、一年分として割り合てるべき出費がひと月で消費されてしまわないようにしなければならない。羊毛が君のところへもたらされたとき、君は服を必要としているものがそれを得られるようにしなければならない。そして君は、穀物が食材となるまで保管しなければならない。しかし君の責任の一つには、あるいは面白くないこともある。どんな奴隷が病気になっても、君は彼をよく世話してあげなければならない』

『ゼウスにかけて、それはちっとも嫌なことではありません。その人が良くなって、喜んで忠実な僕になってくれるのなら』

彼女のこの答えを聞いて、ぼくはうれしかった。

『巣の中でのこの女王蜂のはたらきは、細心の気配りだ。それによって彼女に対する他の蜂の態度も決まってくる。じっさい、そのために、女王蜂が巣を離れるとき、一匹の蜂も彼女を見捨てようとはせず、彼女についてゆくとは思わないか』

『きっとそうでしょう。でも、女王蜂のようなリーダーのはたらきは、わたしによりもあなたに似つかわしいと思います。わたしがする屋内での貯蔵と分配は、産物が外からもちこまれるようにあなたが見てくださらなければ、もう全くつまらないことです』

『しかし、わたしが産物をもち込むことも、もちこまれたものを安全に保持するだれかがいなければ、大変なことになる。穴のあいた樽に水を汲むものは、ことわざにも言われている通り、その無益な努力のためにどんなに惨めか、わかるだろう』

『ゼウスにかけて、わかります。そして惨めなのは、彼らには当然のむくいなのです』

『いずれにしろ、あなたには特別の仕事があって、それはきっと楽しいものだ。機織りを知らない女奴隷には、それを教えて彼女の価値をあなたにとって倍のものとすることや、家をととのえる仕事を、それを知らないものに教えて、彼女をたよりになる奴隷にすること、そうして家僕を、全幅の信頼を寄せることができるものにすることが、君にはできる。あるいは、よく教育され、助けになるものたちに、君は報酬を与える権利をもち、悪くなったものは、罰する権利をもっている。そしてあなたがわたしよりもすぐれたものとなり、わたしがあなたの奴隷となることは、最高に喜ばしいことだ。そして年が過ぎてゆくうちに、あなたが家事に立っていることは少なくなるだろうが、それは心配しなくてもいい。その代わり、あなたは年を取ることで、わたしのパートナーとしての役割においても、あるいは子どもたちの保護者としての役割においても、もっと信頼を得ることになるだろう。なぜなら、君のそのときの善美（カラ・カガタ）[15]は、若さによってあるのではなく、むしろ生

【15】「カラ・カガタ」は文法上の女性形。「カロス・カガトス」は男性形。中性形が「カロン・カガトン」。ことばが発話される日常では、古今東西、何らかの「リエゾン」（発音上の連続にもとづく音の重なり）がある。つまりここで、中性形で言えば、「カロン」が「美しい」、「カ」が「と」、「アガトン」が古典ギリシア語で「善い」を意味する。「美しく、かつ、善い」は、リエゾンして、「カロン・カガトン」となる。

活の中で人々とかかわることで、いっそう高められた君の美徳によるのだからね』【16】

ソクラテスよ、ぼくが思い出せるかぎり、ぼくと彼女の最初の会話は、こういうものだった」

【16】イスコマコスは、ここで女性の人格上の善美に言及している。しかも、それを手に入れる方法についても、真実味のあることを述べている。彼は、女性は人付き合い、ないし、人に対して取るべきさまざまな態度を日々の生活で学んで、善美な人になれると言っている。これはきわめて珍しい記述である。なぜなら、そもそもヨーロッパでは、著述家は男性であった。一般的な著述（随筆や小説）を女性がするようになったのは、十九世紀になってからと見られる（ただし女性の手紙や神秘的記述は中世からある）。ところで、男性の著述内容に男性の善美についての記述があるのは自然であるが、女性の人格上の善美についての記述があることは珍しい。ここはその数少ない箇所である（他の箇所としては、ソクラテスがアスパシアという名の女性を一寸称賛している箇所――『家政』四章、『思い出』二巻六章三六――があるが、この箇所ほど具体的ではない）。

第3章　家僕と家財の管理は妻の仕事——『家政』(2)

（『家政』第八章）

「イスコマコスさん、あなたが話したら、彼女が自分の家を管理監督することに、前より意欲的になったと思いますか」。

「ゼウスにかけて、なったとも。あるときぼくは、あるものを倉庫から出してくれるように頼んだのだが、彼女はそれができなかった。そのとき彼女はとても悩み、それはそれは、恥じていたよ。わたしは彼女が本当に困って、どうしてよいかわからずにいるのを見て、彼女に言った。

『大丈夫だよ、心配せずとも、妻よ、わたしがふいに頼んだものが出せなくても。たしかに、必要なものを使うことができないことは、残念なことに違いない。しかし探しているものを得ることができないことは、それがないことを知っていて探さないことよりは、ましなことだ[1]。いずれにしろ、わたしが叱らなければならないのは君ではない。君にものを預けたとき、それをどこに置くべきか、ぼくは教えなか

【1】イスコマコスは、妻との結婚のとき、その祭儀において、妻の真摯さをすでに確信している。彼女の真摯さをすでに確信している。したがって、彼女が「ないことを知っていて探すふり」をしていないことは、わかっている。それゆえ、イスコマコスにしてみれば、「あるはずと思って懸命に探した」妻を、いとおしく思っている。

った。そのため君はどこに置くべきか分からなかった、だから、どこからもってくればいいかも分からなかった。

しかし妻よ、人の生活において、整理することほど役に立ち、よいことはほかにない。コーラスの一団のことを考えてみたまえ、それは人の集まりだ。そのメンバーの各々が、てんでばらばらだったら、どうなるだろう。ただの混沌じゃないか。楽しい見物にはならないだろう。しかしその同じ人たちが、教えられたとおり踊り歌うなら、彼らは見聞きするに価いするものたちになる。

あるいは、軍隊のことを考えてみたまえ。その隊列が崩れているとき、それ以上の混乱はない。敵の餌食になるのは明らかだ。まことに恥ずべき光景だし、全く役に立たない軍隊だ。それはロバと、重装歩兵と、兵站部隊と、軽装歩兵と、騎兵と、戦闘馬車のごたまぜだ。彼らがそれぞれに進むなら、どういうふうに彼らは動けるだろう。歩くものは走るものを邪魔し、止まってしまったものたちによって走るものは頓挫し、戦闘馬車は騎兵を妨害し、ロバは戦闘馬車の道をふさぎ、兵站部隊は重装歩兵の道をふさぐ。しかも、彼らは戦わなければならない。どうやってこの状態で戦うことができるだろう。迫りくる敵から退かなければならない兵站部隊は、重装歩兵たちを踏みつけてゆくことになるに違いない。

それに対して、秩序をもった軍隊は、味方にとって自慢になるものだ。そして敵にとっては、すこぶる嫌なものだ。つまりそれが味方なら、大勢の重装歩兵が隊列を組んで進むようすを見て、歓喜せずにいられようか。あるいは、騎兵たちが隊列を組んで馬に乗っているのを見て、喝采せずにいられようか。そしてまた敵側のだれが、見事に隊列を組んで長官の命令にしたがっている重装歩兵や騎兵、軽装歩兵や弓手や投石手たちを見て、怖れをいだかずにいられようか。彼らが隊列を組んで進むとき、たとえ彼らが何千という数であっても、彼らはあたかも一個のものであるかのごとく、混乱なしに進む。隊列が進むとき、前の列との合い間を、つねに後から来るものが埋めてゆく。

さらに、たくさんの人が乗った三段櫂船が敵を怖れさせるとき、味方は、それが水上を高速で走るようすを見て喝采する。なぜ乗組員たちはお互いの邪魔にならないのか。そのわけは、ただ順序よく座席につき、指示されるままに、前に身をかしげ、後ろに身を引いてオールを漕ぎ、命じられるままに乗船し、船を下りるからである。無秩序ならどうなるか。農民が、大麦と小麦と豆をいっしょに同じ所に撒いてしまうのを想像してみたまえ。ケーキかパンか、口直しの料理を欲したとき、彼はうまく分けて収穫して使うことができず、そのつどふるいにかけなければならないだろう。

だからもし君がそういう混乱を避けたいのなら、また間違いをおかさずにわれわれの所有財産を管理したいのなら、また必要なものを容易に使えるようにしておきたいなら、そしてわたしが求めるとき、それが何だろうとわたしに渡して、わたしを喜ばせたいのなら、さあ、どんなものも各々の定位置に置いて、ひとたびそれらを置いたなら、家僕たちにそれをどこから取り出し、どこに戻せばいいか、言いつけておこう。このようにすれば、わたしたちは自分たちのものが安全にこわされずにあることも、またそこに無いものが何かを知ることもできる。というのもその場所自体が、それがそこに無いことを告げてくれるからだ。[2] わたしたちの目は、何についても向けることができる。そしてわたしたちはそれぞれのものが、使用する際に妨げなく、いつでも使えるようになっていることを知ることができる』。

　ものごとが最高に、そしてもっとも正確にととのえられていると思ったのは、ソクラテス、フェニキアの大きな船に乗り込んで見たときのことだった。[3] きわめて多くの積荷が最小限の場所に、すべて別々に区別されて荷造りされていた。知っての通り、船はたくさんの木製品やロープを、港に居るときも、航海のときも、使っている。敵から身を守るために多くの装備をもち、船員には武器が用意されている。陸上の家で会食するために人が使っている道具も、すべて船には用意されている。こういうもの以外に、船主は利益を求めてたくさんの荷で船を満たしている。

　ぼくが言ったすべてのものは、何かとてつもなく広い場所に納められているのではなく、せいぜい十人が寝そべることができる寝椅子[4]をもつ客室程度の場所なのだ。ぼくは、これらすべてのものが、決して互いに邪魔にならないように納められ、しかも探すに苦労することもなく、なおかつ、何か急を要したとき、取り出すのに遅

【2】ものが「無い」ことも、それが置かれている場所が決まっているなら、「見つける」ことができる。はたして知識については、どのようにしてそれが「無い」ことを見つけることができるのか。ソクラテスはそれを考えたに違いない。

【3】フェニキアと言えば海運で栄えた国として知られている。以下に見られるように、栄えたのは、すぐれた積荷管理によることがわかる。

【4】のちの第4章の註【22】参照。「寝椅子」と訳したのは、客が寝そべるソファのようなものである。客の一人に一台提供された。

れを生じることがないように、ゆる過ぎず、詰め込み過ぎず、ちょうどよく詰められているのを見た。

操舵主の側近で、その船の船首《へさき》と呼ばれていた男は、積荷を納めている部屋に居なくても、どれがどこにあるか言えたし、そこにどれだけあるかも言えた。ことばを知っているものが〈ソクラテス〉の中にどれだけの数の文字があるか、どんな文字がどの順番か、言えるように、あらゆる積荷の位置を知っていたのだ。

それにもかかわらず、その彼は、ひまさえあれば船に必要なものを調べていた。ぼくは彼がそういう査察をしているのに驚いて、彼に何をしているのかたずねた。

彼は言った。『異国の人よ、わたしはなくなっているものがないか、あるいは下手な仕方で置かれているものがないか、船の装備品を調べています。わたしがこういうことをしているのは、何か予想もしないことが起こるかもしれないからです。おわかりでしょう。神【5】があらしで航海中の船を打つとき、下手に置かれていると、大事なものをさがすとき、取り出そうとするとき、とんでもないことになります。神はおろかなものにその報いをお与えになります。神が、もし罪のない人々を破滅させることを思い止まるのなら、その人たちは神に大いに感謝すべきでしょう。そして自分の仕事をこの上なく見事になしとげて生き残れたら、神々にたくさんの感謝をささげるべきなのです』

とにかくぼくは、装備品の整とんされた姿を見たことがあったので、妻に言った

【5】海の神はポセイドン。ポセイドンは、ほかに泉を支配し、地を震わせる神であり、ゼウスに次ぐ神である。

のだ。

『たとえ小さな船であっても、船員は場所を見つけ、たとえあらしの中で跳ねあげられたとしても、品物をきっちりと保っている。そしてたとえ恐怖にさいなまれているときでも、彼らは自分たちのしたいことを自分たちの手中に置いているのだ。だから、わたしたちの家が広くて、貯蔵するところを別にしていて、固い大地の上に立っているのに、わたしたちの物品のために、正しい場所、近づける場所を見つけることができないとしたら、わたしたちは大変なおバカさんだということになるだろう。それに、うまく整頓された品物の貯蔵はどれほどの利益だろう。そして家の中でいちばんよい場所を見つけることがどんなに簡単なことかも、話した通りだ。

さまざまな履物が、きちんと並べられているのは気持ちのいいものではないか。あらゆる種類の衣服が並ぶさまも、毛布や台所用品やテーブル用品が並び、またどの品物も区分されて取り置かれているのは、すばらしい光景だよ。また飲み物の容器がきれいに並べられている光景も。ふざけた連中は笑い草にすることは知っているよ。[6] しかしわかっている人たちは同意する。

この規則性は、ほかのものについても、なぜそれが良く組み合わされ、並べられるとき、より美しく見えるのか、ということを説明してくれる。わたしたちの品物は合唱隊一座と同じだ。品物の間につくられた邪魔をしない空間も、やはり美しいのだ。ちょうど円を描いて踊る人たちは、見ていて美しいと思えるだけでなく、彼

【6】整理整頓をくだらないことだと笑い種にする人たちもいた、ということである。

らの間にあいている空間も、やはり美しく清々しく見える。わたしが述べたことが本当かどうか、試してみるのは、かんたんだし、失うものもない。

それに、愛する妻よ、品物をどこに置くか、覚えてくれるものを見つけることに、悩む必要はないのだ。わたしたちは、アテナイの町全体は、わたしたちがもつ一万倍もの品をもっていることを知っている[7]。それにもかかわらず、わたしたちの奴隷は、だれも買物で苦労していないし、何であれ君が買ってくるように言いつけたものを、彼はアゴラから買って帰ってくる。みんな、それはどこに行けば手に入れられるか分かっているのだ。つまりすべてのものは、その特定の場所に保管されている。

しかし、人を見つけることは、しばしばあきらめるほかなくなる。彼のほうでも探していた、という場合でもだ。こういうことが起きるのも、出会う場所が約束されていないからなのだ』

まあ、ぼくの覚えているかぎり、家の物品の案配と、それを使えるようにしておくことについて、彼女と話したのは、以上のとおりだ」

（『家政』第九章）

「それでどうなりました? イスコマコスさん、奥さんはあなたが苦労してお話なさったことについて、まじめに取り組むと言ったのですか」

【7】このことばから、当時のアテナイは、自由市民の世帯を一万戸前後、擁していたことがわかる。クレイステネスの改革によって、それは十の部族に分けられ、政務、軍務、等を、順番に担当した。裁判員などは、そのつど担当の部族からくじで選んでいた。ただし、役職に就くのは、最低の労務者層を除く自由市民である。司祭層、騎士層、農民層に属する人々がさまざまな役職に就いた。

「もちろんだとも。彼女は気を付けると約束したし、とても喜んでいたよ。まるで問題だったことがすっかり解決したかのようにね。彼女はできるかぎり早く、ぼくが話した配慮をやってくれと頼んできた」

「それで、あなたはどんなふうに、品物を彼女のために並べてやったのですか」

「そうだね。当然、まずは彼女に家の間取りを教えなければならなかった。わかるだろう。部屋は、あれこれ飾るためにあるのではなく、どの部屋もそれ向きのものが入れられるように作られている。寝るための部屋は、家の中で一番安全なところで、一番高価な毛布や家具のためにある。また乾燥した部屋は穀物用だし、涼しい部屋はワイン向きだ。明るい部屋は何であれ、光を必要とする仕事や家財道具向きだ。

つぎにぼくは、人がときを過ごすための飾られた部屋を見せた。夏には涼しく、冬にはあたたかい部屋がいくつかあることを教えた。そして家の全体は南向きに作られていて、その結果、冬には太陽をいっぱい取り入れ、夏には日陰になることを教えた。それからぼくは彼女に、かんぬきをかけたドアで、男の住み込み部屋と分けられた女の住み込み部屋を見せて、家から必要もなく物が動かされてしまうことを防ぐことと、ぼくたちのゆるしなしに彼らが子をもうけてしまうのを止めることを教えた。というのも、良い召使いが子をもったときは、彼らは一層献身的になるものだが、悪いものたちがつるむと、犯罪的行為が増すことになるからだ。【8】

【8】同じく悪いことをしても、本性から善であるものは、子どもができることによって責任感をもつ人間に変わることは多い。しかし本性からして悪であるものは、ほぼ何であれ、何かのきっかけがあれば、いつも悪いことを新たに始めるのが一般的である。イスコマコスはその一般論を言っていると思われる。

このように家を一回りしたあと、ぼくたちは次に持ち物を種類ごとに分けた。まず、ぼくたちは一緒に、祭儀（犠牲式）のために使うものを集めた。次に、祭儀のときに女性が着飾る服を選び、祭儀のための男の服と軍服を選んで、それぞれをひとつにした。そしてここには住み込み女召使いのための寝具、あちらには男の住み込み召使いのための寝具、こちらには女のはきもの、あちらには男のはきもの、というように選んで、ひとつにした。

また一つの区別は、武器、もう一つは機織りのための道具、もう一つはパン焼きのための道具、もう一つは洗濯のための道具、パンをこねるための道具、もう一つは食卓用品。この区分は、さらにふだん用と特別なとき用とに分けた。ぼくたちはまた、月々に使い終わってしまうものと、一年を通して使われるものを分けた。そうやってぼくたちは、結局そこにどれだけのものがあるか、間違いがないようにした。ぼくたちがすべての備品をさまざまな種類に分けたとき、ぼくたちはそれぞれの品物を、そのふさわしい場所に分けて置いた。

それからそれを召使いたちに教えた。すべての道具はそれぞれの場所で日々彼らが使うからである。たとえばパンを焼くために、料理をするために、着るものを織るために、等々。ぼくたちはそれらの道具を彼らにゆだね、それをよく管理するように命じた。しかし、祭儀や客人のもてなしや、そのほかのことに使う用具については、それらをぼくたちは召使頭にゆだね、彼女にそれらの場所を教えた。そしてその目録をつくってから、彼女には、だれでも必要とするものには与えなければならないし、だれにそれを与えたのか覚えていなければならないし、それをその人から戻してもらわなければならないし、戻されたら、それをもとの場所に戻さなければならないと、命じた。

ぼくたちは色々考えて、その女を家僕の管理者に指名した。彼女は飲食についても、また睡眠についても、また性についても、自らをもっともよく習練していた。加えて最高の記憶力を見せていたし、彼女が義務を果たさなかった場合に、ぼくたちが彼女を嫌うようになることを避ける気持ちも、とても強そうであったし、彼女がぼくたちをどんなにか喜ばそうと考えているか、そしてぼくたちから報酬をいただければ、と思っているか、どれも彼女は一番だった。ぼくたちは幸せな機会を彼女と共有し、またぼくたちが怒るようなことがらにも彼女を同席させることによって、ぼくたちに忠義な人となってもらえるようにした。そして彼女がぼくたちの資産について知悉し、その成功を共有することによって、ぼくたちの資産を増加させるために、一生懸命はたらく気持ちをもつようにさせた。

さらにぼくたちは、じっくりと彼女に正義を植えつけた。召使いたちの中で良いものには報酬を与え、悪いものには与えず、そして正義が、不正義よりも利益をもたらし、自由な生活をもたらすことを彼女に示したのだ。そうやってぼくたちは彼女を召使頭の仕事につかせた。

ソクラテスよ、以上のことを背景とした上で、ぼくは妻に、こうしたことのどれも、彼女がすべてのものをきちんと整理して配慮していなければ成り立たないのだと教えた。ぼくは彼女に、秩序立って構成された国では、市民はよくできた法の規律を実行することを一瞬たりともゆるがせにしないが、同時に、物事を警戒する法の番人たちを選び、法を守るものを褒め、不法をいさめていることを教えた。そうしてぼくは、彼女自身が、ぼくたちの家の法の番人であることを自覚させたのだ。ぼくは彼女に、自分がそうしようと思ったときにぼくたちの道具を確認することは、警備隊の長官が自分の軍を査察するのと同じだと教えた。そしてそれぞれの品が良い状態にあるかどうかを見ておくことは、国の評議会が騎兵隊や彼らの訓練を検分することと同じだと教えた。そして女王のように、その権威を背景にして、だれであれ、必要なときにそのはたらきをほめて報酬を与え、そのはたらきを叱責して罰を与えることを教えた。

同様に、ぼくたちの資産が関係しているところでは、ぼくが召使いたちに与えるよりももっとたくさんの仕事を彼女に与えても、それをうらめしく思ったりしてはいけないと教えた。ぼくが指摘したのは、召使いは彼らの主人の持ちものを運用し、手入れし、守るという、かぎられた仕事をするものであって、彼らの主人があえてそれをさせないかぎり、彼らはどんな資産も実際に使う権利はない。それを好きなだけ使用できるのは主人だけの権利なのだ。それゆえ、資産が安全で良い状態であるときにもっとも利益を得て、もしそれが破壊されるなら、失うものがもっとも大きい人間こそが、その資産に対してもっとも大きな責任があって当然なのだと説明した【9】」

「では、イスコマコスさん、あなたの言うことを聞いてから、彼女はどうしましたか」

「彼女は、自分たちの資産の世話をするのが彼女の義務だと言って彼女にめんどうな仕事を与えたのだと、ぼくが考えているのだとしたら、それは思い違いです、と言ったのだ。彼女にとって、良いものを世話する仕事は、彼女の所有財産を無視するように言われるよりも、はるかに荷の軽いことだと言った。そして、彼女が自分のものに心を配る女になることは、それらを無視することよりも、それが彼女の所有であるがゆえに彼女にも喜びであるから、大きな喜びと思っていると言った。そしてそれは、彼女が自分の子どもを無視するよりも、自分の子どもに心を配る女であることのほうが、ずっと易しいことだということと、同じ自然の法を表明していたのだ」

（『家政』第十章）

ぼく（ソクラテス）は、彼女の答えを聞いて思わず叫んだよ。

「ヘラに誓って、イスコマコスさん、奥さんは男に劣らず、すぐれた心の持ち主

【9】最大のリスクを負うものが利益を最大に得る、という論は、言うまでもなく現代でも通用する。

じゃないですか」

「そうとも、君にはもう一つ、彼女が良識のあるところを見せたことがあることを話そう。彼女がぼくの話を心によく留めてくれたことだ」

「それはぜひ聞かせてください。その絵がどんなにきれいだとしても、画家のゼウクシス[10]が肖像画を見せてくれるよりも、実際に生きている女性の中に美徳があることを聞くほうが、ぼくにはずっと興味深いことですからね」

「よし、ソクラテス。ぼくはあるとき、彼女が自分のはだに白い鉛粉をすりつけて実際よりも白く見せようとしていることに気づいた。またアルカナを使って自分の頬を実際よりも赤く見せようとしていた[11]。さらに高いクツをはいて実際よりも背を高く見せようとしていたのだ。

ぼくは彼女に言ったよ。

『君は、わたしたちの資産を共有するパートナーとして、わたしが君に、実際にわたしがもっているものを見せかけなしに、また隠しごとなしに、見せるなら、わたしをもっと愛してくれるだろうか。それとも、実際にもっているもの以上のものを持っていると言って、あるいは、にせのお金を見せたり、にせの宝石を見せたりして、君をだましたら、あるいは、わたしがすぐに色あせてしまう紫で染めた服が本物だと君に教えたとしたら、君はもっとわたしを愛してくれるだろうか』

すると、彼女は躊躇せずに大きな声で答えたよ。

【10】同時代（紀元前五世紀）にもっとも人気のあった画家のひとり。

【11】むかしの人は鉛の毒には気づかなかった。粉をおしろいとして使用した。またアルカナは、その根が赤い染色作用をもつ植物で、紅《べに》に一般的に用いられた。

『何てひどいおっしゃりようですこと。あなたがそんなふるまいをしたことがありますか。そんなことをする人だったら、わたしはあなたを心から愛することなどできません』

ぼくは言ったよ。

『わたしたちの結婚は、わたしたちが身体においてもお互いのパートナーであることを意味するのではないかね』

『結婚とは、そういうものですね』

『だから君は、もしわたしの身体が健康でぴんぴんしていることを自然な表情で君に見せられるなら、このわたしが身体のパートナーとして魅力的だと思うのではないか。それとも、赤い鉛で化粧して目の下にクリームをぬりつけておいて、いっしょにいるとき、君をだまして、わたしの皮膚の代わりに赤い鉛に触れさせるとしたら、君はもっとわたしを愛してくれるのだろうか』

すると彼女は答えた。

『わたしは赤い鉛よりあなたに触れるほうがよいし、化粧クリームよりあなたの表情を見るほうがいいし、化粧した目より自然な健康的な目を見るほうがいいわ』

『それなら、わたしにとっても同じことだよ。鉛の白やアルカナの赤のほうが、君自身の色よりもわたしが好きだなどと考えないでほしい。神々は馬を馬に、牛を牛に、羊を羊にとって魅力的につくったのだ。人間も何ら変わらない。神々は何ら飾らない人間の体がもっとも魅力的だと思っている。そういう作為は、外の人をだますことはあるだろう。しかしいつもいっしょにいる人たちは、互いにだまそうとしても、その事実から逃げ切れるものではない。朝ベッドから出て服を着る前につかまってしまうとか、あるいは、汗や涙を洗うとき、真実がばれてしまうだろう』」

「神々にかけて、それで、イスコマコスさん、彼女は何と答えたのですか」

「彼女はそれ以来、二度とそんなことはしなくなった。その代わり、飾らないが趣味のいい仕方で自分をあらわすようになった。しかし彼女は、どうしたら自分は見かけだけ美しくなるのではなく、本当に美しくなれるのか、どんな忠告でもしてほしいと言ってきた。

ぼくは、座ってばかりいることを避けることだと、勧めた。それは奴隷のすることだ。そして神の助けを頼んで、家の女主人のようにはたらくことだ。たとえば、機織《はた》に近づいたときも、立ったまま、そして、ほかの人より知っているか、あるいは、知らないかに応じて、教えたり、学んだりすることだ。また、パン作りを見るとき、監督をまかせた召使いのそばに立って、彼女が召使いたちに経費を教えているのを聞き、すべてのものがふさわしい場所に納められているかどうか、歩き回って調べることだ、と言ってやった。

ぼくの考えでは、こういうはたらきは仕事と散歩をかねている。またぼくは、水と粉をまぜてパン生地をこねることや、布地や寝具のほこりを振り払ったり、たんだりすることは、良い運動になると教えた。こういうことで体を鍛えていれば、食事をもっと楽しむことができるし、健康でいられるし、顔色にも純なバラ色をもたらすことになると言ってやったよ。

解決がなされたことで自分と女召使いとの違いが明瞭になったせいか、彼女は以前ほど化粧しなくなり、趣味のいい服装となったことで、女としての魅力も、なかなかのものとなった。とくに、召使いたちは言われるままに従うしかないのに対して、彼女のほうは自分から喜んでしてくれたのだから。それに比べて売春婦たちは安っぽい誘いで待っているだけだ。

それはさておき、ソクラテスよ、ぼくの妻の生活や姿が、ぼくに従順であり、ぼくが話したとおりであることを、君も分かってくれたと思う」

（『家政』第十一章）

「イスコマコスさん、ともかく当面は、奥さんのことについては十分なことが聞けました。それはあなたがたにとって名誉となるものだと思います。しかし今度はあなたのことについて教えて下さらないか。あなただって、あなたの素晴らしい評判の理由になっているものを説明するのは、きっと楽しいことに違いありません。そしてぼくのほうは、善美な人（カロス・カガトス）のすることについて、その説明を聞けるなら、そしてぼくがそれを理解できるなら、まことにありがたいことです」

「ソクラテスよ、ゼウスにかけて、ぼくは自分の時間を、何をして過ごしているか君に喜んで話すつもりだ。そこでもしぼくのすることで、正しくないと思うものがあれば、何であっても、言ってぼくを正してくれたまえ」

「それはできませんよ。どうやって善美にすっかり囲まれた人を正すことができるでしょうか。ぼくは、空想にふけり、愚かな考えばかりをする貧乏人で、無駄なおしゃべりをする人間だと、非難されているのです[12]。こんな非難はどうかと思いますが、それでもイスコマコスさん、ぼくはこんな非難をされていたので、もしある日のある出会いがなかったら、けっこう落ち込んでいたことでしょう。

ぼくは、ニキアスという外国人のもつ馬に遭遇したのです。人が見物に集まっていました。ぼくは肩越しに彼らを見ましたが、みな何やかやとその馬について話していました。ぼくは馬丁のところへ行って、この馬は金持ちなのかとたずねました。

彼はそんな質問をするぼくをどうかしたのかという顔で見て、言いました。『馬がどうやって金を持つのだ』

ぼくは、それを聞いてほっとしました。一文無しの馬が良い馬であることは可能なのだと、分かったからです。恐らくそれは良い気質をもっていたのでしょう。それなら、一文無しのぼくが良い人間になることも、全く論外とも言えないのです。ですから、ぜひともあなたのされたことのすべてを話して下さい。そうしたら、ぼ

【12】婚期（三十歳）を迎えたソクラテスは、おそらく両親など、身近な人からこういう非難を受けていた。政治家アニュトスの吟味によって生じた「世間一般からの非難」とは異なる。この身近なものからの非難には、ソクラテスもいささか落ち込んでいたことが吐露されており、興味深い。

くはがんばって、理解できるかぎりで、明日の朝からさっそく、あなたの生活をまねてみようと思います。良き人生を始めるのに、明日は良い日でしょうからね」

「冗談はともかくとして、[13] ソクラテス。ぼくは最善を尽くして自分の人生を過ごすために何をしようとつとめているか、君に話すつもりだ。ぼくの理解では、神々は、何をなすべきか知らない人たちや、なすべきことを達成するために、とるべき手段を知らない人たちには、成功を与えず、このことを知っていて、取るべき手段を取ってきた人たちだけに、繁栄を与えてきた。それゆえ、ぼくは、初めに神々に犠牲をささげる。そして神々に祈るのは、健康と、体力と、社会的評価と、友人たちからの友情と、戦時における名誉ある生存と、富の増加と、非難されない儲けなのだ」[14]

　彼が言い終わったとき、ぼくは言った。

「イスコマコスさん、あなたは本当に富を望んでいるのですか。そしてあなたが手に入れた大きな資産のめんどうを見るためのあらゆる労苦も」

「そうとも。ぼくはたしかにこれらの労苦をのぞんでいる。なぜならソクラテス、心おきなく神々に供物をささげて崇敬し、必要なだけ友の助けになり、ぼくが資産を用いて可能なかぎり町を美しくすることは、ぼくの喜びなのだから」

「それは見上げたことです、イスコマコスさん。そしてたしかに、有能な人たちはだれでもそういう目標をもつものです。人々のうちの大部分は、自分たちのかせ

【13】ソクラテスは、一文無しの馬でも立派になれるなら、自分も立派になれることが明らかであると知って、ほっとした、という。イスコマコスは、馬と自分をいっしょにするソクラテスの話を「冗談」としてしか受け止めていない。そもそも馬が金持ちかどうか聞いてみようとするのだから、ソクラテスは、かなりの変人か、きわめて独特の人であったことがわかる。

【14】「戦時の名誉ある生存」と「非難されない儲け」は、似たところがある。というのも、儲けについては、「何か悪いことをして得た」ものではないかという疑い、ないし非難が起こりえたからである。他方、戦争で生きて帰ったとき、敵にたいする命乞いなど「不名誉な行為」によって生きて帰ったのではないか、という疑いや非難が起こりうる。したがって、イスコマコスは、売り買いにおいて正当に儲けられること、不名誉な行為に及ばなくても戦争から生きて帰ってこられることを、神に祈ったのである。

ぎでは生活できない人たちか、帳尻が合えば幸せだ、という人たちです。だから自分たちの家計を支えられるだけでなく、余分をつくることができる人たちは、その余分でもって町を美しくし、友人たちの荷を軽くしてやることができる。そういう人たちは、まことにすごい人たちと見られている。わたしたちは、そういう人たちに感心しているのです。

しかし始めに戻って、あなたの健康と体力を、どんなふうに配慮しているのか、そして戦時において名誉ある生存をどのようにして守ろうとしているのか、聞かせてもらえないでしょうか。それがすんだら、ぼくは喜んであなたの資産管理について聞きますよ」

「しかしこういうことがらは、どれもみな、つながっているとぼくは思うのだ。たとえば人が十分に食べて、十分なだけ体を動かしているなら、その人は健康で力のある体を保つことだろう。そして彼の運動が、軍隊の要素を含むなら、戦場から生きて帰ることは、名誉あるものになるだろう。そして、彼が自分をそのように適性に保つなら、彼はまた自分の資産を増やすことになるだろう」

「今のところぼくは、あなたの言うことについてゆけるでしょう。あなたは体育訓練や運動は、人の成功のチャンスを増やすと言っている。しかしぼくは、できればどんな訓練が強い体を維持できるか、どんな仕方で軍事に役立つ運動をしているのか、そして友人の助けや町の改善のために、財の余分をつくるために、あなたがどんなことをしているのか、知りたいのです」

「いいだろう、ソクラテス、ぼくは、だれか会う必要がある人物がいるときには、寝床から出て、相手がまだ家にいるのをつかまえることができるようにしている[15]。アテナイの町で何か仕事があるとき、ぼくは散歩をする時間にそれを片付ける。そしてぼくを必要とするものがアテナイの町にないときは、奴隷が、ぼくの馬を農場に連れて行く。そしてぼくは、町の外への旅を[16]、散歩の一つくらいに考えている。そしてこれは、ぼくにとって良い運動なのだ。庭なんかを歩いているよりはね。農場では、ぼくは植えつけや土起こしや、種まきや収穫がおこなわれているのを監督するだろうし、労働のあらゆる姿を見やって、改善できるところを見つければ改善する。

そして、ぼくはいつも乗馬をする。というのも、戦闘中に必要な乗馬技術にできるだけ近いものを学べると思うからだ。でこぼこの所や急斜面や溝、あるいは小川の流れなどがあっても、それらを避けて馬を走らせたりしない。むしろこの訓練の間は、自分の馬をだめにしてしまわない、ぎりぎりのところできびしくやるのだ。これが終わったあとは奴隷に飼葉を与えさせ、ぼくが町で必要とするものを載せて、家へ連れて帰らせるのだ。ぼく自身は、家まで歩いて帰り、途中から残りを走ることにしている。そのあと垢拭いで体を拭う。そして最後に、腹減りでも食べ過ぎでもない具合に一日を過ごせる程度に、たっぷり食べるのだ[17]」

【15】夜明け前である。当時の人は町中でも夜明けとともに動き始めた。

【16】農場は、町をめぐらす城壁の外(郊外)にある。町に一万世帯が住み、敵軍が押し寄せたとき、人々は城壁内に逃げ込んで対抗する。

【17】体を清潔にするために当時の人は、体に油を塗って特殊な道具で垢をぬぐった。そして一日一度の食事をしたのである。

「ヘラに誓って[18]、イスコマコスさん、あなたの一日は、全く不足のないものだと思いますよ。あなたは、健康を保つためになすべきことをしているし、戦争に備えて訓練しているし、あなたの富の世話もしている。そしてあなたは、このすべてを全く同時にやっている。全くすばらしいことだと思えます。そしてあなたは実際の生活で、あなたがそれらを正しくやっていることを証明しています。ぼくたちは、全体としてあなたが健康的で良い、神々が人にゆるすかぎりの生活をしていて、あなたがアテナイの中で馬の最高の乗り手であり、大金持ちのひとりであることを、認めます」

「まあ、とにかく、ソクラテス、君はたぶん、ぼくがしばしば本当に善美な人だと、人から言われている上に、自分でもそう言おうとしてこんなことを言っていると思っているかもしれないが、じっさいには、多くの連中からしばしば中傷されているのだ」

「じっさい、ぼくはあなたにおたずねしたいのです。イスコマコスさん、裁判を起こされたとき、その弁明においてもあなたは自分の立場を保っていられる努力をされていますか[19]」

「君は、まさにぼくがつねにその用意をしているとは思わないか。だれにも不正をはたらかず、むしろできうるかぎり人々に恩恵を施すことで、自分を守っている[20]。さらにぼくは、しばしば市民諸君や国家に対して不正をはたらき、だれにも良いこ

【18】男性は「ゼウスにかけて」と、「ヘラにかけて」と誓いは通常この二通りである。ただしこの使い分けの基準はわからない。

【19】裁判への告発は、告訴することによって金銭を得られるという目的でなされた。当時は、労務者階級を除いて男性市民全員がくじで行政職に就く可能性をもっていた。他方、検察の役も弁護の役も公的資格なしの私人である。つまりプロの告訴人がいたのである。のちにソクラテスを告訴したメレトスもそういう一人である。金持ちは、ゆすりもかねて、常日頃からこうした告訴人に狙われていた。弁護も自分と友人の助けだけである。

【20】ソクラテスは、自分が告訴されて裁判が予定されたとき、友人ヘルモゲネスにこれと同じようなことを言っている。クセノポン『思い出』第四巻八章四、クセノポン『弁明』一。

とをしない連中を監視することによって、告訴人として論ずる用意もしている。そう君は思わないか」

「思っていますとも、イスコマコスさん。でもぼくは、あなたがそのすべてを、ことばで説明する練習を実際にしているかどうか、聞かせてほしいのです[21]」

「ぼくはけして練習を欠かさないよ。ときにぼくは召使いに告訴人や弁護者の役を割り当てて、ぼくはそれを聞いて、つぎにそれに反論してみるし、ときには、友人を裁判員に見立てて誰かを批判したり、賞賛してみるし、知り合いの間で仲違いがあるとき、彼らの事業の中で、長い目で見れば良いことを説明して仲直りさせているし、ときにはみなで集って政務委員のあらさがしをするし、また何もしていないのに告訴された人の弁護をするし、政務委員を誤って委任された人を弾劾する演説をふるったりする。さらにぼくたちは、しばしば政務委員のようにはたらき[22]、ぼくたちが良いと思う政策を推奨したり、あるいは反対に悪いと思うものは批判したりするのだ。

そしてソクラテス、ぼくは、実際に何度も、罰金を払うべきか、体罰にすべきか、裁定を下されている」

「誰によってです？　イスコマコスさん、ぼくは、そんなことが起きているなんて知りませんでした」

「ぼくの妻によってさ[23]」

【21】言うまでもなく裁判は、告訴も弁論も「ことば」でなされるゆえに、弁論術が必要だった。当時多くのソフィストが弁論術を教える教師であったことの理由もここにある。

【22】裁判員も政務委員（行政官）も、自由市民を十の部族に分けたうえで、持ち回りのなかで、くじで決められた。したがって、だれでも政務委員や裁判員を務める義務を負う可能性があった。出征する戦士となるかどうかも、部族ごとの順番持ち回りだった。したがって市民はこれらに備えていなければならなかった。

【23】家庭内模擬裁判で、イスコマコスはしばしば妻から告訴されていた、というのである。この対話のなかでも彼は奴隷女との関係について述べているので、そのあたりのことかもしれない。

「あなたは自分の裁判で、どう弁明するのですか？」

「悪くないね、真実を語るときにはね。しかし嘘を言わなくちゃならないときは、ゼウスにかけて、弱論を強弁しなくちゃならない」

「そうでしょうね、イスコマコスさん、あなたは嘘を言ってごまかすのは苦手でしょうからね」

（家政第十二章）

「でも、もし、もう行かなくてはならないなら、あなたを引き止めておくわけにはいきません[24]」

「ゼウスにかけて、ぼくはアゴラが空になるまで、ほかに行くことはできないんだ」

「ゼウスにかけて、あなたは善美な人という名に恥じない人ですね。あなたには有り余るほどの所有地があり、それを見なければならないのに、あなたはここで町の外からやって来るはずの客人を待っておられる。それというのも、そう約束したし、その約束を、あなたは破りたくないからだ」

「じっさいのところ、もちろん、ぼくは自分の所有地のことも忘れていない。農地にはちゃんと監督を置いている」

「では、監督者が必要なとき、あなたは何をしますか、イスコマコスさん。あな

【24】ソクラテスは、イスコマコスを引き留めて迷惑になっていないか、気になっている。

たはちゃんと技術をもった人をさがして、そういう人を買うのでしょうね。[25]じっさい大工を必要とするとき、あなたは技術をもった大工をさがして、彼を得ようとするでしょう。それとも、あなたは自分で監督たちをトレーニングするのでしょうか」

「ゼウスにかけて、ぼくは自分で彼らをトレーニングしようとするさ、ソクラテス。ぼくがその場にいないとき、ぼくと同じように世話のできる人がいつでも必要だからね。その人間はぼくの知っているすべを心得ていなければならない。そしてぼくが仕事を指揮する力をもっているのなら、ぼくはその知識をほかの誰かに教えることも、たぶんできるだろうからね」

「彼があなたの代わりをするとなると、その彼があなたとあなたの所有財産に対して、誠実であることが、何より重要になるのではないでしょうか。どんな監督の知識も、その人が誠実でなければ、何らよいことにはならないのですから」

「ゼウスにかけて、その通りだとも、何より大事なことだ。じっさいぼくが最初に教え込もうとするのは、ぼくとぼくの所有に対する誠実さなのだ」

「一体どうやって、だれであろうと、あなたとあなたの所有財産に対して、神のもとでも誠実な人間を教育するというのですか？　お願いです、ぜひ聞かせて下さい」

「言うまでもないが、神々がぼくたちにすばらしい幸運を授けてくれたときに、

【25】アゴラの市場では、奴隷も売られていた。奴隷は、現代で言えば、家電製品や自動車や自分が経営する会社の従業員のようなものである。

彼にとって、ぼくが恩恵を与えるものであることによってさ」

「あなたのおっしゃる意味は、あなたへの誠実さや、あなたの利益への積極的なはたらきは、あなたの幸運から生ずる利益の分配の結果だということですか」

「そうさ、ソクラテス、ぼくの見るところ、それが誠実さを保証する最善の方法なのだ」

「しかしイスコマコスさん、あなたへの忠誠は、それ自身で監督の能力の結果ではないでしょうか。ほとんどの人間は、自分自身に対しては誠実です。しかし、自分がほしいと思っているものを手に入れるに際しては、そのとき責任をもつ人間となるためには、人はしばしば、いまだ用意ができていない、というのは明らかではないでしょうか[26]」

「そうとも。ゼウスにかけて、だれかを監督にしたいと思うときは、ぼくは彼に、責任というものも教えるのだ[27]」

「一体どうやってですか。ぼくは、本当に、人に責任感というものを教えることは、結局できないことではないかと思っているのです[28]」

「たしかに、それをだれにでも教えることは、不可能だろうね」

「ではどういう種類の人々になら教えられるのでしょう。それをぜひ、ぼくにわかりやすく聞かせて下さい」

「そうだな、ソクラテス、まず酒に弱い連中には責任感というものは教えられな

【26】 イスコマコス自身がほしいと思っているものを、イスコマコスの奴隷が手に入れたとき、その奴隷がごまかさずに、それをイスコマコスに渡す心を、十分に用意しているかどうか、という問題である。

【27】 この前後で「責任感」とか、「責任をもつ」と訳したギリシア語「エピメレスタイ」ないし「エピメレース」は、辞書によれば、「配慮する」とか「心がける」とか「気遣う」とか、あるいは、「世話する」、「監督する」、「役目を担う」と訳される。ここでは文意に沿って、「責任感」と訳した。人間が「正義を守ろう」とするとき、心の中で何らかの「配慮」がはたらいていることは確かである。この「配慮」が、「正義感」であり、「責任感」である。しかし、それを論理的に明瞭にすることは、大変むずかしい。善美にかかわってはたらく心の機微は、ソクラテスがもっとも深く考察した分野であると推測されるが、論理的に明確にすることはできるのだろうか。

【28】 今ここでは、奴隷を教育して自分の仕事に責任感をもつようにさせることができるか、という

いのだ。というのも、彼らは酔ってしまうと、なすべきことのすべてを忘れてしまうからだ」

「大酒飲みに責任感を教えるのは、むりですね。ほかには？」

「ゼウスにかけて、ほかにもある。たとえば眠気に左右される連中だ。眠っていては義務を果たすことも、ほかの人間にさせることもできない」

「なるほど、責任感を教えられないのは、そういう連中だけですか。それとも、まだほかにも？」

「いるとも。恋に夢中になった連中も、責任感を教え込むことは無理だ。彼らは自分が夢中になっている当のもの以外には責任など感じないのだから。じっさい、愛するもののそばにいること以上に楽しいことや、楽しい努力というものを見出すのは、容易なことではない。そして仕事があっても、愛する者から離れること以上に辛いことはないのだ。だから、そういう連中だと分かっている人間に責任感を教え込むことは、ぼくは、やってみようとも思わない[29]」

「お金もうけに夢中になっている連中については、どうですか？　彼らも、農場経営に責任を感ずるものに教育することは、できそうにないですか」

「ゼウスにかけて、彼らはとても簡単にこの仕事につけるようになる。彼らには、責任をもってすれば、金もうけになることを教えるだけでいい」

「それ以外の人たちについては、どうなのでしょう。あなたがおっしゃっていた

問題である。しかし、一般に責任感がある人間とは、善い仕方で配慮のできる人間であり、それは善美な人である。したがって、ソクラテスの問題意識としては、人を善美な人に教育することはできるか、という問題が考えられている。ここに出されたイスコマコスへのソクラテスの質問は、以上のことを背景としている。

【29】現代では、行き過ぎた飲酒をとくに会社で問題にすることはなく、常識の範囲ということになっているが、遅刻や社内恋愛に対する規則は、やはり存在している。

ことがらに対して奴隷ではなく、金もうけについても、ほどほどな人たちは？　あなたはそういう人たちに、あなたがまかせる仕事に対する責任感を、どのように教えるのでしょう」

「それはとても簡単なことだ。彼らが責任をもって仕事をしているのを見たときに、ぼくは彼らに感謝して、それに報いるし、そうでないことを見たときには、しんらつにきびしく対処するだけさ」

「イスコマコスさん、少々話を変えてもいいですか？　責任感を教える話の代わりに、一般的な教育の課題について、聞かせてもらえないでしょうか。つまり、無責任な人が、他者を責任ある人にすることはできるでしょうか[30]」

「ゼウスにかけて、それは無理だろうね。それはまるで音痴の人間が、ほかの人を音楽家にできるか、ということと、同じことじゃないか。教師が間違ったことを教えるとき、何かをよく行なうことを学ぶのは、むずかしいことだ。そして召使いが、主人の方は無責任に教えているとき、責任感を学ぶことは、むずかしい。ひとことで言えば、ぼくは悪い主人につかえる良い召使いというのを見たことがない。反対に、良い主人につかえていながら悪い召使いの例なら知っている。召使いたちは罰せられずにすんでいる。とにかく人を責任感のある人にしたいと願うものは、仕事を監督し検査することができなければならないし、仕事がうまくなしとげられたときには、感謝を示す用意ができていなければならない。そして、無責任のため

【30】前注で触れたことに関連するが、ここでソクラテスは「正義を教える教育」の問題に話題を変えている。ソクラテスにとって、この「一般教育」(パイデイア)の問題は、最大の関心を払った問題であった。

に起きたことに対しては、罰を与えることを、おそれてはならない。

ペルシア人の話は、いい話だ。ペルシア王があるとき、良い馬を手に入れた。そしてできるだけ早く強い馬にさせたいと思った。そこで彼は馬の飼育家を見つけて馬をもっとも早く強い馬にさせるものは何か、とたずねた。するとその男は、『主人の目です』と答えたそうだ。[31] ソクラテス、ほかのことでも同じだと思う。主人の目が、良い仕事を生み出すもっとも効果的なものなのだ」

翻訳の途中だが、ここで註釈を加えておきたい。

クセノポン『家政』のこの第十二章は、ソクラテスの哲学を理解するうえで重要なことばを多く含んでいる。ソクラテスは、イスコマコスが農地に自分の代わりに監督している者がいる、という話を聞いて、監督する者の教育について問う。すると、イスコマコスが答えて、「ぼくは自分で彼らをトレーニングしようとするさ、ソクラテス。ぼくがその場にいないとき、ぼくと同じように世話のできる人がいつでも必要だからね。その人間はぼくの知っているすべを心得ていなければならない。そしてぼくが仕事を指揮する力をもっているのなら、ぼくはその知識をほかの誰かに教えることも、たぶんできるだろうからね」。

この答のなかに、以下、さまざまに展開される二つの要素が示唆されている。

すなわち、第一の要点は、「監督する者」、「指揮する者」とは、「それに関連するい

【31】「主人の目」という表現は、当時のペルシア帝国において、大王の代わりに地方総督の視察を受け持っていた官吏が「大王の目」と呼ばれていたことからだと思われる。

ろいろなことを世話することのできる人間」のことであり、第二の要点は、イスコマコスに「指揮監督ができる」なら、イスコマコスは「その知識を他者に教えることができる」ということである。

第一の要点は、管理するものに要求されることは対象となる組織を「世話する」ことだ、ということであり、第二の要点は、それに必要なことを「教える」ことだ、ということである。そして世話するものは、それを配慮し、それについてあれこれ気を配り、気遣うものである。そして世話している者は、監督している者であり、その仕事の結果に責任を取ろうとしているものである。そしてそういう者は、指導する個々の仕事についてある程度の知識をもっていて、いつ、どのようなことをすべきかを知っているのでなければならない。

以上のことは、屋内の妻の仕事として、すでに述べられたなかにあった。妻は、持ち込まれたものを適所に保管し、管理しなければならない。そのために日々それらを見直していなければならない。そういう配慮が必要だ。そして家には召使たちがいる。彼らの仕事を指揮すること、監督することも、妻の仕事である。ときにはその健康も気遣わなければならない。そして仕事を監督、指揮するためには、ある程度は、その仕事内容について知っていなければならない。

今、仕事内容が農場となって、その場合の問題が扱われている。つまり屋内の仕事には妻という監督者が昼夜を分かたず、つねにいる。そしてそれを補佐する者として女性の監督者を選ぶ。しかし農場の仕事については、イスコマコス自身が最高責任者であるが、妻が家にいることと比較して、イスコマコスは現場に常駐することが少ないだけ、他者に任せなければならないものが多い。したがって、監督者を選ぶとき、イスコマコスは、とくに仕事に責任がもてる監督になるように、その人を教育することを忘れてはならない、と考えている。

しかしソクラテスは、そもそも、責任感を教えることはできるのか、という問題に強い関心をもっている。ソクラテスは、自分が死刑となった裁判の弁明においても、自分は世間でいう「人間の職業教育」（ソフィストが料金を取っている教育）はしていないが、それでも「人間を良くする教育」には関心をもってきたことを認めている。自分を告発したメレトスを問い詰める過程を通して、それを明示しているからである。[32] つまり若い頃からソクラテスは「善美な生」を実現するものを追求しており、おそらく、死の直前までそうなのである。それはまた「人間の善美」の内容の追求であり、他方、ソクラテスの関心は、善美なものが善美でない他者を善美にすることができるか、という教育問題へとつながっていた、と推測できる。

じっさい、ここでも、「責任をとれる」ということは「誠実である」ことである。イスコマコス自身は自由市民として誠実であった。しかし、奴隷は、所有権を奪われている。その奴隷身分の人間は、他人の所有権を尊重する思いをどこまで維持できるか、たしかにあやしい。具体的には、奴隷であっても、農場の監督者が、そこから上

【32】プラトン『弁明』二四D–二六A。

がる収益を自分のものにしてしまわないことを、守れるかどうかである。イスコマコスが農場の監督をまかせる人間は、それを守れる人間でなければならない。

一般的には、その誠実さは、ある人はもっていて、また別のある人はもたない。それゆえ、持っている人を監督者にするのがもっとも簡単であるが、一般的に言って、完全に誠実でどんな場面でもそれを堅持することができる人間というのは、生まれつきとは言えない。一般的に人間は責任をとることのできる人間になる可能性（準備）をもって生まれているが、自分が置かれた状況によっては、他者の利益よりも自分の利益を優先することも、自然である。

すでに述べたように、奴隷は自分が財産をもつ権利を一般的に奪われている（主人が認めるかぎりでのみ、奴隷は自分のもの、と言えるものをもつことが認められる）。したがって奴隷には、自分の所有権が尊重されている、という、他者の所有権を尊重する「動機」が、そもそも奪われている。したがって奴隷にその種の誠実さを教育することは、「おれはお前のものを奪う権利があるが、お前はおれのものを奪う権利はない」と教えることである。これは理屈が通らないことを教えることであり、無理がある。

イスコマコスは、後に（第十四章）、奴隷のうちの最高の監督者は、身分上は奴隷であっても「自由人」のごとく見ることで、彼の尊厳を認めようとする。つまり公法上は、やはり奴隷であっても、権利をもつ自由人扱いを、イスコマコス個人としては、監督奴隷に対してもつことで、その奴隷が、法を守る誠実さをもつことができるようにする、と言っている。これは奴隷制度のもとで奴隷に誠実さを実現する、ぎりぎりの努力だということができる。

イスコマコスは「善美な人」という評判をもつ人であり、ソクラテスも、明らかにこの評判は間違いではないと考えている。そして「善美な人」は、自分の「善美」、つまり「誠実さ」を規準にして、他者の誠実さを判断する。しかし、相手の誠実さが危うければ、「脅し」や「報酬」や「知識」を通じて、不誠実にならないように、他者を制御する。ソクラテスは、以下の対話において、その実際をイスコマコスから聞き出している。

ソクラテスの視点から見れば、最高の人とは、金持ちの人ではなく、権力のある人でもなく、善美な人であるから、どのような手段によろうと、善美な人間が増えることは、善いことである。人間を善美にする教育が、真の「人間教育」である。ソクラテスは、イスコマコスから、善美についての教育に参考になる多くのことを、彼との問答を通じて学んでいたのである。

『家政』の翻訳に戻る。

（『家政』第十三章）

「あなたは、与えられた仕事に良く配慮して、責任をもって仕事をこなす人間が、監督になれる人間であることを証明された。しかし、監督になる前に、彼が学んでおかなければならないことは、ほかに何かありますか？」

「ゼウスにかけて、あるとも。何をすべきか、いつ、またどのようにすべきかを、知らなければならない。この知識をもたない監督は、夜明けから日暮れまで患者を看ていながら、どういう療法が患者には良いか知らない医者と同じように、役に立たない」

「わかりました。では彼が仕事をどのようにすべきか学んだなら、彼はもはやあなたから見て完全な監督なのだろうか。それとも何かまだ不完全なところがあるのだろうか」

「思うに、彼は現場作業に対して、権威を示す仕方を学ばなければならない」

「では、あなたはそれについても、どうすればそれができるか、監督に教えることができますか」

「教えてはみるね」

「ぜひ、権威を示すことに長けたものになれるように、彼らにどのように教えるのか、聞かせて下さい」

「それは単純なことだ、ソクラテス、言ったら君は笑うだろう」

「いえいえ、イスコマコスさん、この課題は笑いものになることがらではありませんよ。人が権威を示すことに長ける能力というのは、明らかに、彼らに主人らしくふるまうことを教えることですし、主人らしくふるまうことを教えることは、人を『王』になれるようにすることです。[33] ですから、そういうことができる人はだれであれ、まったくもって尊敬に値するものであって、軽蔑などには値しません」

「わかった。ソクラテス、動物の世界では服従を学ぶ二つの方法がある。一つは彼らが従わなかったときに罰を与えることだ。もう一つは、彼らが進んでこちらの思い通りに動いたときに、ほうびを与えることだ。たとえば、子馬がトレーナーに従っているときには、いいことがあり、反抗すると、困ったことになることで、子馬はトレーナーに従うことを学んでゆき、ついにはトレーナーの思う通りに動くようになる。あるいは、子犬についてもだ。彼らのもつ頭や発声は、人間と比べればちゃちなものだが、それでも同じ方法で、ぐるぐる回って走ることを覚えさせたり、後方宙返りを覚えさせたりすることができる。つまり言われた通りにしたときには、ほうびをあげ、そうでないときには、罰を与えることだ。

人間は、従うことに利益があることをことばで示すことで、もっとかんたんに従順にさせることができる。しかし奴隷について言えば、低扱な動物向けのトレーニング方法が非常に有効なのだ。というのも、彼らの腹を満たしてやることで十分な結果を得られるからだ。野心的な性質をもつものたちは、ほめることが動機づけになる。つまりある種の連中は、ほめられることに生まれつき貪欲だ。そしてほかの連中は、食べものや飲むものについて、生まれつき貪欲なのだ。いずれにしろこのトレーニング方法によって、人はさらに従順になる。そこでぼくは監督にしようと

【33】ここでも、奴隷教育の矛盾が露呈する。つまり奴隷に「権威をもつ」風格を与えることは、奴隷に「主人（王）のごとくふるまう」ことを求めることである。すなわち、奴隷を自由市民にすることを意味してしまう。そしてこれは、ソクラテスが奴隷制に疑問をもっていたことを示唆する。

する人間にも使うのだ。つまりぼくは、仕事をしてくれている人たちに服と履物をやっているのだが、全員に同じものをやるのではなく、差をつけている。いい仕事をする人間には良いものを、そうでない人間には少し悪いものを、という具合いだ。

ぼくの考えでは、ソクラテス、良い仕事をする人間は、みな一生懸命仕事をしているのだが、他の連中が怠けていたり、危険に立ち向かおうとしていないにもかかわらず、同じものを得ていると知ったら、ひどくやる気を失ってしまうのだ。だからぼくは、良い連中に、だめな連中と同じものをやるのは、よいことだとは思わない。そしてぼくの監督たちが最高のものを、もっとも価値ある仕事をする連中にあてがっているのを見たときは、ぼくは彼らをほめるのだ。反対に、監督にごまをすって、あるいはほかの役立たずの方法で監督を喜ばして、そのおかげで特別扱いをしてもらっている作業者を見たとき、見て見ぬふりをせずに、監督を叱責して、そういうことは彼自身のためにもならないことを教えてやるのだ」

（『家政』第十四章）

「では、その人が権威を示すことができるようになったとき、彼は自分に人を従わせることができるのですが、それで彼は完璧な監督者であると言えるのでしょうか。今までのところでは、あなたがおっしゃった力をすべて備えていますが、それでも足りないところはあるのでしょうか」

「ゼウスにかけて、まだあるね。彼は主人の財産に手を触れず、盗まないでいられるようでなければならない。穀物を見ている人間がそれをあえて盗んだら、事業の利益の元が除かれてしまうわけだ。だとしたら、農場経営のために彼のはたらきを使っていたことに、どんな利益があるだろうか」

「では、その点でも、あなたは彼に誠実であることを教えようとするのですか」

「そうだ、全くだ。しかし、だれでもがこの話を聞こうと本気になるわけではないことを知ったのだ。とにかく、ぼくはドラコンとソロンの法を引き合いにして、[34]召使いたちに誠実であるようにと言っている。ぼくが思うに、ドラコンとソロンはたくさんの法律をつくったのだが、それらはまさにこの種の正義で人々を教育しようと考えてのことだと思う。たとえば、その法は、盗みをはたらこうとする人間は罰せられるべきだし、その行為中につかまったものは収かんされ、処刑されると宣言している。明らかに彼らは、犯罪者たちにとって不誠実は不利益なこととなるように、これらの法律を制定したのだ。

とにかくぼくはこれらの法律のいくつかを用い、またペルシア王国の法のいくつかを用いて、ぼくの召使いたちに、財産を扱うときには誠実であるように教えている。ドラコンとソロンの条文はたんに犯罪を罰するだけであるが、他方ペルシア王の条文は、犯罪者を罰するだけでなく、法を守るものに恩典を与えることもするので、その両者を組み合わせて教えている。そしてこれによって、誠実であることの

【34】「ドラコンとソロンの法」は、アテナイの基本法典を意味する。ドラコンの法体系は紀元前六二一年の制定で、非常に厳格なものだったと言われる。ソロンは、それから三十年後、ドラコンがつくった多くの法律を撤廃して、民衆制（デモクラシー）を実現する法体系を樹立した。ただし、本文にもあるように、窃盗に対する罰はきびしく、死刑が適用された。このことは、古代アテナイ市にあった民主主義（デモクラシー）において、「所有権」がきわめて重視されていたことを物語る。

ほうが、そうでないよりももっと魅力的であることを示すことができる。彼らが報酬目当てであったとしても、しばしば、人は不誠実にならないように、しっかりとがんばるものだ。もしぼくがある人間をよく扱っているのに、彼が不誠実になりがちなことを知ったなら、ぼくは彼を矯正しがたい、欲深い人間とみなして、もう絶対に彼を使わない。

それに対して、利益のためでなく、ぼくにほめられたいと思って誠実であろうとしている人間を見つけたときには、ぼくは彼を自由人として扱う。金銭で報いないという意味ではなくて、善美な人間（カロス・カガトス）だという理解を、彼についてはもつ。わかるだろう、ソクラテス、自分の理解を求める人間と、利益を求める人間との間には違いがあって、前者は危険に立ち向かい、不誠実になることを避けつつ、はたすべき仕事を一生懸命行うことを人に認めてもらい、人に理解してもらえるように、心がけているのだ[35]」

【35】イスコマコスが、相手が奴隷であっても、人として「善美であること」を、何よりも重視していたことを示している。そしてまた当時の善良な市民が、奴隷を非人間的に扱うことに躊躇がなかったわけではないことを伝えている。

第4章　農業は人に優しい仕事――『家政』(3)

「なるほど、今やあなたは、あなたの福利を望み、それをもたらすことに配慮する人間を育てたし、同時に、仕事のあらゆる場面で、いかになすべきか、その知識をもたせて仕事をさせ、さらに、彼に権威を示すことを教え、さらにその上に、あなた自身がすると同じように、あなたのために収穫を最大にすることに喜びを覚える人間を育てた。ぼくはもはや、あなたに仕える人間に何か足らないところがはたしてあるか、たずねる必要はないと思います。そういう人間は、全くすぐれた監督でしょうからね。しかしイスコマコスさん、どうか、それに触れておきながら素通りしてしまっていることがらを、無視しないようにお願いします」

「どういうことがらだね?」

「あなた自身が述べておられたことだから、思い出して下さい。それぞれの場面でどんな風に仕事がなされるべきかを、学ぶことが重要だ、ということです。そう

（『家政』第十五章）

でないと、つまりもし人が何をなすべきか、どんな風になすべきかの知識を欠いていたなら、たとえ仕事をしようとしても全く何もできないと、あなたは主張しました」

「君は、ソクラテス、ぼくに農業の細かな技術を説明してくれというのか？」

「ええ、そうです。なぜなら詳しい技術知が人を金持ちにし、それを知らない人間は一生懸命努力しても、貧しいままの生活を送っているのですから」

「ソクラテス、ぼくは君に、この技術知は人間にやさしい知識だと教えよう。それはとても儲かるし、楽しい仕事だ。それに加えて、農業はとても興味をひかれるものであると同時に、神々も人間も、共感できる仕事だ。加えて、学ぶことがとても容易なのだ。そもそもこの仕事を、生まれの良くないものと思う者などいるのだろうか。実際、動物でも、興味をひいて大事で役に立ち、人に対して優しいものは、生まれの良いものと呼ぶのではないか【1】」

「そうですね、ぼくはこの仕事が、学ぶには容易だということは、十分わかるような気がします。トレーニングして監督をつくるに要する方法を、あなたが述べてくださったのと比べてですね。つまりぼくは、彼があなたに対して誠実なものとするのにどうするか、また彼に責任感を持たせるのにどうするか、そして他者に対して権威を示し、かつ誠実でいるためにどうするか、色々おっしゃったことについては、わかったように思いますからね。

【1】農業の仕事内容が「人間にやさしいもの」（ピランソロポス＝人間を愛するもの）だという感想は、比較的良い条件での農業体験をもてば、共通に納得できるだろうと思う。土に触れ、植物を育成する世話は、現代では人間にとってのセラピー効果が認められている。またそれぞれの種類の植物の栽培は、それぞれに方法があるにしても、それは季節の変化に合わせたものであり、季節の変化に合わせてする仕事は、人間にとって自然なものである。したがって、学ぶことも自然な学びとなり、苦労して学ぶ、ということはない。のちにイスコマコスも言及しているが、教室で教えようとして「理論的説明」を持ち出すと、たしかに農業の知識も複雑でむずかしくなるが、現場で体験的に学ぶなら、同じことが、はるかに正確に、はるかに容易に理解できる。

しかしあなたはやはり、人が農業をやって成功するためには、何をすべきかを学ばなければならないし、どのように、またいつするかも、学ばなければならないとおっしゃいました。そしてこのことが、ぼくがそれについて話してきたものでありながら、通り過ぎてきてしまった事柄なのです。それはちょうど書かれたものを読み上げられるのを書き留めようとしたときに、アルファベットを知らない、ということに気づいたようなものです。あなたがそれを話していたなら、ぼくはアルファベットを知らなければならないことを、とっくに知っていたことでしょう。しかしぼくとしては、それはまだぼくのところまでもたらされて、実際にアルファベットを知るには至っていない、と思われますね。現在の状況はそういう状況なのです。

つまり誰かが農業を始めて、それで成功するためには、彼は農業を知らなければならない。これは容易にわかります。しかし、農業はどういう風にしなければならないか、ということを、ぼくは理解していないと思います。実際、もしぼくが今農業を始めようと固い決断をしたとしたら、ぼくたちが前に話した医者、つまり患者のことを見て回っていながらどんな療法が患者のために良いのか全く知らない、という医者と、ぼくは少しも違わないでしょう。ぼくはそんなことにはなりたくありません。ですからどうぞ農業に関わる実際的なところを、教えてください」

「いいだろう。しかしソクラテス、実際、農業は他の技術とは違うのだ。ほかの技術はたくさんの時間を費やして学び、そうやってはじめて、稼ぎが得られるだけの質の高い仕事ができるようになる。農業には、学ぶうえでのそういう苦労はない。必要なことは、その仕事をしている人を見て、説明してくれる人の話に耳を傾けて、それを理解すればいいし、君が望むなら、それを他の人に説明できるくらいになれるさ。それに君は、君自身が思っている以上に、農業については知っていると思う。

他の領域の専門家は、彼らの特殊な技術のもっとも大事なところは秘密にしているものだが[2]、農業では、最高の栽培人は自分を見習ってくれる人間を持つことを何よりも喜ぶし、それは最高の種まき人でも同じなのさ。君が、彼の一番うまいと思う仕事について、彼に何でも尋ねてみたまえ。彼は全く何も隠し事などせずに、君にその方法を教えてくれるだろう。ソクラテス、どう思うね。農業は、それに携わる人間をどんなに良い人間にするか、わかるだろう」

「あなたはこの課題に対して、じつに素晴らしい始まりをつけてくれました。そしてそれは、あなたの聞き手の興味をひかずにはいられないものです。ではさっそく、聞かせてください。そしてますます完璧にね。それは学ぶに容易なのですから。つまり簡単な事柄を教えるからといってあなたが面目を失うことはないし、一方、ぼくがそれを知らないのは、とても恥ずかしいことかもしれません。特にそれが役に立つものであったなら」

【2】この時代から、農業以外の仕事には、しばしば「企業秘密」の類があったことが知られる。情報は、本来、他人に伝えるために作られるものだが、伝えることで私利が失われる経済状況がすでに起きていたのである。

（『家政』第十六章）

「よし、ソクラテスよ。ぼくが、まずはっきりさせておきたいことは、農業について言葉で詳細な説明をする人たちによってひどく複雑に言われている事柄については、実際的には、全く難しいことなどない、ということだ。なぜなら、農業で成功するために前もって必要なことは、その土地を知っている、ということぐらいだからだ【3】」

「それは本当でしょうね。ぼくが思うに、その土地で何が育つかということについて無知だったら、何の種をまくべきか、あるいは何を植えるべきか、わからないでしょうから」

「そうとも。そしてこの知識は、誰かの土地に生えている穀物や、木を見て、その土地が何を育てられ何を育てられないかを見れば、それでわかることだ。それがわかれば、神々に対して戦いを挑むことは全く得策でないこともわかる。つまりその土地が育て、養う用意がある物の種をまき、植えれば、より多くを得られるが、自分が欲しい物の種をまき、植えても、得られるものは少ない、ということだ。しかし、土地を持っているが仕事をしていない人間に聞いても、君はその土地の可能性を知ることは少ないだろう。むしろその土地の人間に聞きなさい。そうすればたいてい、その土地について、ずっと正確なことを知ることができる。実際には耕作されていない土地であっても、その土地の性質をちゃんと示しているものだ。もし

【3】ごく初歩的な農業の作業は、言われているように、実際に経験することで誰にでもわかるようになるもので、むずかしい理屈は何もない。それをほかの仕事と同じように多くの知識で成り立つと勘違いしてしまう人が、当時もいたことを示している。特に興味深いのは、イスコマコスが、土地の性質の違いについて、まず述べていることである。自分が欲しいものをその土地でどうしたら作れるか、と考えるのではなく、まずこの土地に育つものが何か、を見ることが大切であるという。このことは、そこにある自然に寄り添う姿勢をもつことが、農業を成功させるために一番大事なことがらであることを示している。同様に、農業以外の仕事も、本質的には、その対象に寄り添う姿勢がもっとも大事であることを示唆している。

もその土地が野の植物を繁茂させているのなら、そこを耕せば、やはり有用な植物を繁茂させる力を持っている。こんな風に農業について大して経験のない者でも、土地がもっている性質を見分けることができるものだ」。

「それならイスコマコスさん。この点に関する限りでは、つまり土地の性質をぼくは把握できないかもしれないという怖れのせいで、自分は農業ができないと考えることはありませんね。実際、ぼくは漁師たちのことを思い出しました。彼らは海の上にある間、眺めるために船を止めたりしません。しかし、彼らは土地の上に穀物が育っているのを見つけると、どの土地が良くてどの土地が悪いかについて見解を披露し、一方を悪く言って、他方を称賛することに遠慮がないのです。その上、ぼくは気づいたのですが、彼らが良い土地について言っていることは、経験を積んだ農家の言っていることと、たいていは一致しているのです【4】」

「では、ソクラテス。どういうことから始めようか。どんな風に、君が農業について知っていることの内で、ぼくが君に思い出させればいいか。とにかく、ぼくが君に農業のやり方について話すことの大部分は、君がすでに知っていることだということは、確かなことだからね」

「哲学者の仕事というのは、何よりも学ぶことなのです、イスコマコスさん。ぼくが学びたい最初のことは、一体どうやれば小麦や大麦の収穫を、最大限にするように土地に対して働くことができるのか、ということです」

【4】ソクラテスは漁師の仕事についても研究していたことが推察できる。

「では、君は知っていそうなことだが、休耕地は、種をまく前に耕さなければならないね？」

「ええ。知っています」

「では、冬に土地を耕すのは、どうだろう」

「土地は水浸しになるでしょう[5]」

「では夏に耕すことについてはどう思うか」

「土地は、耕すのには固いと思います」

「では、この仕事は春にした方がいいだろうか」

「そうです。なるほど、一年の内でその時は、土が耕されたとき、もっともよく砕かれると考えられます[6]」

「その上だ、ソクラテスよ。一年の内のその時、雑草は耕されるときにすき込まれ、土地の肥やしになる。しかもそれはまだ種をつけていないから、そのあとの成長もない。君は知っていると思うが、休耕にしていた土地は、雑草が刈り払われ、太陽でできるだけ焼かれることが良いのだ[7]」

「そうです。それはもう一つの重要な点です」

「では、夏の間に、できるだけしばしば土をひっくり返す以外に、雑草対策に良い方法はあるだろうか」

「雑草対策で最も良い方法は、それを土の表面にもたらして熱によって干からび

【5】ギリシアないしヨーロッパは、旧大陸の西側に位置するゆえに、冬に雨が降る。そして夏には雨が降らず、地面は乾く。樹木は乾季にも耐えるが、草は枯れてしまう。以下、季節のこの違いがわかれば、対話の中身も納得できる。

【6】春は、冬の間の降雨によって土は湿っている。しかし、春からは乾季なので、耕すことによって水浸しになることもない。つまり適度な湿り気のせいで、耕すことが楽になる。当然、大きな土地では馬、牛など、動物の力を借りて耕運作業が行われる。

【7】土地を肥やすことと、雑草を減らすことは、相反することであるが、農業の一番重要な仕事である。またいったん土を乾燥させることは、土の殺菌にもなる。イスコマコスは、雑草を太陽の熱で焼くこと、枯らした草を土地の肥やしにすること、等々を、季節に合わせて見事に説明している。少なくとも、少しでもこの種の耕作体験を持つ人なら、きわめてよくわかる説明である。

させるのが一番だし、土は太陽によって焼くのがいいし、そのためには真夏に、それも日中に、土地を耕すことに、間違いはないと思います」

「そして人が休耕にしていた土地にすきを入れる時、かれらは土地から雑草を分離させていることは明らかではないか」

「そうですね。そして彼らは雑草を土の上に広げるべきです。そうすれば草はしおれますからね。そして土をひっくり返すべきです。そうすれば湿った土地も焼かれます」

（『家政』第十七章）

「休耕していた土地に関しては、ソクラテスよ。君と僕は同じ考えを持っていることがわかった」

「ええ、明らかです」

「では種まきの季節について、君はどう考えているだろう。過去の経験が一般的にしめし、かつまた現在の経験が一般的に確かめている季節が、種まきに合ったベストな季節であることについて、君は同意するだろうか。つまり、秋の終わりが近づくと、みなが神を思い、神が雨を降らせて土地を湿らせ、人々に種をまかせている」【8】

「さらにイスコマコスさん。乾いた土地に種をまくことは避けるべきだ、という

【8】麦は、一年生草本なので、樹木類と異なり、芽生えと成長にたっぷりと水分を必要とする。したがって秋の終わり（十一月）、雨の季節に入るとき、種子を土地にまくべきだということになる。それ以前にまくと、種子は雨を受けるまで発芽しないために、その間に虫に食べられるとか、鳥に食べられるとか、あるいは、風に吹き飛ばされるとかして土地に植えられても発芽するものが減ってしまう。

ことは、一般的に意見が一致しています。その理由も明らかで、神が行け、という前に種をまけば、大変な天罰が下ることは争えないからです」

「では、この点においても、みなが同意見だ」

「そうですね。神の命令は全員一致をもたらします。たとえば誰でも皆、冬には厚い服を着ることを好みますし、まきがあれば火をつけることを好みます」

「しかし、種まきについては、意見の不一致があって、考えなければならない[9]。それは、種をまくベストはその季節の早い時季なのか、中間なのか、それともまさに末なのか、ということだ」

「神は年によって変わる命令を出していますよ。ある年には早い時季がベストになり、ある年には中間の時季が、そしてまた別の年にはその時季の末がベストになります」

「なるほどソクラテス。では君は、どの時季を選ぶのか、君は一時に大量の種をまくのか、少量にしておくのか、あるいはまた、季節の始まりにまき始め、終わりまでまき続けるのか」

「ぼくなら、その時季の間、連続的に種をまくのがいいと思います。なぜかと言えば、どの時にも十分な食物があるほうが、一時に大量に、有り余るほどで、他の時には足りないということより、ずっと良いと思いますから」

「またまた、ソクラテスよ。生徒と先生が同じ意見だということだ。さらにまた、

【9】 農民の間でも、種子のまき時については、意見の違いが起こっていたことを示している。以下の対話からもわかるように、季節の移り行きは、年によって多少の変動があるし、雨の降り方にも変動がある。今年はどうか、ということは、古今東西、農民にとってつねに気がかりな問題である。ちなみに、現代に起こっているような極端な気候変動は、当時はなかっただろう。あれば、それは大飢饉を引き起こし、民族移動を引き起こし、歴史書に記されるに違いない。

ぼくが話すより先に生徒である君の方が話したね」

「実際に種をまくことについてはどうでしょう。難しい技術というものはないのでしょうか」

「いずれにしろこの問題についても見てみようじゃないか。見たことがあれば、種は手でまかなければならないことくらい、君はわかっていると思う」

「ええ、見た事があります」

「しかしある者は平均的にまくことができるが、まけない者もいる」

「そういう事柄はリラ琴を弾くことでも同じですね。手は実地訓練を必要とします。それがあってこそ、手は心の指示に従うことができるのです[10]」

「全くその通りだ。しかし、ある土地は普通より軽く、またある土地は普通より重い、ということはどうだろう」

「それはどういう意味でしょうか。軽いとか、重いとかいう意味は、弱いとか強い、という意味でしょうか[11]」

「そうとも。そしてぼくが聞きたいのは、君なら同じ分量の種をその両方の土地にまくか、それとも多い少ないを、按配して、それらの土地にまくか、ということだ」

「強い酒にはそれだけ多くの量の水が入れられるべきだし[12]、運搬の仕事があるとき、強い男にはそれだけ重い物を担がせるべきでしょう。そしてこれが人に食べ物

【10】 やることは単純で、この種のことは、むしろことばによる説明のほうが明確である。しかし、実際にそれができるようになるためには、リラ琴を弾く音楽家がその作業に慣れるためには時間がかかるのと同じように、実地の練習が必要になる。

【11】 土地の「重い、軽い」、あるいは、「強い、弱い」というのは、栄養分と湿り気の含み具合を言っている。

【12】 ワインも当時の習慣では、かならず水で割って飲んでいた。その割合は、半々でもぜいたくと見なされたらしい。

を与える問題だとしたら、その人間が仕事のできる量に応じて増えるように与えます。しかし、より多くの実をあげれば弱い土地は強くなるのでしょうか[13]。教えてくれませんか。このことは、家畜には起こることですが[14]」

イスコマコスは笑って言った。

「なかなかたくさんの真実が冗談の中にあったな、ソクラテス[15]。君に教えてあげよう。種を土に入れてそれが芽を出したなら、土地が空からまだたっぷり栄養をもらっている時を選んで、それを再び土の中にすき込んでやるのだ。つまり、食べ物を土に返すわけだ。すると土はその種のおかげで強くなる。その反対に、種が結実するまでその栄養をずっと収穫物に与え続けるままにしていれば、この過程の末には、土は弱って、君はあまり大した収穫を得ることはないだろう[16]。弱い母豚は、たくさんの健康な子豚のために十分な栄養をあげられないようなものだ」

「弱い土地には、種を少なくまくべきだ、という意味ですか？」

「全くその通りだ。より軽い荷は、より弱い者に割り当てるものだと君が言っていた通りさ」

「では、イスコマコスさん。草取りはどうですか。なぜあなたは麦畑に草取りをする人を入れているのですか？」

「知っているだろうが、冬にはたくさんの雨が降る」

「当然ですね」

【13】言うまでもないが、種は、すなわち、実である。したがって、もっとも豊富な栄養分をもっている。無論のこと、だから食用にする。おそらく、その理由でソクラテスは、人間が食用にするくらいだからその種子を土地に与えれば土地はよく肥えるのではないかと、考えたのだろう。これはある意味、事実である。しかし食用のものを作って売る立場からすれば、これでは何のために働いているのかわからない。したがって、食用にしない種を、発芽しないように日に焼いて、土地にすき込むことをイスコマコスは提案する。

【14】人間が食用に使って余ったものは、家畜の食用に回す。あるいは、大麦のように、もともと家畜ないし、馬の飼料として育てる穀物もある。

【15】「冗談だろう」とイスコマコスが思ったのは、前の註にも述べたように、本来、人間の食用のために作っているものを土地に返していたら、農業の意味がないからである。

【16】種子は、そのまま土地にすき込んでも、土に戻りにくい。な

「では、麦が雨のせいで泥がその上に押し寄せておおわれてしまったとしよう。そして根っこのほうは土を水に流されて露出してしまう。そして当然、雑草は麦の間から雨のせいで繁茂する。そして麦を息苦しくする」

「そういうことは起こりがちですね」

「こうなったとき、麦は助けを必要としていると思わないか」

「思いますよ」

「では、泥で苦しめられている麦には何をして助けてあげるべきか」

「泥をどかしてやるべきでしょう」

「では、根を露出させてしまった麦は？」

「土を盛ってやる必要があります【17】」

「そして雑草が生え出て麦を息苦しくさせ、その栄養を奪っているとしたら【18】。ちょうど怠け者の雄蜂が、雌蜂（働き蜂）が一生懸命ため込んだ蜜を奪ってしまっているように」

「ゼウスにかけて、当然、雑草は刈り取って引き離してしまわなければいけませんね。怠け者の雄蜂を巣から除くように」

「では、草取り人を畑に入れることは、賢明なことだとは思わないか」

「そう思います。ぼくはあなたが役立たずの雄蜂の例をあげてくれたとき、本当にうまい話し方だと思いました。あなたが、ただ雑草について話していた時より、

ぜなら、種子は固いからに包まれているからである。土に戻して土地の肥やしにするのなら、種子をまいて発芽させ、種子が自ら硬いからをはがしたあと、いくらかは太陽の光と雨の水でやわらかく育ったところで、土地にすき込めば、もっとも効率よく肥やしになる。しかし、大きくなるまで育てると、その間に土地から栄養分を吸い取るので、土地はむしろ痩せてしまう。同じことだが、収穫のあとの土地に肥やしが必要なのは、その土地から収穫した作物の分だけ土地から栄養分が奪われているからである。

【17】ソクラテスは、麦の育っている畑に人が入っているようすを見たことがあるが、自分のいる場所からは、彼らが何をしているか、しかとはわからない。イスコマコスは、ソクラテスに、彼らは草取りもしているが、それよりも、麦の根元の様子を見て、状況によって泥を取りのけたり、逆に載せたりしていることを教えている。

【18】雑草は、栄養分を土地から奪う力を有用植物よりも多くもっているから、有用植物よりも増殖する。その結果として、その種の

―ぼくはもっとしっかり雑草を取り除くべきだと思いました」

（『家政』第十八章）

「しかしとにかく次の段階は、多分収穫ですね。それについてまた何か聞かせてください」

「それはいいが、このことについても、ぼくの知っていることを、君がもう知っているかどうかわからない。しかしとにかく、君だって麦は刈り取らなければならないことくらい知っているだろう」

「当然ですね」

「では、君が麦を刈り取るとき、君は風を顔に受ける向きで立つだろうか、それとも、風と同じ方向に向いて刈るだろうか[19]」

「向かい風には立ちません。なぜなら風に向かっていたら、刈り取るときに、目や腕を、そのワラやもみ殻で痛めてしまうからです」

「そして君はその穂先を刈り取るかね。それとも地面に近いところで刈り取るかね」

「もしも茎の部分が短かったら、ぼくは低いところで刈って、ワラをたくさん取れるようにします。もし茎が長かったら、半分ぐらいのところで刈ります。そうすればもみをふるい分ける人の仕事に面倒をかけることが少なくなると思いますから。

植物は「雑草」と呼ばれる。またそれが繁茂することは、空気の通りを悪くする。植物の光合成は、太陽の光と水だけではなく、大気（二酸化炭素）も重要な要素である。このことは現代では常識であるが、おそらく当時の農民は、経験的に肌で、よどんだ空気は雑草には大した影響を与えないが、大事に育てている植物には大きな影響を与えることを知っていたのだろう。

【19】草を刈るとき、一般に、風の吹く向きを見ることは、作業の効率のうえで重要なポイントである。畑のような場所でなければ、このほかに、草の倒れている方向、斜面の方向などを見て、鎌を入れる方向を考えなければならない。また麦のような植物は葉の縁にガラス質の細胞をもち、人の皮膚を切る。またもみ殻には細くて長い針のような剛毛が目を突こうと狙っている。

で、土地に残ったものは、燃やして土を豊かにしてやることができます。それは土に栄養を付け加えることになるでしょう[20]」

「わかっただろう。君は刈り入れについてもぼくの知っていることを、すでに知っているのだ。現行犯で捕まったようなものだ」

「そう見えますか。でもぼくは脱穀についても知りたいですね」

「君が知っているのは間違いないが、小麦の脱穀は、牛など牽引動物を使う」

「知っています。そして牽引に使う動物といえば、牛やロバや馬です」

「そして彼らが操られて小麦を踏む様子を見れば、動物がしていることの限界がわかる」

「なるほど。では、その限界を超えたことは？」

「踏み付けを見ているのは、だれの仕事かな。しかも、脱穀された小麦は平均的に広げられなければならない」

「それは脱穀人の仕事です。彼らは小麦を常に投げ上げ、まだ脱穀されていない小麦を動物たちの蹄の下に落とすのです。そして彼らはそうしている間、脱穀場に均らして広げ、できるだけその仕事を早く終わらせようとします」

「ではこれについても、君はぼくと同じように知っている」

「次の段階には、小麦の中から不純物をふるい分ける仕事があります」

「言ってみなさい。ソクラテス、君は脱穀場の風上側から始めたなら、もみ殻は

【20】 以上の対話のなかでは、牛や馬の糞を肥やしにすることには言及がない。人糞は無論である。当時の農業がじっさいにどうであったかは、著者にはわからない。

脱穀場の向こう側に吹き飛ばされるのは心得ているね【21】」

「そうなるのは間違いありません」

「それでは、それは実際、小麦の実を越えた向こうに落ちるだろう」

「ええ、そうです。脱穀場の空いている場所は小麦の実の向こう側にあります。もみ殻は遠くまで吹き飛ばされます」

「振るい分けは、風下から始めるのだろうか」

「当然です。もみ殻は、すぐにそのためにつくられ場所に入ります」

「脱穀場を、小麦の実を集めて半分行ったとき、君はもみ殻の残りをふるい分ける間、小麦の実を散らされたままにしておくのか。それとも、まず、小麦の実は集めて、脱穀場を半分に分けている真ん中から内側に入れるのか【22】」

「ぼくなら、まず小麦の実を集めますね。もみ殻の方は、それを越えて脱穀場の向こうに吹き出されます。そういうふうにしなければ、また同じもみ殻を振るい分けなければならなくなりますよ」

「そういうことならソクラテス。君は、小麦をどうしたら一番早くふるい分けられるか、誰かに教えることができる」

「ぼくのこの知識については、自分では気づきませんでした。実際、ぼくはこのところ、金をどうやって精錬するか、笛はどう吹くのか、どうやって絵を描くのか、自分が知っているのかどうか、あやしく思ってきました。つまり、だれもこういう

【21】脱穀したもみを、実の入っていないもみ殻と分けるのには、古今東西、風の力を使う。水に浮くか沈むかでふるい分けしたら、水分で実が発芽して腐ってしまうからである。それゆえ脱穀作業は、くだけたもみ殻、もみについた毛やその他の乾いたものを、大量に乾燥状態で扱う作業であり、機械のない時代のやり方ですると、目から鼻から口から、自分の皮膚まで、すっかり乾し上げられてしまうような、なかなか過酷な作業である。

【22】脱穀場の構造がはっきりしないが、動物による脱穀は動物をくびきとなる長い棒に固定して、その棒が、支柱を中心に回るようにしているところで行われる。したがって吹き飛ばされるもみ殻と実のふるい分けは、基本的にその横に移してなされた、と思われる。すなわち動物による脱穀が済んだものを横移動して、風によるふるい分けで風下側にもみ殻は飛び、実は下に落ちる。それを手前（内側）に移して、またつぎの分が動物による脱穀場から移される、と推察される。

ことについて、ぼくに教えてくれないのです[23]。農業についても全く教えられたことがありません。ただぼくは、人が農業をしているのは見ています。同じように、ほかの技術や工作の仕事をしている人たちも見ます[24]」

「今や君も、なぜぼくが少し前に、農業は人に一番やさしい技術だと言ったか、わかっただろう。それは習うに極めて容易な技術なのだ」

「わかりました。イスコマコスさん。ぼくはこの知識を持っています。ぼくはただ自分が小麦の種をまくことを知っていると、よく自覚していなかっただけです[25]」

（『家政』第十九章）

「ところで、農業の一部には木を植えることがありますよね」

「ああ、あるね」

「では、種まきについては知りながら、まだ木を植えることについては知らないかもしれません」

「君は木を植えることは知らないというのか」

「どうしてですか？　ぼくはどんな土地が木を植え込むのに良い土地か知りませんし、どのくらい深く、また広く穴を掘ればいいのか知りませんし、木をどんなふうに配置したら一番よく育つのか知りません[26]」

「わかった。では君の知識の隙間を埋めるいい機会かもしれないな。しかし君は

【23】ソクラテスは授業料を払って習う、ということを知らないだけかもしれない。

【24】のちに、人生を変える神託を受け取ってから、再びソクラテスは技術者たちのところを訪れて確かめる（プラトン『弁明』二二）が、ソクラテスは早くから彼らの仕事を興味深く見ていたことがわかる。

【25】ソクラテスがここで、「知らないと思っていた」ことを、自分が「知っている」ことに気づくことができた、と言っていることは重要である。つまりこの対話では、ソクラテスは「無知の自覚」より、「知の自覚」を問題にしている。

【26】「知らない」の連発に注意。

【27】どこかで苗木を育て、それを移植する話であるが、どのくらいの大きさに育った木についてなのかは、述べられていない。おそらく、一般的な話をしていて、その大きさは人の背丈の倍くらいだろうと想像できる。種類によって早い遅いはあるとしても、一般的に木が人の背丈を超えるのは五年

木を植えるために、どんな穴が掘られているか見たことはあるだろう[27]」

「ええ、ゼウスにかけて、しばしば見たことがあります」

「では君は、三歩幅[28]より広いものは見たことがあるか？」

「いえ、ゼウスにかけて、二歩幅より広いものは見たことはありません」

「いいだろう。では教えてくれ。君は一歩幅より浅いものを見たことがあるかね？」

「いえ、ゼウスにかけて、見たことがありません。一歩幅半より浅いものは見たことがありません。木の回りを人が掘っているとき、もし表面近くに植えられていたら、木は掘り起こされてしまうでしょう」

「それなら、ソクラテス。君は十分に知っているよ。穴は二歩幅半以上には深くなく、一歩幅半より浅くは掘らないのだ」

「そうですね。ぼくは明らかに気づいていました[29]」

「じゃあ、君は自分の目で、土が乾いているか、湿っているか、確かめることができるかな」。

「そうですね。リカベトス[30]近くの土地や類似の土地は乾いています。そしてパレロン[31]湿地や類似の土地は湿っています」

「木を植える時、深く穴を掘るのは、乾いた土地だろうか、湿った土地だろうか」

「もちろん乾いた土地ですよ。なぜなら湿った土地で深い穴を掘ったら水が出て

前後である。移植の際は伸びすぎている根を移植に耐えられる範囲で切る（日本ではひと月とか、ふた月、少し前に根切りをする。いわゆる「根回し」である）。一般に幹の周囲の長さの三倍くらいである。このことから、今話になっている木の太さが推測できる。つまり移植される木は、幹の周りが二分の一プース（十五センチ強、直径五センチ程度）の木であろう。高さと枝の張幅は、移植の手間を考えて、適当に切って詰めることもある。木にとって根は、体を支えることと同時に、水の吸収、栄養分の吸収に重要な器官である。したがって、ぞんざいに扱えば木は間違いなく枯れる。

【28】長さの単位「プース」を「歩幅」と訳した。意味が少し変わって英語の「ペース」（歩くペースを変える、と言った言い方が日本ではなじみがある）がある。「プース」は本来ギリシア語で「足」を意味する。その意味では「足幅」と訳すべきかもしれない。しかし、著者は、これはふつうの人が軽く歩いたときの「歩幅」（後ろ足のつま先から前足のかかと）がもとになっている尺度だろうと想像している。現代のメート

きますし、植えることができなくなりますから【32】」

「ぼくもその通りだと思うね。では穴を掘ったなら、木を植えこむのにいい条件というものがあるのでは？　君は気づいているか」

「確かに」

「植えられた木ができるだけ早く成長するようにしたいとき、すきを入れてほぐされた土地では、新しい根がより早く伸びると思うか、それとも手を入れていない土地のほうがいいか」

「手を入れていない土地よりも、手の入った土地の方が根は早く伸びるでしょうね」

「では、木の下の土地はそうすべきだろうね」

「当然ですね」

「ほぐされた土で根は良く伸びるだろう。では、木は空に向かって真っすぐ立てるか、それとも傾けて植え込むか、ちょうど文字ラムダをひっくり返したような形にするか【33】、どうだろう」。

「ゼウスにかけて、あとのやり方のほうがいいでしょう。なぜなら、そうするほうがより多くの芽が地面の下でも出るでしょうから。ぼくは地面の上で芽が出て、枝が伸びるのを見ます。ですから地面の下でも同じようなことが起きていると思います【34】。そして地面の下で伸びる根が多ければ多いほど、木は早く、力強く成長する

ル法では、三十センチくらい。

【29】ソクラテスは自分が「知っていること」に気づく。

【30】アテナイ近郊のオリーブ畑で有名だった丘。

【31】海に近いところにあった。

【32】湿地に生える木もある（そういう木は、地上に気根を出すとか、何らかの対処をしている）が、地上に生えるふつうの木は、根でも呼吸するので、つねに根が水に浸かっている状態では根は腐ってしまう。

【33】じつはギリシア語原文は、文字「ガンマ」になっている。しかし文意から見て、英訳本（参考文献参照）がとっている見解にしたがう。「ラムダ」なら、木は斜めに植え込むことになる。

【34】地上に見える木の枝ないし幹からの新たな発芽は、土の下の根の発根と対応すると、ソクラテスは考えている。この理解は、まったく正しい。植物についての移植木をまっすぐに立てて行うか、斜めに植え込むかは、植物の種類

でしょう」

「では、この問題でも、君はぼくと同じく、知っていることがわかった。しかし君は植えた木の根元は土を盛るだけか、それとも土をしっかり固めるか」

「ゼウスにかけて、当然、つき固めます。そうしないと、雨が降ってきたとき土が崩れてしまうでしょう。あるいは太陽が底の方まで土を乾かしてしまいます。その結果、木は湿り気で腐ってしまうか、根が焼かれて干からびてしまうでしょう」

「こういうことは、ブドウの木に関する事柄だ、ソクラテス。この問題についても、君はぼくと同じくらい知っていることがわかった」

「イチジクの木についても、同じことでしょうか?」

「そうさ、そして他の果物の木にも言えることだと、ぼくは思う。つまり、ブドウの木にとってよい植え方を知ったとき、それを他の種類の木の植え方として考えるのを否定するものはないだろう」

「オリーヴの木の植え方は、どうなのでしょう?」

「君はぼくを試しているだけだ。君は本当によく知っているのだから、実際、道に沿って穴掘りは常に行われている。深い穴はオリーヴ用だということも知っての通りさ[35]。そして切り株があり、根から吹き出した枝があるのも見ているだろう。そして土が植え込みの上に盛られ、地面の上に出た部分は病気にならないように、うまく包まれている」

などによって変わる。地上部は日光を上から受け取ることができるところで発芽するので、斜めに植えたほうが、地上部が日光を上から受け取る部分が多くなるために、多くの枝が新たに幹から吹き出す。そしてその分、地下では、根が下に向かって吹き出す。ただし、苗木はあとでブドウだと言われている。ブドウは幹の皮が比較的に柔らかいので、地下に植え込まれれば幹からも根が出るのだろう。日本にある一般の草木は、こういうことはない。まっすぐに立てて、幹の地上部が地下に埋め込まれることがないように、また、地下の根の部分が地上に出ることがないように、その境界を変えないように慎重に植え込まなければならない。

【35】 比較的大きな木を移植したのだろう。簡単に挿し木でも増えるという種類なので、移植にも耐えやすいと推測できる。つまり地上部を相当切りつめて(ほとんど切株だけ)でも、おそらく大丈夫なのだ。移植すれば、すぐに発芽、発根するのだろう。日本で言えば雑木林の木を三十年に一度くらいの割合で切り、切り株から出た芽を育てて林を更新する。それと同

「はい、そういうことには気づいていました」
「それに気づいているのなら、君はそれらについて全てを知っているのだ。では、そこにある泥の上に陶器のかけらを、どうして置いているか知っているかね」[36]
「いえ、ゼウスにかけて、あなたのおっしゃったことについては、ぼくは確かに知りません。実際、先ほどあなたが木の植え方をぼくが知っているかどうか、一般的な質問をされたとき、ぼくは、知りませんと答えました。しかし、なぜそう答えていたのかしばらく考えていたのです。つまりぼくは、どのように植え込みがされるべきか、全く何も言えない、とは考えていませんでした。しかし、それからあなたがぼくに個別に質問を始めたとき、おっしゃるように、ぼくはあなたが知っている答えと一致する答えをもっていることを発見したのです。そしてあなたは農業については専門家です。この問答は、教えることになるのではないでしょうか。ぼくがこう言うのは、あなたの問答の仕方がわかったからです。あなたは、自分が知っていることが、ぼくが知らないと思っていたことがらと、少しも違わないことを示しました。このようにしてあなたは、ぼくが知らないと思っていたことがらについて、ぼくが知っていることを納得させてくれました」[37]
「そうだとしたら、ぼくが君にコインの音について尋ねたら、ぼくは君が偽造のコインの音をどのように聞き分けるか、知っていることを納得させることができるのだろうか。あるいはまた、笛吹きについて尋ねたら、ぼくは君が吹き方について

様である。ここで土を盛るとか、包むという作業を加えているのは、大きな切株の移植には時間がかかるので、その前後に株が乾いて、枯らしてしまうことを避けるためだと思われる。

【36】ソクラテスは答えていないので、その理由は明確ではないが、おそらく、根元の土が直接雨に打たれ、流れ出てしまうのを防ぐためだろう。

【37】ここでソクラテスは、「問答」がよい「教育」になることを指摘している。そして、自分では「知らない」と思い込んでいたことのうちには、本当は「知っていた」ことがあることを、ソクラテスは学んだ。しかも農業の専門家から「君は知っている」と太鼓判を押されたのであるから、知っていることは、確かである。一般に教育と言えば、知らないことについて学んで、それを知るようになる、ということだけが考えられている。つまり無知な状態を知の状態に変えることが、教育だと考えられている。しかしソクラテスは、「知の自覚」をもたない人間（知らないと思っている人間）に、その自覚をもたせること（自分は

知っていることを、君に納得させることができるのだろうか。そして同様に絵についても、他の技術についても[38]」

「そうとも言えるでしょう。あなたは、ぼくが農業について知っていることを納得させたのですからね。農業に関しては専門家の教師をもったことはなかったのに」

「だからこそ、ぼくは君に、農業は人間にやさしいのであって、それについて知るために必要なことは、見ることと聞くことだけだと言ったのだ[39]。たくさんの点で農業は、それ自身が最高のやり方を教えてくれるのだ。ブドウの蔓はそばにある木に登ることで、直接的に我々に、ブドウ蔓には支えが必要なことを教えてくれる。ブドウの房はデリケートで、その蔓は葉を伸ばしそれらに絡まる。こうしてぼくたちに、露出した部分を太陽から守る必要があることを教えている。しかし太陽によってブドウが甘くなる時季を迎えると、蔓は葉を落として、ぼくたちに葉を落として実を熟させることを教える。実をたくさんつける力のある蔓では、ある実を熟させ、他の蔓では未熟なままにする。そしてぼくたちに、いつでも熟したものは、摘果することを教える。イチジクでも同じことをするように」

（『家政』第二十章）

「もしも農業というものが学ぶに易しいものだとすると、イスコマコスさん。誰

知っていると気づくこと）も、教育の重要な側面だと見ているのである。おそらく、古今東西の哲学者のうちで、これはソクラテスしか目を向けていない知の側面である。

【38】イスコマコスの疑問は、ソクラテスの指摘に対する鋭い反論である。つまり彼は、だったら質問するだけで「知らない人間」を「知っている人間」に変えることができるのか、という疑問である。贋金のコインを音で聞き分けることを知らない人間を聞き分けられる人間にしたり、楽器の演奏のできない人間をできる人間にすることが、問答でできるというのか、ということである。一般的にはできそうにないが、それでもソクラテスは、本当は知っているのに、知らないと思い込んでいる人間が居ることは、ありえないことではない、と見ている。そしてそういう人間なら、問答でその知識を目覚めさせることがありうる。幾何学の真理についてプラトンはこの種の対話を創作した（プラトン『メノン』）。

【39】ほかの技術は、特別に人から習わなければ知ることができな

でも必要な仕事の知識を等しく持っているでしょう。それなら、なぜその成果は等しくないのでしょう。なぜある農家は特別によい暮らしをしていて、他は自分たちの生活に必要なことも、こと欠くありさまなのでしょう。そして借金までしています」

「ソクラテスよ。ある農家ではよい暮らしをしていて、他は困窮しているのは、彼らの知識や無知のせいではないのだ。君は誰かが、彼は種まきのとき平均的に種をまかなかったから破産したんだとか、木をまっすぐにライン上に植えなかったから破産したんだとか、ブドウ作りに適した土地を知らずに不適な土地に植えたから破産したんだとか、休耕地は種をまく前に耕さなければならないことを知らないために破産したんだとか、あるいは、その土地は養分をやらなければならないことを知らなかったがために破産したんだとか、そんなふうに言われているのを聞いたことがないだろう。その代わり、君がずっとよく聞く話は、理由は様々だが、種まきや肥やしをやることを怠けて収穫に失敗したとか、ブドウの木の植えつけとか、蔓が実を持つようにしっかり作業するのを怠けてブドウの実がならなかったとか、オリーヴやイチジクについても、無責任な仕事で収穫がなかったというものだろう。これらは働き手の問題なのだ。それがある農民をより良いものにし、よりよい結果を達成させているのだ。そして他の人より理解力があれば、加えて仕事のための利口な工夫を考え出すものだ。

いが、農業については、その様子を見たことがあれば、あるいは、どこかで耳にしたことがあれば、それだけで理解できる技術だ、ということである。したがって、これについては、人間は知っているのに、知らないと思い込みやすい。無論、現代の都会人は、農業についても、聞いたことも見たこともなく、本当に知らない人が多い。

同じようなことは軍隊でも、上官たちに見られる。軍事に関しても、ある上官は他の上官よりも優れている。知識の力によってではなく、明らかに配慮があるかどうかの違いだ。つまり上官の全員が知っていることがあって、そしてそれはほとんどの市民も知っていることであるのだが、上官の全員が自分たちの知識を実行するわけではない。例えば、彼らは全員、敵地を通過するときは、必要とあればベストに戦える戦列を組んでいることが良いことは知っている。ところが、それを知っていながら全員がそれを実行するのではない。彼らはみな、野営地の前には一日中、また夜の間も警備を置くことが良いことを知っている。しかしその場合も、ある上官はそのようにするが、他はしない。あるいはまた、通過する前に有利な場所を押さえておくことは好ましいことであるに決まっている。そのことに気づかない人間を見つけるのは、むしろ難しいことではないか。しかしこのことでも、上官のうちのあるものは確実にそれをするが、他の上官はしないのだ。

そして、誰でも、肥やしは農業において本質的なものだと認識している。そしてそれは自然が作るものだということはわかっているし、どんな風につくられるかも、確かにわかることだ。そしてそれを十分に手に入れることも、容易なことだ。そうであるにもかかわらず、このことでもある人たちは肥やしをしっかり集めているし、他の人は怠けて、しないのだ。

神は水を与えてくださる。そしてすべての土地のくぼみは水の貯蔵所になって、土地はあらゆる種類の雑草を生ずる。人は種をまく前にそれをきれいに取り除かなければならない。そして取り除いたものは、水の中へ放り投げられる。するとしばらくするとそれは土地を豊かにするものになるのだ。なぜなら雑草と土が水の中に放り出されるなら、それは早晩、肥やしに変わるからだ[40]。

土地は、種をまくには湿りすぎていることもある。あるいは、木を植え込むには塩分が強過ぎることもある。人は水を排水するにはどうすればよいか知っているし、塩分の強い土地を、塩分を含まないものと、それが液体か固体かは別として、混ぜる方法も知っている。しかし、だからと言ってみんなが実際に土地を良くしようと何かをする、ということではない。

こういう人間を想像してみたまえ。彼は土地が何を成長させることができるか全く知らない。彼は小麦を見たことがなければ木々を見たこともなく、それについての正確な認識も聞いたことがない。しかし、そうであっても、どんな人間であっても、馬についてよりも土地についての方が、はるかに容易に知ることができる。それどころか、人間について知るよりも、土地について、はるかに容易に知ることができるだろう。なぜなら土地が何かを示すとき、それはだまそうとしてそうしているのではなく、率直な仕方で、その土地がどういう土地か、そして何ができないか、明らかで正確な情報を人に与えてくれるからだ。

そしてぼくは思っているのだが、土地はどんなことでも知り、学ぶことを容易に

【40】この点は、日本とは若干条件が異なる。ギリシアにおいて水が池にたまるのは冬なので、水は冷たく適度に腐って肥やしになるが、日本で同じことを春夏に温んだ水でやれば、腐る速度が速すぎてヘドロ化してしまう。

してくれるから、世の中でこれ以上に、良い人から悪い人を区別して明らさまにするものはない。それは他の技術とは違う。他の技術では、人が成果を得ることに失敗しても、知らなかったからと訴えることができる。しかし土地に対しては、君が良いことをすれば良い成果が得られることを、誰もが知っている。

だから土地についての失敗は、その人が悪い性格を持つことの明白な告発となるのだ。なぜなら、人間の生活がある本質的なものによって支えられていることを否定するような説得は[41]、成り立たないからだ。だから農民になるための準備ができず、かつまた、金を稼ぐことができる他の技術を持たない人間は、明らかに、盗人か強盗か、乞食になって生きていくしか方法がない。あるいはそうでもなければ、すっかり愚かな人間になって生きていくしかない。

たしかに農業は儲かることもあるし、儲からないこともある。作業員を相当数かかえているとき、ある人間は自分の作業員を、作業すべきときにしっかり作業させるが、別の人間はそうしない。そういうことから決定的な違いが生ずる。なぜなら、たとえ十人のうちの一人が仕事を百パーセントやるだけでも、違いははっきりするからだ。他方で誰かが仕事を早々と切り上げて帰ってしまうなら、もうけも傾く。だから作業員を一日怠けさせれば、仕事は半分しかできない。

二人の男が旅に出たとしよう。二百スタディオン[42]の旅だったら、一方は他方より百スタディオン先を行くようなことも起こる。たとえ二人とも若くて旅向きであっ

【41】農業によってできる食糧に人間生活は支えられている。

【42】一スタディオンは六百プース、現代の尺度に直すと大体百八十メートル。この尺度が基準で競技場（スタディアム）があった。日本の過去の一スタディオンは、日本の過去の間尺で言えば、ほぼ百間。一スタディオンは六百プース（歩幅）なので、一プースは、ほぼ一尺の長さに当たる。おそらく人間身体の大きさにもとづいて決まった間尺なので、古代ギリシアと日本の違いがあっても、尺度が似たものになるのは不可思議ではない。なお、二百スタディオンは三十六キロになるから、おそらく当時の人の歩きで十時間、丸一日程度の行程だろう。

たとしても、一人はゴールにたどり着くが、もう一人は気ままな旅をして、小川があれば立ち止まってあたりを眺め、陰があれば立ち止まって日ざしを避け、心地よい風が吹く道を探す。農作業も全く同じだ。与えられた仕事をするとき、それをまぬがれる言い方を見つけて楽をしようとすれば、その結果は大きな違いになる。

だから仕事は良くなされるのと、配慮なしになされる場合では、ほとんど仕事をしたか、しないかの違いと変わらない。ブドウの苗木を植えて、草取りがなされたとしよう。その結果として、雑草がむしろ増えて繁茂したら、君はこの仕事はやらなかったのと同じだと言わざるを得ないだろう。だから非常識な無知より、こういう配慮の無いことが資産を失わせる原因になるのだ。そもそも資産はほとんど出費に回る。仕事がなされなければ、使い果たされるもののほうが多くなる。だからその結果として、余分が出るより不足になるのは驚くことではない。

しかしながら、農業をやる準備ができていて、一生懸命働く人たちは、農業以上に金儲けに効果的な仕事を見つけることはない。ぼくの父親も自分で仕事をしてきたが、同じことを言っていたよ。彼はぼくに、土地を買うよりも土地を耕作するように勧めるのが常だった。しかしまた、所有者が一顧だにせず、手を加えず、木も植えようとせず、無駄にしている土地は、買うように勧めたものだ。彼は手を入れてある土地は高価で、それ以上良くすることはできないと言っていた。そしてそれ以上の改善が出来ない土地は、最大限のものになっているので、改良を加えて喜びを受け取ることは出来ないと考えていた。手を加えられていない状態から肥沃な状態に変えられる土地以上に、改良が可能なものはない。

ソクラテス、君は、今やたくさんの土地がその値打ちを大いに増加させてきたことが分かってしかるべきだ[43]。そしてこの企ては、とても利益の上がるものだ。そして話してきた通り、理解するのは、とても簡単だ。君はどこにでも行って、誰にでも好きなだけ教えたらいい[44]。実際、ぼくの父は誰かにそれを学んだのではない。その仕事を覚えるのに長く考えたこともなかった。大変でもなかった。父親は農業が好きだったうえに、辛い仕事を恐れていなかったからだ。土地は彼を常に忙しくさせたし、同時に利益を得る喜びももたらした。アテナイ人の中でぼくの父以上に農業が好きでたまらなかった人間はいないと、ぼくは思う」

「あなたの父上は、自分が手に入れた土地のすべてを、ずっと自分のものにしていたのですか。それともいい申し出があったら、売ったのですか?」

「ああ、それは売ったとも、ゼウスにかけて。しかし彼は仕事が好きだったから、すぐに手入れのされていない別の土地を買って、売った土地と交換していた」

「あなたの話を聞くと、イスコマコスさん。あなたのお父上は本当に農業が好きな方で、それは商人が、小麦が好きであることに匹敵するものですね。なぜって、どこかにたくさんの小麦があることを聞くと、とても愛するがゆえに彼らは海を越えてそれを手に入れに出かけて行くのですから。エーゲ海だろうと、黒海だろうと、

【43】アテナイが享受したほぼ五十年間の平和のうちに、たくさんの土地が耕作されるようになっていたことがわかる。

【44】仕事をしようとしないソクラテスに、イスコマコスは農業を勧めているわけである。

シケリアの方であろうと。そして彼らは大量の小麦を手に入れた後、彼らが乗る同じ船に積み込んで、海を越えてそれを移動するのです。彼らはお金をつくろうと考えているので、気まぐれに小麦を捨ててしまったりしません。かれらは小麦が高値を呼んでいて、人々がとても欲しがっていることを聞きつけると、そういうところへ持って行って、そこで売るのです。あなたの父上は、同じように農業が好きだったのでしょう」

「ソクラテス、それは冗談かね[45]。しかし、建築好きの人間が、自分が建て終えた後は、その家を売って、また他の家を建てるのは、不名誉なことだとは思わない」

「ゼウスにかけて、もちろん、不名誉なことではありません。イスコマコスさん、ぼくはあなたが誰でも生まれつきの本性から好む仕事があって、それは利益をもたらすものだとおっしゃるのを聞いて、本当にその通りだと思ったのです」

（『家政』第二十一章）

「ところで、ぼくはあなたのその説が、あなたが話されたものによって、とてもよく支持されると思います。あなたの説は、農業があらゆる技術の内でもっとも学びやすい、というものでした。そしてぼくはあなたがおっしゃったことによって、いまはすっかり納得していますよ。あなたの言うことは正しいと思います」

「もちろん、正しいはずだ。しかし一つだけ譲歩することがある[46]。権威を示す能

【45】イスコマコスは、農民の仕事を、いやしい商人の仕事と同じだと言われたことに、気分を害したと思われる。古代中世を通じて、商売は、自分では何も作らず、他人の作ったもので人をだましてお金を稼ぐものだとみられがちであった。商人の仕事に栄誉を認める議論が権威のある学者によって論じられるのは、一四世紀のはじめに至ってのことである（拙著『神を哲学した中世』第四章、新潮選書二〇一二年参照）。逆に言えば、ソクラテスはその後一四世紀まで続く偏見から、すでに自由であった。イスコマコスは、奴隷や女性について、比較的偏見のない目で見ていることは確かであるが、ソクラテスは、彼以上に多くの事柄で偏見のない目をもっていたことがわかる。

【46】イスコマコスがソクラテスに譲歩すると言うのは、ソクラテスが「教えられるのか」疑問にしていることがらのなかで、唯一、自分も教えられないかもしれないと思うことがあるからである。

力のことだよ。これはあらゆる活動に共通している。つまり農業に関しても、政治に関しても、家政に関しても、戦争に関しても。ぼくが君に譲歩するのは、このことについては、ある種の人たちの生来の才能は、他の人たちと比べて抜群だということだ。[47]例えば三段櫂船の上で起きることについて考えてみたまえ。海に出たオールの漕ぎ手が、一日で航海を終えるはずだと考えていたとしよう。ある水夫長たちは乗組員たちが大いに仕事に励むように話し、行動するが、別のある水夫長たちは、才能をもたず、同じ航海を二日かかってようやく済ませる、ということが起こる。前の船の乗組員たちは、全身で汗をかき、船長は乗組員たちに祝いの言葉を送り、乗組員たちは船長と一緒に喜ぶのだが、あとの船の乗組員たちは、仕事で大した汗もかかずに到着し、彼らの船長を嫌悪し、帰りの船を恨む。

こういうことが、軍隊の上官たちも、同様に二つに分ける。あるものは部下が仕事をし、危険に立ち向かう用意をさせることに失敗する。そして部下たちに進んで従う気を起こさせない（本当に従うほかない場合は別だが）。そのうえ上官に従わないことを自慢すらするようになる。こういう上官は部下たちが不名誉なことがらに対して恥じる気持ちを持つようにすることに失敗しているのだ。

それに対して、天与の才をもった知的で有能な上官がいる。彼は同じ人たちの上に立って、どんなに不名誉なことに対しても恥じる気持ちを持たせることができるし、従順を好ませ、そのことに誇りを抱かせ、なすべき仕事につかせ、しかもそれ

【47】ものごとの中には、人に教えることができない、あるいは、人から教えられることができないこともあるのではないか、というのが、ソクラテスにつねにあった疑問である。プラトンは、それを「美徳」に限定した。

を喜んでさせることができる。ちょうど一般人でも、ある人たちは生来仕事を喜んでするように、軍隊の全体が良い上官に感化されると、仕事を愛するだけでなく、上官から名誉ある行動をとっていると見られたいと、みなが思うのだ。

上官に従う者たちがこういう態度を上官たちに対して取るなら、それがまた指揮をする上官たちを強くする。それは肉体的に優れた兵士ではない。最高の槍使いでもなければ、弓兵でもなく、また良い馬の持ち主でもない。最高の騎兵でも軽装兵のような隊列の前に出る者たちでもない。強い指揮官とは、兵たちがどんな危険に際しても、従わなければならないという印象を軍の全体に与えるものだ。それは人々が彼の性質ゆえに従うものである。彼には、偉大な生来の才があると語るのは正しいだろう。こういう人は剛腕をもって戦いに行くと言われる。たくさんの手が、彼の心が示す方向に従って進む用意をしているからだ。

そして偉大な成果を肉体の力によってではなく、心を用いて成し遂げる人間は、誠に偉大な人間なのだ。同じことは、軍事以外の事柄でも言える。それに当たる人間は農場であれば監督であり、町の中では行政官だ。誰であるにしろ、人々を、熱意をもってエネルギッシュに、そして継続的に仕事に当たらせる人は、良い結果を促すし、余剰となるものを生み出す。

ソクラテスよ、仕事の場で、悪い作業者を罰し、熱心なものには報いることに長けた人間が現れたと考えてみたまえ。彼の出現が作業員の仕事を変え、彼が特別に敬慕されるかどうかは怪しい。しかし、もし彼の出現が作業者を刺激し、目的に向かって進むことを相互に想い起こさせ、さらに互いに行動に移そうと熱心にさせ、最高の作業にしたいと願わせるものであったとしたら、どうだろう。ぼくは、彼の人格は何かしら王の風格を持つと言うだろう。人によって成し遂げられるあらゆる仕事において、無論、農業においても、このことは大変重要だと思う。

しかし、ぼくはゼウスにかけて、そのような王の風格は、それを見れば、あるいは、一度でも聞けば、学べるものだとは言わない。むしろ、学ぶことができるためには、教育が必要に違いない。そして、善い性格をそなえていることや、何よりも神の息吹を受けていることが必要なのだ。ぼくは、権威を示す才覚は、人間のもつ善さであると、疑問の余地なく思っているのではない。むしろ、明らかに思慮をもって誠実に成し遂げようと指揮するものに、神が与えるものではないかと思う[48]。それに対して、あのハデス（地獄）のタンタロスを考えて見たまえ、彼は二度目の死を前に、永遠の恐怖の内で過ごしていると言われている[49]。しぶしぶ仕事に向かう人間には、そういう人生がふさわしいと、神々は思い、暴君の王をお与えになるのではないかと、ぼくには思えるのだ[50]」

（『家政』はここで終わる）

【48】 つまり誠意をもつことが先で、その誠意に「王の風格」を神が与えるものだ、という理解である。

【49】 その理由は複数の説が詩人たちによって述べられているが、いずれにしろタンタロスは、地獄に落ちて永劫の罰を受けたとされている。

【50】 イスコマコスが、待ち人に会えたかどうかもわからない。もう少しイスコマコスの哲学を聞きたい気分が残るが、むしろ結着らしい結着がないからこそ、この会話が本当にあったことであろうと、推測できる。実際、「創作」なら「末尾」が「だるまの目」のごとく、「完成」をつくるのであるから、それを「うやむやに」したら、それまでの努力をむだにすることになる。

第5章 人生自慢の宴——『饗宴』(1)

1 クセノポンの『饗宴』

クセノポンは、『饗宴』(シンポシオン)を書いている。

紀元前四二二年七月、カリアスという資産家の家で、少年アウトリュコスを招いた宴が開かれた。パンアテナイア祭の戦車競走見物のあと、たまたまソクラテスはヒッポニコスの子カリアスと道で出会い[1]、弟子たちとともにその宴に招かれた。この作品はそのときの会話である。

プラトンも、同じ題名『饗宴』を書いている。こちらのほうが有名である。プラトンの作品では、饗宴が開かれたのは紀元前四一六年、場所は悲劇作家のアガトン邸になっている。出席者も、まったく違う。ごく一部の話題だけが、クセノポンの『饗宴』と同じである。そこから見ると、プラトンは、クセノポンが聞いた話をたぶん、同じ饗宴の出席者から耳にしたが、ソクラテスが話したことの一部(愛についての談

【1】ソクラテスは裁判の弁明でも、カリアスに言及している。プラトン『弁明』二〇A。

話）にしか興味がもてなかった、ということだろう。ほかのところはクセノポンのものと、まったく異なっている[2]。

　プラトンの『饗宴』は、ほぼプラトンの創作と思われる。そもそもはだしで過ごしていたことで有名なソクラテスだが、プラトンの『饗宴』では、「履物をはいたソクラテス」が登場するところから、話が始まる[3]。こういうことは「めったにないこと」だと作品中の登場人物が言っているが、いくぶん、ふざけている話である[4]。あるいは、この作品内容が事実からは遠いことを著者プラトンがわざと暗示しているのかもしれない。クセノポンの作品ではソクラテスが話した愛についての談話も、プラトンは、ソクラテスの発話ではなく、別人（パウサニアス）のした話にしている[5]。その上やっかいなことに、ソクラテスが精神的な愛と肉体的な愛の区別を納得させるためにした話を、女性に対する愛と男性に対する愛の区別の話に変えている。つまり男に対する男の愛を、プラトンは精神的な愛としている[6]。

　それに対してクセノポンが伝える『饗宴』では、ソクラテスは適度に冗談めいた話をしながら、いささかお酒の席をしらけさせるほど真面目な話をしている。また『家政』と同様、クセノポンの『饗宴』は、当時の人々の生活実態をほうふつとさせる挿話に満ちており、読み物としても、すこぶる面白い。なぜこの作品がプラトン『饗宴』と比べて日本語に訳されることが圧倒的に少ないのか、じつに奇妙である。

　クセノポンの作品に登場するソクラテスは、四十七歳と推定されている。哲学人生

【2】アンドキデスの弁論内容から、ソクラテスとプラトンの人間関係が推測できる。というのは、じつはアンドキデスは、その弁明でカリアスを最低の人間だと言っているし、自分の弁明を保証してくれる証人として、ソクラテスを裁判にかけた影の張本人アニュトスの名を挙げているからである。

　そしてアンドキデスは、アルキビアデスとともに、紀元前四一五年に起きた秘儀模倣事件にかかわったと告発されていた。プラトンの作品『パイドロス』や、ほかの作品に頻繁に登場するパイドロスも、同様に告発されていた。つまり、じつはプラトンは、ソクラテスを悪く言っていた人々と関係をもっていたのである。

　たとえばプラトン著の『饗宴』では、プラトンはソクラテスをさんざん揶揄した喜劇作家のアリストパネスと仲良く話すソクラテスを描き、『メノン』では、最大の敵アニュトスとふつうに話しているソクラテスの姿を描いている。これは、自分とソクラテスとの関係を作品中で近づけるためだったとも考えられる。

　つまりプラトンという人物は、処刑前のソクラテスに対しては、その会話を熱心に聞く取り巻きの

後期のソクラテスである。四十歳前後の頃に「神託」を受け取り、その後の「問答」を通じて、その行動が社会の一部で問題とされながら、一方で、この頃すでに、一人の哲学者として熱心な弟子ないし友人をもつようになっている[7]。実際、イスコマコスと話していた三十歳の頃は、ソクラテスがだれかと屋外で話していても、それをそばで聞いている友人は、おそらくいなかった。またイスコマコスと話していたときは、彼はまだ妻をもっていなかったが、この饗宴のときは、すでに気性の荒いことで有名なクサンティッペを妻としている。その間に、ペロポネソス戦争[8]が始まっており、ソクラテスも、デーリオンの戦いにすでに参加して無事に帰国している[9]。つまり市民の兵役義務も立派に果たし、その意味では、権力者側も、ソクラテスを公然と批判する根拠を見つけられない状態にある[10]。

　この状態が、その後、ソクラテスの裁判まで続く。プラトンやクセノポンが出合ったソクラテスは、この状態のソクラテスである。したがって、クセノポンの『饗宴』は、ソクラテスの実像を想像しようとするとき、基本にしなければならない作品である。

2　饗宴の参加者

　年長のほうから並べる。

　まずソクラテスが四十七歳くらい。同程度の年齢と推定できるのが、パンクラティ

一人であったが、社会的な立場では、ある距離を取らざるをえなかったのではないかと推察できる。

　実際、プラトン『弁明』三三E―三四Aにソクラテスの支援者として名前が挙げられている人のうちで、その後のプラトンの作品に登場する人物名はごく一部に過ぎない。つまりソクラテスに年中ついて回っていた人の多くは、プラトンがよく知らない人たちだったか、あるいは、好かない人だったに違いない。

【3】　プラトン『饗宴』一七四。

【4】　じっさい、プラトン『饗宴』は、一種の哲学喜劇として書かれたのではないか、とも言われている。プラトン『饗宴』の舞台は、紀元前四一四年のアガトンの悲劇作品の勝利祝いだが、作品が書かれたのは、紀元前三八五年以前と推測されている。

　ところで、アリストパネスがアガトンを登場させる喜劇『女だけの祭り』を上演したのは、紀元前四一一年春か四一〇年冬と見られている。アリストパネスの作品は、エウリピデスを揶揄する作品なのだが、若くて女々しいと評判のアガトンを登場させて面白い作品に

オン[11]の競技で勝利者となった少年の父親リュコン[12]と、この宴に招かれ出演したシュラクサイの歌舞団の団長である。団長の名前はわからない。

つぎに、宴が催された邸宅の主人であるヒッポニコスの子カリアスがいる。彼は三十三歳と推定されている。カリアスの家系は、古い神官の家系であるが、父親の代で鉱山経営によって巨万の富を築いた。じつは彼の二度目の結婚相手は、『家政』でソクラテスに農業を教えたイスコマコスの娘であった。しかもこの娘との結婚は彼女の自殺未遂によって短期に解消され、三度目の結婚相手が、なんとイスコマコスの妻クリュシラであった。つまり、イスコマコスはおそらく六十歳になる前に亡くなっている（紀元前四三一年にペロポネソスとの戦端が開かれた直後から、アテナイ近郊の農地は農閑期にスパルタ軍によって繰り返し蹂躙され、ほぼ同時に、町の中では疫病ペストが猛威を振るった）。

おそらくイスコマコスの死後、娘の一人が十五歳でカリアスと、この饗宴があった数年前に結婚し、自殺未遂の末に別れ、替わりにその母親クリュシラが、三十五歳前後で、年下のカリアスと結婚したと考えられる。つまりこの饗宴が開かれたとき、カリアスは、故イスコマコスの妻クリュシラと、すでに夫婦だった。

以上のことは、アンドキデスという人物が、ソクラテスの裁判と同時期に、別の件で行った弁論があり[13]、そこから推測できる。なお、このアンドキデスの弁論から、プラトン『弁明』二〇Aにある「カリアスの息子二人」のうちの一人が、クリュシラと

仕上げている。プラトンがこの作品から何らかの刺激を受けた可能性がある。じつはプラトン『国家』の一部（財産共有、等）の記述も、アリストパネス『女の議会』（紀元前三九二年）と類似していることが指摘されている。プラトンは、政治思想ではノンポリのソクラテスよりもアリストパネスの考えに共感していたのかもしれない。

【5】 プラトン『饗宴』第八章。

【6】 プラトン『饗宴』の舞台では、アルキビアデスが遅れて登場する。しかし、当時アルキビアデスは自分が提案したシケリア遠征に加わってアテナイを離れていた。しかも、自分が秘儀の模倣事件に加担した疑いで訴追されるのを知って、敵側に亡命していた。したがって、プラトンの作品は事実に基づくものではないことは、かなり明白である。

しかもアルキビアデスが関わったという事件に、プラトンの名前も容疑者として挙がっている。当時プラトンはせいぜい十五歳と思われるので、容疑者と同一人物かどうかわからないが、紀元前四一五年に、ヘルメス像の損壊事件が

の間にできた息子であることがわかっている。

　また、ソクラテスは、この饗宴に招かれるまでは、カリアスとはかかわりをもっていなかったが、この饗宴ののち、二人は友人となった。実際、プラトン『ソクラテスの弁明』で、カリアスと最近話したと、ソクラテスは証言している【14】。

　カリアスと同年齢とおぼしいのが、カリアスの友人ニケラトスとソクラテスの友人アンティステネスである。ニケラトスは、凡庸な人間である。それに対してアンティステネスは、ソクラテスの名声を慕って外国からやってきたソフィストの一人である。それより若いのが、ソクラテスの弟子のヘルモゲネスとカルミデス。たぶん、二人は二十代後半だろう。それから、宴に飛び入りする道化のピリッポスが、おそらく似たような年齢と想像する。

　これより若いのは、クリトンの息子クリトブロス。彼はこの頃、父親のクリトンが素行を心配して、ソクラテスに見てもらっていた。その関係で、二十歳前後と思われるクリトブロスが同席している。そしてそれより若干若いと見られるのが、先に触れた少年アウトリュコス。パンクラティオンという競技で勝利者となった強者《つわもの》である。一八歳以下と思われる。そして歌舞団の団員の少年少女たちは一五歳以下と思われる。

　著者のクセノポンは、この当時はまだ五歳前後の子どもであったと思われるので【15】、宴の内容は、出席していたヘルモゲネスから大人になってから聞いたのだと見られる。

　この作品の冒頭、クセノポンは、まずは著者として、なぜこの本を書いたか、理由

起こり、これと関連して、本来、場所がエレウシスの宗教施設に限定されている秘儀を、いくつかの私邸でまねたことが密告された。これに参加したものが全部で数十人いた。そしてその中にプラトンがいたかもしれないのである。

　したがって、この事件がおおかた解決して数十年たってからプラトンがこの作品を書いたところから見ると、この作品には、もしかしたら秘儀模倣事件についてのプラトンの告白めいたものがどこかに混じっているかもしれない。


【7】ここでは「弟子」ということばを使うが、ソクラテスはあくまでも「友人」と呼んでいた。

【8】「ペロポネソス」は、ギリシアがあった半島の南にあるアテナイとは地峡を隔てた半島である。スパルタは、その半島に都市をもつ。そして半島内に都市をもつ国は、スパルタと同盟を結んでいることが多かった。そのため、スパルタ同盟軍との戦争が、アテナイからこのように呼ばれた。

【9】デーリオンの戦いは、アテナイ側のさんざんな敗北に終わった戦争である。アテナイ側が総崩

を書いている。その理由は、わかりやすく言えば、ソクラテスも自分たちと同じ人間である、いつもアゴラや体育場で人と真面目に議論していたが、彼とても、気晴らしの饗宴に参加したことがある、そういうことも知ることで、むしろ彼の本当のところが伝えられる[16]、そこで、かつて聞いたカリアス邸での宴の話は、この結論を読者に納得してもらうために、ちょうどよいと判断したから、ということである。

おそらく、その文面にある「善美な人の真面目な行動の記録」というのは、彼が『思い出』に書いたことと、続けて『家政』に書いたことだろう。クセノポンは、この二つの作品だけでは、ソクラテスの会話を伝えるのにはやはり十分ではないと思って、この『饗宴』を書くことになったのだと思われる。

3 『饗宴』の翻訳(1)

(『饗宴』第1章)

善美な人々のありようについて書くとき、かれらの真面目な行動について記録するだけでなく、気晴らしにしたことについても記録することは、適当なことと思われる。わたしの考えを、この結論に導いた証言を述べておこう。

それはパンアテナイア大祭の戦車競走があったときのことである。ヒッポニコスの子カリアスは、パンクラティオンの勝利者となったアウトリュコスという名の少年にぞっこんほれ込んでしまい、彼を連れてそれを見に来ていた。レースが終わる

れになった。このときソクラテスが、敵が追尾してくる最後尾を守って、敵をにらみつけながら沈着冷静にふるまったことが、市民の間でも、噂になった。プラトン『饗宴』に触れられているし、アリストパネスの『雲』のなかにも、それをにおわせるセリフがある。ただし『弁明』では、アンピポリスの戦いがあって、それにも従軍したとソクラテスは述べている。ところが、この戦いの歴史的記録は紀元前四二二年であり、もしこの戦闘に従軍しているとなると、『饗宴』があった、まさにその年に、彼は従軍していたことになる。

【10】 兵役拒否があれば、市民権がはく奪される。つまり在留外国人扱いとなる。

【11】 ボクシングのようなスポーツ。

【12】 プラトン『弁明』で、ソクラテスを告訴する側で名を連ねる弁論家のリュコンとは別人。

【13】 『アンティポン・アンドキデス弁論集』高畠純夫訳、西洋古典叢書、京都大学学術出版会、二〇〇二年、二七六頁。

とカリアスは、アウトリュコスとその父親を連れてピラエウス[17]にあった彼の邸宅に向かった。ニケラトスもいっしょだった。

　そのときカリアスは、ソクラテス、クリトブロス、ヘルモゲネス、アンティステネス、カルミデスが、いっしょにいるところを見つけた。カリアスは召使に、アウトリュコス親子に自分の邸宅への道筋を教えるように命じると、自分は彼らから離れて、ソクラテスたちのところへ来て言った。

「奇遇ですね。ちょうどアウトリュコスとそのお父さんを拙宅の宴に誘ったところですよ。将官たちとか、騎兵隊長とか、野心のある政治家たちを招待することを考えたら、我が家の食卓が、あなた方のような純な精神の持ち主によって飾られたら、わたしの企ても、さぞや上品なものになるでしょう」

　ソクラテスは言った。「君は、いつもわれわれをからかうね。君はわれわれを鼻にもかけないではないか。なにしろ君はプロタゴラスやゴルギアスやプロディコス[18]、そのほかたくさんの連中に授業料として大金を支払った人間だ。われわれのほうは、知っての通り、自分たちで教え合っている知恵の愛好者[19]に過ぎない」

「いやいやこれまでは、わたしの能弁や機知のあるところをあなたがたに隠して来たのです。あなた方が来てくだされば、わたしが一目置かれるだけの人間だというところをお見せしますよ」

　ソクラテスとその友人たちは、はじめはカリアスの招待に対して、感謝しつつも

【14】プラトン『弁明』二〇A。

【15】紀元前四二七年頃の誕生と推定されている。したがって、この頃はまだ五歳前後である。ちなみにプラトンも、同年齢と推定されている。

【16】この結論自体は、きわめて凡庸で、面白みはない。しかし、クセノポンは、ソクラテスの発言の独自な本質を理解するまでには至らなかった。したがって、ヘルモゲネスから聞いた以下の話は、彼には「気軽な」話としてしか受け取れなかったのだろう。

【17】アテナイの町は内陸にあった。ペイライエウスはアテナイの港町。国家としてはアテナイ市に属するが、独立の町であり、したがって独自のアゴラもあった。面積も、むしろアテナイの町よりも広い。アテナイの町からペイライエウスまでは壁（長壁）に守られた道が通じていた。

【18】プロタゴラス、ゴルギアス、プロディコス、いずれも当時、著名なソフィストである。話を聞くのには、高額の教授料が必要だった。プラトン『弁明』二〇Aに同

断っていた。しかし彼らが来ないとなるとカリアスが本当に悲しむことになることが分かったので、招待に応じることにした[20]。カリアス邸に着くと、あるものは体を動かしたあと、体にオイルを塗りつけ、垢をそぎ落とし、ほかのものは湯を浴びた[21]。

アウトリュコスは、父親のそばの椅子に座り、ほかのものたちは、当然、それぞれ寝椅子に寝そべった[22]。

その場にいた人間には、秘めた思いと自己鍛錬が結びついた王のごとき美麗さが目に飛び込んできたに違いない。アウトリュコスにあったのがそれだった。はじめのうち、彼の美しさは暗がりの中の灯火のように、みなの目を惹きつけていた。だれもが彼の姿に心を動かされていた。あるものは無口になり、ほかのものも、いつもと違っていた。いずれかの神にとらえられたものは、つねに目を見張るものとなる。ある神々にとらわれたものは、威嚇的になり、物言いが荒れ、行動が攻撃的になる。それに対して、控えめな愛神の息吹を受けたものは、親切な表情を浮かべ、優しい声で話し、自由人にふさわしい姿でふるまう。このときも、カリアスに、愛神がそういう効果をあらわしていた。

饗宴の客人たちも、何か超越的なものからの命令があったかのように、静かに食事をとっていた。ちょうどそのとき、道化のピリッポスが玄関の戸を叩いた。そして玄関に出た召使に、自分がだれであるか説明し、中に入れてくれるように言った。さらに、自分は他人の家の晩餐にまかり出るために十分な準備をして来ているし、

種の発言がある。

【19】原文では「哲学者」であるが、前後関係からこのように訳した。

【20】この登場人物たちが、人の気持ちを十分におもんばかる人たちであったことがわかる。そしてわたしたちも古代のギリシア人に親近感を覚えることができる。

【21】暑い時季なので、汗を流してオイルを塗り、垢を専用の用具でぬぐいとる。現代で言えば、シャワーを浴びるようなことである。

【22】当時は、台の上に寝そべるかたちで飲食した。横向きに寝そべるのである。食べたり休んだりするのに、これが楽な姿勢かどうかは、現代人にはよくわからないところである。アウトリュコスは、まだ少年で、大人とは見なされない年齢だったので、一人、父親が寝そべる寝椅子の横に用意された椅子に座った。クリトブロスは、ぎりぎり大人と見られた年齢なのだろう。

自分の召使は、何もなくて腹をすかしてぐったりしていると言った。

それを召使から聞いたカリアスは、「いずれにしろ、みなさん、彼に軒も貸さないというのは恥ずべきことでしょう」と言った。そして召使に「入れてあげなさい」と言うと、そう言いながら、彼はアウトリュコスを見やった。彼が道化にどういう反応を示すか、楽しみなようすだった。

ピリッポスは、部屋の戸口で立ち止まって言った。「みなさんは、わたしが道化だということはご存知ですよね。わたしは目的をもってやって来たのです。というのも、招待もなしに晩餐の席にやって来ることは、招待を受けてやって来るより、へへ、冗談みたいですからね」

カリアスは言った。「まあ、いいから座りなさい。ここにおられる方々は、みなさん真面目な方々なのだ。少々ユーモア不足なだけでね」

客たちは食事をつづけた。そしてピリッポスは宴会に同席したときはいつも面白いことを言って場を盛り上げることを目指しているので、すぐにそれを試みた。しかし彼は笑いを得ることができずに傷ついた。しばらくして、また別のジョークを披露したが、やはり笑ってもらえなかった。[23] すると彼は、とつぜん途中で食事を止め、頭を抱えて伏してしまった。

「どうしたんだ、ピリッポス。頭が痛いのか」とカリアスは言った。

ピリッポスは大きなうめき声を上げた。


【23】ソクラテスの周囲にいた人たちが、ひどく生真面目な人たちであったことを物語っている。

「カリアスさま、たしかに、めちゃくちゃ痛いですよ。もし笑いがこの世から去ってしまったら、わたしの仕事はないですからね。これまでわたしは宴会に招かれると、みんなを笑わせ、楽しませてきました。でも今は、いったい、どういうわけで招かれたのでしょう。わたしは自分を不死のものにできないのと同じように、真面目な人間にすることはできません。しかも、招き返されることを期待してわたしを招く人は、だれもいないでしょう。わたしの家で宴会が開かれたことなどないことは、みんな知っていますからね」

彼は話しながら鼻をかんだ。そして彼の声のようすから、泣いているのがわかった。

そこで、みな、今度こそ笑うからと約束し、彼に食事をするように言った。そしてクリトブロスは実際に、彼のかわいそうな不平がおかしいと、ゲラゲラ笑った。ピリッポスはクリトブロスが笑うのを聞いて、顔を上げると、元気が出たらしく、「宴会はやっぱり持ち寄りですな」と言って[24]、食事を再開した。

（『饗宴』第2章）

食卓が片付けられると、みな地に酒を注いで献酒し、神の賛歌を歌った[25]。シュラクサイの団長が入ってきて、もてなしの芸を披露した。団員の一人の女子は笛を吹き、もう一人の女子は曲芸ダンスをし、人目を惹く少年は手琴（キタラ）

【24】当時、カリアス邸のような金持ちの家での宴会は特別なものだった。一般的な家での宴会は、招かれた客も、弁当の持ち寄り（ポトラック形式）がふつうだった。

【25】当時は、お酒を飲むときには神への献酒が欠かせなかった。

を奏で、見事に踊って見せた。団長は、彼らの芸を披露して生活していた。

女子の笛と男子の手琴が演奏されると、みなはその演奏に聞きほれた。

ソクラテスは言った。「カリアス、ゼウスにかけて、君は本当に完璧な招き手だ。文句の言いようもない食事を出すだけでなく、心から楽しめるダンスや音曲を出してくれるのだから」

カリアスは言った。「どうだろうか、だれか香油をもってきて、かぐわしい香りでみなさんをもてなしましょうか[26]」。

ソクラテスは言った。「それはごめんこうむる。着るものだって、女に似合うものと男に似合うものは違うじゃないか。香りもそうだ。男に似合うものは、女に似合うものじゃない。男は、ほかの男のために体に香油を塗ったりしない。女だって、とくにここにいるニケラトスやクリトブロスの妻たちのように、結婚したばかりの女は、自分自身が匂い立つのだから、どこに香水をつける必要があろうか。ところが、香油は、体育場では、香水が女に与えるよりも大きな存在感を男に与え、それが無いと、むしろ物足りなくなるものだ。塗られた香油は、だれだろうと、奴隷だろうと自由人だろうと、それらしい匂いにする。体を鍛錬する自由人の努力から生まれる香りは、長い年月にわたる厳しい訓練を、何にもまして思い起こさせるものだ」

「若い人にとっても、そういうものでしょう」とリュコンは言い、つづけてソク

【26】男が香油を使うことは必ずしも非常識ではなかった。そしてこのようなパーティーに列席するとき、しばしば使われたらしい。

ラテスに問うた。

「しかし体育場には不似合いなほど年寄りのわれわれは、どうですかな。われわれも匂っているべきでしょうか」

「ゼウスにかけて、善美の匂いをさせるべきだ」とソクラテスは言った。

「その香油は、いったいどこで手に入るのでしょう」

「ゼウスにかけて、香油店ではないね」

「では、どこで」

ソクラテスは言った。

「テオグニスが言っているじゃないか。

善き仲間には善きことを教えられ、
悪いものには、持っていた知恵まで奪われる」

リュコンは言った。

「息子よ、今のを聞いたか」

「聞いているさ」とソクラテスは言った。「そして彼はその通り実行している。とにかく彼はパンクラティオンでの勝利を望んだとき、君の助けを借りて最高のトレーナーを見つけたし、今は、卓越した道を学ぶために、また君の助けを借りて、すぐれた生き方ができて友となる人間を探しているよ[27]」。

すると、たくさんの声が生じた。「そういう種類の教師を、どこで彼は見つけるんだ」

別の人が言った。「そういうことは全く教えられないことだよ」

また別の人は、「学ばれるものがあるとすれば、それは良いものだ」と言った。

ソクラテスは言った。「これは結着のつかない問題だから[28]、別の機会を待とうじゃないか。今は目の前にあることを終わらせよう。踊り手が立ち位置に準備していて、だれかが彼女に輪をもってきている」

そのとき別の女の子が笛を吹き始めた。そして踊り手のそばに立っていた男が、一本一本、輪を渡し、そしてついに彼女は十二本の輪を受け取った。彼女は受け取ると、空中に投げ上げて回しながら、踊り始めた。音楽に合わせ、投げ上げた輪が落ちてくるところを、踊りながら受け取れるように、高さを見計らって投げている。

ソクラテスは言った。「この子たちの芸を見たまえ、これを見れば、ほかのたくさんのことでも女性が生まれつき男性に劣ることはないとわかる。女はただ、決定力と、身体的な力の点で劣るだけなのだ。だから妻をもったものは、妻に身に着けてほしいと思うどんな技でも、自信をもって教えることができる」

するとアンティステネスが言った。「ソクラテス、それがあなたのお考えなら、なぜあなたはクサンティッペに教えて、あなたの言うことを実行しないのですか。

【27】ソクラテスは大人たちの間にあって黙しがちなアウトリュコスを見て、彼を褒めることでこの場を話しやすい雰囲気にしようとしている。しかもソクラテスは、彼が自分の言った話をそれとなく聞いているらしいことを見て取って、善美な人間になるために必要なことを教えてくれる人間として、彼は自分を見ていると言っているのである。

【28】美徳（アレテー）を教えることができるか、という問題は、ソクラテス自身が問題にして、その答えを見つけることができないでいた問題である。この場にいた弟子たちは、みなそれを知っていたので、このように、それを教えることのできる人間はどこにいるのかとか、それは教えることのできないものであるとか、あるいは、それでも学ぶ価値のあるものは「善いもの」であることはたしかであるとか、述べている。どれもソクラテスの問答をまねている。

それをしないで、あらゆる女のなかで、いっしょにやってゆくのがもっとも難しい女を妻にしているのは、一体なぜですか[29]」。

彼は答えた。「わけを言おう。馬の扱いで優れたものになりたいと思う人は、よく言うことを聞く馬をもつよりも、言うことを聞かない荒馬をもつものだと聞いている。というのも、彼らは、そういう馬を操ることができるなら、ほかのどんな馬でも容易に思い通りに操れると考えるからなのだ。同じように、ぼくは、できるだけ多くの人と出会って友人となりたいと思っているから、自分にそういう妻を用意したのだ。なぜなら、彼女とやっていけるなら、ほかのどんな人間とでも、容易にやってゆける道を見つけることができると確信しているからね」

この説明は、一同をとりあえず沈黙させた。

つぎに円い枠が持ち出され、その周りに剣が上向きに立てられた。そして踊り手はこの剣を超えて、外から内へ、内から外へと、とんぼ返りをして見せた。観客たちは少女が傷つくのではないかと、ひやひやしながら見ていた。しかし少女はこの芸を、何の不安も見るものに感じさせずに、安全にやり通した。

ソクラテスはアンティステネスに向かって、歓喜の声を上げて言った。「この子は、女であるにもかかわらず、剣の上に身を投げたぞ。こんなものを見せられて、勇気とは教えられるものではないと、主張しつづけることなどできるだろうか」

アンティステネスは言った。「あなたは、このシュラクサイの人が、彼の踊り子

【29】ソクラテスの妻クサンティッペは、「悪妻」で後年、有名になったが、ここに述べられているように、事実としては「悪妻」というより「気性の荒い妻」であったようである。

を国家に披露したほうがいいと考えるのでしょうね。アテナイ人が彼に給金を支払えば、彼はアテナイ人たち全員を、槍に向かって大胆に突き進むことができる人間にしてくれる、ということですね」

ピリッポスが言った。「ゼウスにかけて、その通り。言わせていただければ、わたしは、たらい叩きのピサンデルが、剣の上のとんぼ返りの技を習うところを、ぜひ見たいですね。彼は軍隊には参加しなかったですからね。というのも、彼は槍を目の前にすることが、どうしてもできなかったからです[30]」。

そのあと、少年が踊りを披露した。するとソクラテスが言った。「その少年は美しいが、動かずにいるときより、踊っているときのほうがずっと美しく見える。どうしてだと思うかね」

カルミデスが言った。「あなたはまるで団長に、祝いのことばを送っているように見えますよ」

ソクラテスは言った。「ゼウスにかけて、その通りだとも。ほかにも気づいたことがある。踊っている間、少年の身体のどの部分も、怠けていなかった。首も脚も腕も、みないっしょに動いていた。体のしなやかさを増すことが、踊る意味だと言われている。わがシュラクサイの友よ、ぼくにも踊りを教えてくれないか」

彼は聞いた。「彼らといっしょに何をしようと言うのですか」

「ゼウスにかけて、ぼくは踊るんだ」

【30】当時、ひどく臆病なことで世間で有名になった人物である。アリストパネス『鳥』に登場する。

一同から笑いが起こった。

ソクラテスは真顔で言った。「君たちは、ぼくのことを笑うのか。ぼくは自分の健康のため、食事や睡眠をもっと快適にするために、体を動かしたいと思っただけだ。こういう体操をやってみたくなったのは、別に、長距離走者のように、腕を犠牲にして自分の脚を鍛えたいと思ったからではないし、ボクサーのように、脚を犠牲にして腕を鍛えたいと思ったからでもない。体全体をはたらかせて、体全体をバランスよく、平均的に動かしたいと思ったからなのだ[31]。それとも君たちは、ぼくが体育訓練の仲間を必要としているとか、この年で裸になって人前に出なければならないと思っているとでも言うのかね[32]。

そんなことは考えていないさ。七台の寝椅子が置かれたこの食堂は、汗を流すには十分な広さがある。じっさいこの部屋は、ここにいる若者たち（団員）にとっても、十分広いわけだし、寒い日だって、なにかで身を包んで、ぼくは体を動かすし、暑いときには、何かの陰に入って体を動かす。あるいは、君たちが笑ったのは、ぼくの胃がいつもより膨らんでいて、それをいつもの大きさに減らしたいと思って言ったことだと考えたからなのか。そういえば、いつか、ここにいるカルミデスが、夜明け方、ぼくが踊っているところを見つけたことがあった。ご存知だろうか」

カルミデスが言った。「ゼウスにかけて、そうです。そんなことがありました。わたしは最初、あなたが気でも狂ったのかと、びっくりしましたよ。しかしちょう

【31】どうやら、ソクラテスは、現代で言えば朝のラジオ体操のようなものがあればいい、と考えていたらしい。ソクラテスは、精神を大事にしていただけではなく、健全な体をもつことを、やはり大事に考えていたことがわかる。ソクラテスが現代に生きていたら、きっと朝のラジオ体操を休まず実践していただろう。残念ながら、そういうものが当時は無かったし、以下の会話からもわかる通り、その必要性を、彼の弟子たちもまったく理解せず、まるで冗談にしか受け止めていない。

【32】ソクラテスはすでに戦士となって町を出ることを要請されるような年齢ではない。したがって、公共の体育訓練場で体育訓練をすることも求められていない。しかし公共の体育訓練場では、市民は裸で訓練をしていた。

ど今のような説明を聞いて、家に帰って、もちろんわたしは、踊りは習ったことがないのでしませんでしたが、でも、腕を回してみたりはしましたね」

ピリッポスが言った。「なるほど、ゼウスにかけて、そうでしょうね。ソクラテス、あなたの腕は、あなたの脚とバランスよく、均整がとれてますよ。その体なら、ほら、警官は、市場でパン屋の店頭のパンの塊の重さを計って、足りないと罰金を払わせますが、あなたが市場でつかまっても、罰金を払うことにはならないでしょう【33】」

カリアスも言った。「では踊りのレッスンを始めるときは、わたしも呼んでください。あなたの踊りの仲間になって、いっしょに学んでもいいですよ」

ピリッポスが言った。「今、やりましょう。その子に笛を吹いてもらって。そうすれば、わたしも踊りますよ」

彼はそう言って立ち上がると、少女と少年の踊りを、ふざけてそっくりにまねした。はじめ、みんなは少年の踊りに上品さがあって、美しさを増していたので、それに喝采を惜しまなかったのであるが、ピリッポスは反対に、その少年の踊りがわざと面白おかしく見えるように、踊って見せた。少女は、後ろに反り返って輪の形をつくって見せた。するとピリッポスは、前方に身を曲げて同じような形に見えるようにした。最後に、少年が体全体を使って踊るようすをみんながほめたので、ピリッポスは少女に頼んで笛のテンポを上げてもらい、脚を蹴り上げ、頭と腕をいっ

【33】当時、パンはしばしばいい加減な分量で売られていた。そこで市場監察官がときどき店先のパンの重さを計って、決められた重さの範囲に足りないときは、罰金を徴収した。

しょに振り上げて踊った。

ピリッポスは、疲れ果て、寝椅子にたどりつくと、叫んで言った。

「見たでしょう、みなさん、わたしの踊りのスタイルは、良い鍛錬になることがはっきりしました。確実にわたしは喉がからからです。奴隷に言って、大きい酒杯をいっぱいにして酒を持ってきてほしいですね」

カリアスが答えて言った。「ゼウスにかけて、われわれも同じだよ。われわれも笑い過ぎて喉がからからだ」

ここでソクラテスが割って入った。「飲むのは、いいさ。酒は事実、心に湿り気を与えてくれる。そして鎮静剤のように心の痛みをなだめてくれる。同時に、油が炎をつくるように、心をやさしく覚ませてくれる。しかし、人間の体は、植物と同じように、ほかから影響を受けやすいものだ。じっさい神が植物に一時に多過ぎる飲み物を与えるなら、植物は立っていられなくなるし、空気も吸えない状態になる。しかし快適に飲める程度に飲み物が与えられるなら、植物はすくすくと育ち、茂り、実を実らせる。同じように、われわれが一時に飲み尽くせば、心も体も立っていられなくなり、息をするのも苦しくなり、話すこともできなくなる。しかし、召使が小さなカップで少しずつ、何回にも分けて注いでくれるなら、ゴルギアス流に言えば[34]、酒の力で酔って終わりになるのではなく、説得の力でもっと楽しい雰囲気になることができるだろう[35]」


【34】ソフィストで有名なゴルギアスは、弁論術（説得の技術）を教授していた。きわめて長命であったので、ソクラテスの裁判の時期にも活躍しており、『弁明』一九Eに名が挙げられている。その主要教説については、プラトン『ゴルギアス』四五二E参照、あるいはプラトン『メノン』参照。ソクラテスは、ゴルギアスの名を出して、楽しい時間は、お酒の力に頼らず、むしろ弁論の力を通して達成すべきだと言ったのである。

【35】ソクラテスのこの発言によって、この宴会は道化のピリッポスが望む「飲めや歌え」の飲酒の席ではなく、人生の真実に迫る有益な会話を交わす場に変化していく。じっさい以下の会話を通じて、ソクラテスはつねに抜群の司会力を発揮している。どうやらソクラテスは、ふだんの会話の席でも、このように有益な会話へと人々を導いていたらしい。ちょうど俳諧の席で芭蕉が果たしていたのと同じことをソクラテスがしていた、ということなのだろう。つまり芭蕉が俳諧の席におけるすぐれた「俳諧師」であったように、ソクラテスは哲学（知恵を愛好する）対話におけるすぐれた「哲学師」

だった。

この提案はすぐさま受け入れられた。ピリッポスの提案は修正され、酒を運ぶ召使は、すぐれた戦車競走の馭者のように、すばやく杯を運ばなければならないことになった。

（『饗宴』第3章）

少年は、今度は手琴を笛に合わせて奏で、歌を歌った。一同は喝采を送った。

カルミデスが言った。「どうでしょうか、みなさん、ソクラテスは酒の飲み方についていいことを言いましたが、この若者たちの美と音楽の組み合わせは、日頃の心痛をなぐさめ、また、アプロディテの愛を思い出させてくれたのではないでしょうか」

ソクラテスはまた話した。「この子たちは、われわれを楽しませてくれた。しかしわれわれにも、彼らに負けないことができるのではないだろうか。われわれはせっかくこうして一緒にいるのだから、お互いを成長させ、楽しみを与え合おうとしなければ、われわれの恥ではないか」

これには多くの声が上がった。

「どういうことをすればそれができるか言ってください。どういうことで意見を出し合いましょうか」

彼は答えた。「ここは、カリアスの申し出があったのだから、それを取り上げるのがいいのではないか。たしか、われわれが食卓をともにするなら、彼は自分の得意とするところを披露するからと、言っていた」

カリアスが言った。「そうです。そしてその通りにするつもりですよ。もしも、ここにいるみなさんが、それぞれ、みなの利益となるものを話してくれるなら」

ソクラテスが言った。「自分の得意分野で一番価値があると思うことを話す、ということなら、だれも反対しないさ」

カリアスが言った。「では、わたしがもっとも自慢にしていることを話しましょう。わたしは、人を、より良くすることができます」

アンティステネスが聞いた。[36]「何を教えることによってですか。何かの技を、ですか。それとも善美なものを」

カリアスが言った。「後者ですよ。善美なものが徳を意味するのならばね」

アンティステネスが言った。「ゼウスにかけて、そうでなければならない。大胆なことや利口なことは、ときに人や国家を傷つけることがあるが、徳の良さは、悪とはまったく重なるところがない」

カリアスが言った。「それでは、みなさんが自分の得意なことで人を良くするものを何か話す、ということならば、わたしは自分が成功したものを話すことを拒みませんよ。じゃあ、ニケラトス、君の番だ。[37]君が誇りにしているそういう種類の知識は何か、わたしたちに教えてくれ」

【36】アンティステネスが気色ばんで問い返しているのには理由がある。「人をより良くすることが自分にはできる」というカリアスの主張が、ソクラテスがつねに「人をより良くすることは、人間にできないことではないか」と問題にしていたことに対して、真っ向から挑むような主張だからである。ソクラテスのファンを自認していたアンティステネスは、聞き捨てならなかった。言うまでもなく、カリアスは、アンティステネスの反応を内心楽しんだに違いない。

【37】カリアスは自分に抵抗できないニケラトスに順番を強引に回している。時間かせぎのためと思われる。

ニケラトスは言った。「父は、わたしを良い人間にしようと考えてくれました。それでわたしを、ホメロスのすべてに習熟させたのです。わたしは今でもそらで、イーリアスとオデュッセイアのすべての詩句を言うことができます」

アンティステネスが言った。「君は詩人たちがそういうものを全部知っているってことを、見落としていやしないか」

彼は答えた。「どういうことですか。わたしはほとんど毎日のように、彼らの口誦を聞いています」

「彼らより愚かな連中はいないと思わないのか【38】」

ニケラトスは言った。「いいえ、ゼウスにかけて、少なくともわたしは、そうは思いません」

ソクラテスは言った。「いや、愚かな連中だ。彼らは、詩句の隠れた意味を理解しているわけではないからね【39】。しかし君は、ステシンブロトスとか、アナクシマンドロスとか【40】、ほかの作家たちにも大金を支払ったご仁だ。君が詩句の意味を軽視していないことはたしかだ」そして続けて言った【41】。「クリトブロス、君はどうなんだ。君が大いに誇りにしていることは何だ」

彼は答えた。「この顔ですかね」

「君は本気で、君のその顔でわれわれをより良くすることができると言うのか」

「できないなら、わたしの顔は明らかに、いい顔とは言えませんね」


【38】当時「詩人」と呼ばれた人たちは、現代で言えば二流の流行歌手のような人たちであったらしい。

【39】プラトン『弁明』二二B–C。

【40】この二人については不明。

【41】哲学師ソクラテスは、まず「自分が得意とする何か良いもの」を各自に言わせ、あとでその良さの理由を説明させるという、二段構えの問答を進めてゆく。

ソクラテスは言った。「アンティステネス、君はどうだ。何を誇りにしている」

彼は言った。「財産ですね」

ヘルモゲネスが聞いた。「君は大金をもっているのか。ぼくは一銭ももっていないけどね。じゃあ、君は土地をかなりもっているのか」

「たぶん、十分にね」とアンティステネスは言った。「ここにいるアウトリュコスが自分の力を高めるためにもつ砂風呂くらいなら」

「君にも聞かなくては、カルミデス。君が誇りにしていることは」

カルミデスは言った。「わたしは、この貧乏ですね」

ソクラテスは言った。「なるほど、ゼウスにかけて、それはいい。妬みもライバル心も起こさない。警備がなくても安全だし、気にしないことで、ますます力をつける」

カリアスが言った。「つぎは君の番だ、ソクラテス。君が大いに誇りにしていることは何だ」

ソクラテスは自分の顔を上げると、とてもまじめな顔で言った。「簡単に言うと、売春あっせん、かな【42】」

みなが笑った。

すると彼は言った。「笑うがいいさ。しかし、もしぼくがその技術で仕事をしたら、大金を稼ぐことができたと思うね」

【42】ソクラテスが自分の仕事を「売春あっせん」にたとえるのは、冗談めいている。どうも彼はこのような言い方を何度かしているらしく（クセノポン『思い出』第二巻六章二八、同書第四巻一章二）、これが彼の哲学を表す彼一流の表現であることは確かである。以下の第8章でソクラテスが真実の愛について考察していたことが明らかになる。したがって、彼は全くふざけて自分の哲学を「売春あっせん」と言っていたとも言えない。

リュコンがピリッポスに言った。「道化のあなたなら、笑いを起こすことに誇りをもっているに違いないですね」

彼は言った。「わたしは面白いですよ。あのカリピデスという役者は、大勢の観衆を泣かすことができる、ということでうぬぼれていますが、そんなことより、まだましな理由でね」

アンティステネスが言った。「リュコン、君は何を誇りにしているのかな」

彼は答えた。「おわかりでしょう、息子ですよ」

だれかが言った。「そしてその息子は、明らかに、勝利者であることを誇りにしている」

「それは違います、ゼウスにかけて」アウトリュコスはそう言って、赤くなった。

みなが彼を見た。彼が話すのを楽しみにして待った。

だれかが尋ねた。「じゃあ、何を君は誇りにしているのだね」

彼は、「父です」と言って、父親に寄り添った。

カリアスはそれを見て言った。「リュコン、君は、現に生きているものたちの間で、最高の金持ちだということが、わかっているのか」

「いや、まさか、ゼウスにかけて、そんなことはありませんよ」

「しかし君の息子に替えて、ペルシア大王の財産すべてをやろうと言われても、君は受け取らないだろう」

彼は言った。「これは参りました。わたしは世界で一番の金持ちだと認めますよ」

ニケラトスが聞いた。「ヘルモゲネス、君は何を一番の楽しみにしているのだ」

「友人から受ける良いものです」と彼は言った。「それから、友人たちがわたしを気遣ってくれているという事実です」

みなの目がヘルモゲネスにそそがれた。そして何人かの人が同時に、彼の友人に加わってもいいか、と尋ねた。彼は拒まないと答えた。[43]

（『饗宴』第４章）

ソクラテスが言った。「そろそろ、われわれは自分がもっていると主張したものに、どういう価値が現実にあるか、証明しなければならない[44]」

カリアスが言った。「わたしの言い分をまず聞いてください。わたしは、あなた方が徳としての良さが何であるか思い迷っているあいだ中、人を道徳的に良くしていました」

ソクラテスは言った。「どうやって。善き友よ」

「ゼウスにかけて、人々にお金を与えることによってです」

アンティステネスは立ち上がると、彼のそばまで行って厳しく言った。

「カリアス、君はどう思っているのか、人は心の中に徳をもつのか、それともポケットの中にか」

【43】ヘルモゲネスの答えは、友愛を何より大切にすべきというソクラテスの信条を最高度にあらわしている。そのため周りの人々の反応も良好なのだ。

【44】ここから各自、理由の説明が始められる。

「心の中に、ですよ」

「では、君は人のポケットの中にお金を入れて、人の心を道徳的に良くすると言うのか」

「その通りです」

「どうやって」

「人は自分が必要とするものをお金で手に入れられるとわかれば、犯罪を実行して危険を冒したいとは思わないでしょう」

「その人たちは、君からもらったものをすべて返すのか」

「そんなことはしませんよ。まったく」

「では、彼らは、返す代わりに、君に感謝するのか」

「いいえ。それもありません。それどころか、中には、以前よりわたしを恨むものもいるくらいです」

アンティステネスは、「それは奇妙な話だ」と言って、彼を問い詰めて言った。「君が彼らをみなに対して正義の人にしながら、ただ、君に対してだけは、そうではないのだとしたら、じつに奇妙ではないか」

カリアスは言った。「どこが奇妙です。あなたは気づかないのですか。世の中にはたくさんの大工や建築家がいるけれど、その彼らは、他人の家を山ほどつくっていながら、自分のためにはつくらず、貸家に住んでいるじゃないですか。先生、あなたこそ論破されてますよ」

ソクラテスが言った。「ゼウスにかけて、それはそうだ。予言者も同じだな。予言者も今後どうなるかを予知すると思われているが、他人の未来を予言するだけだ」

この話はこれで終わった。

つぎにニケラトスが言った。「これから、ゼウスにかけて、わたしと付き合うと、どのようにして良くなれるのか、お話しましょう。もうお分かりかと思いますが、ホメロスの偉大な詩句の中には、人間生活のあらゆる側面についての実践的な知がつまっています。ですからもしも人が家政（資産の管理運営）に長けた人とか、あるいは、立派な政治家（国家の管理運営者）とか、あるいは、立派な将軍（軍事指導者）になろうとするなら、あるいは、アキレスやアイアースや、あるいは、ネストル、あるいは、オデュッセウスのようになりたければ、わたしに聞いてみればよいのです。わたしにはその知識があるのですから」

アンティステネスが言った。「君は、どうしたら王になれるかも知っているのか。なぜなら、ホメロスは、アガメムノンを『善き王にして強き戦士』と称賛しているのだから」

「ゼウスにかけて、知ってますよ[45]」と彼は言って、さらに「そして人が戦車を御してゴールに迫ったときも、

【45】ニケラトスはアンティステネスの問いに答えられず、話題を変えてしまう。

自身は使い込んでつやのある戦車から身を乗り出し、
左へ身を傾け、右の馬には声をかけて棒で突き、
その馬の手綱をゆるめるのだ【46】

さらに、ほかのことも知っていますよ。今こそそれを試せます。ホメロスはほかのところで、

玉ねぎは飲酒の際の薬味によい【47】

と言っています。ですから、だれか玉ねぎを提供してくれるなら、すぐにでも効果が得られます。きっと、もっと酒を楽しむことができますよ」

カルミデスが言った。「ニケラトスは、家に帰って玉ねぎをかじって来たらいいのです。そして自分の奥さんに、だれも自分とキスしようとは思わないさ、と言って説得するのがいいでしょう【48】」

ソクラテスが言った【49】。「しかし、ゼウスにかけて、われわれは馬鹿げた思い込みをつくってしまわないように気を付けなければいけない。玉ねぎはじっさい、いい薬味になる。食事についてだけでなく、酒を飲む際にも、よい付け合わせだ。だか

【46】『イーリアス』二三巻三三五-七。

【47】『イーリアス』一一巻六三〇。

【48】言うまでもなく、皮肉である。

【49】いささか無能なニケラトスが皆の間で沈まないように、哲学師ソクラテスはその肩をもつ。

ら夕食のあとに玉ねぎをかじれば、われわれはカリアス邸で享楽に耽ったなどと、だれかに言われなくてすむだろう」

カルミデスは言った。「それは違います。たしかに、闘いに行くときに、まず玉ねぎをかじるのはいいかもしれません。だれかが雄鶏にニンニクを与えてから闘鶏に連れて行くように。しかしわれわれは戦うつもりでここに来たのではなく、だれかにキスを送るために来たのです」

あれこれあったが、この話はこれで終わった。

クリトブロスが言った。「では、今度はわたしが、なぜわたしが自分の顔を誇っているか話すことにしましょう」

「話してくれ」とみなが言った。

「では、もしわたしがイケメン顔をしていなかったら、あなた方は、それは違うと訴えるでしょう。なぜなら、あなた方はいつもご自分から、わたしが美男だと請け負っているからです。しかもわたしは、あなた方を善美な人々だと思っています。しかし、もしわたしが本当に美男であり、あなた方がわたしのことを、わたしが美男だと考える人について思っているのと同じように、見ているのなら、わたしはゼウスに誓って、イケメン顔を捨ててペルシア王の王冠を選んだりしません。

事実はこういうことですから、わたしは世界のどんな美よりも、クレイニアスを見ることで喜びを得るのです。だからわたしは、ほかのいかなるものに対してよりも、クレイニアスに対して盲目なのでしょう。夜と眠りは、わたしに怒りを誘います。なぜなら、そのときわたしは、彼を見ることができないからです。反対に、わたしは、昼と太陽に対しては、感謝の思いでいっぱいです。なぜなら、それらはわたしにクレイニアスを見せてくれるからです。

イケメン顔のわたしたちが、それを誇る理由は、ほかにもあります。強い男はほしいものを手に入れるためには自分が動かなければなりません。そして勇敢な男は危険を冒さなければなりません。頭のいい男は説得しなければなりません。しかし美男は自分の筋肉を動かさずに求めるものをすべて手に入れるのです。

わたしの場合、お金をもつにこしたことはないと思いますが、それを全部クレイニアスにあげることのほうが、どなたからか、大金をもらうより、喜びは大きいのです。そしてもしクレイニアスがわたしの主人なら、自由であるよりも、奴隷であるほうが、喜ばしいでしょう。彼のためにはたらくことは、休んでいるよりもかんたんなことであるし、安全な生活より、彼のために危険と向かい合うほうが、容易なことでしょう。

だからカリアスさん、もしあなたが人を正義にすることができると言ってそれを誇るなら、わたしはその人たちをあらゆる種類の徳に導くと主張して勝ちを宣言しますね。わたしたち美男が、わたしたちを賛美する人たちに与える霊力は、お金に対して卑屈にならない力を与え、危険に際しては努力への強烈な熱意と、勝利への大きな渇望を与えるのです。しかもそれは、彼らを控えめで、抑制的な人間にします。なぜなら、彼らは、自分たちが何より望むものを、崇めているからです。

将軍に美男の人間を選ばないのは、おかしなことです。わたしの場合でも、クレイニアスのところへなら、火をかいくぐっても、行きます。そしてあなた方だって、わたしのところへ来るのに、同じことをするでしょう。ですから、ソクラテス、これ以上、わたしのイケメンぶりが人を良くするかどうか、考える必要はないのです。

そのうえ、イケメンぶりというものは、その最高のときは速やかに過ぎ去る、ということで見くびるのは間違いです。わたしたちは、少年には少年の、青年には青年の、大人には大人の、老年には老年の、それぞれの美があると思います。その証拠に、アテネ神をたたえてオリーヴの若枝を運ぶ役をになうのは、美男のお年寄りです[50]。この事実は、美しさというものが、どの年代にもともなっていることを示しています。

そしてもし人が、自分の望むものこそ喜ばしいものであるとすれば、わたしはこの瞬間に、ひとことも言わずに、この少年少女を説得して、ソクラテス、あなたが知恵を発揮してなにを言っても、速やかにわたしにキスさせることができますよ」

「なんだって。君はぼくより美しいと、ほらを吹くのか」

「ゼウスにかけて、もちろんですよ。そうでなければ、わたしはサテュロス劇に出てくるシレノスよりも醜いことになるではありませんか[51]」

【50】女神アテネはアテナイ都市国家の守護神。オリーヴ栽培の守護神でもある。毎年の祭りは怠りなく実施された。

【51】ソクラテスが、サテュロス劇に出るシレノス役の醜い仮面にそっくりであったことは、みなが認めるところであった。

「いいだろう。それでは、美をめぐるわれわれの話が一回りしたところで、この問いに決着をつけなければいけないだろう。われわれの判断はプリアモスの子パリスと同じであってはならない[52]。しかし君が考えている人たちは、君にしきりにキスしたがっているのだ」

「ソクラテス、そのことばはクレイニアスに」とクリトブロスは言った。

「いや、クレイニアスのことは、考えてほしくないね」

「あなたは、わたしが彼のことを考えているのは、わたしが彼の名前を出したときくらいしかないとお考えですか。わたしの心の中には、はっきりとした彼の絵があって、もしもわたしが彫刻家か絵描きであったなら、彼を実際に見て描くのと同じように、見ないで描くことができますよ」

「もしもそんなに正確に彼の絵をもっているのなら、どうして君は、ぼくを奴隷扱いして彼を見ることができるところまでぼくを引っ張っていくのか」と、難詰した。

「ソクラテス、それはクレイニアスの姿がわたしを幸せにするからですよ。それに比べて、わたしの心のなかのクレイニアスの絵は、わたしに何の喜びももたらしません。ただわたしを憧れで満たすだけなんです」

ヘルモゲネスが言った。「ソクラテス、見てください。クリトブロスをこんなにぼんやりさせてしまうなんて、あなたらしくありませんよ」

【52】パリスの審判（三女神のうちでだれがもっとも美しいか）をきっかけにして、「イーリアス」にうたわれる戦争が起きて、十年を超える激戦ののち、トロイアが滅びたと言われていた。

「君は、彼が僕のところに来るようになってからこうなったと思っているのか」

とソクラテスは言った。

「では、それはいつのことなのですか」

「やわらかい毛が彼の耳のそばを伝い降りているじゃないか。クレイニアスは、今、彼の背中にやわらかい毛がのぼってしまっている。[53] クリトブロスは、彼が同じ学校に通うようになって、彼にのぼせ上がってしまったんだ。彼の父親はそれに気づいて、彼をぼくに預けるから、なんでも彼のためになることをしてやってくれと頼んだのだ。今はずいぶんよくなった。以前は、彼はクレイニアスを見つめて動けなくなっていた。まるで怪物のゴルゴンを見てしまった人のように。しかし、今は、彼を時折見かけるだけなのだ。じっさい、本当のことを言うと、彼はもうクレイニアスにキスしてしまったようだ。キス以上に激しい恋慕の刺激はない。飽くことを知らない愛がそこにあり、甘い期待を生み出す。だからぼくは、だれに対しても言っている。責任ある行動がとれる人間になりたいのなら、若くて魅力的なものにキスするのはやめるように、とね」

するとカルミデスが聞いた。「しかし、ソクラテス、あなたの友人であるわたしたちを怖がらせて、美男から引き離そうとするなんて、どういうおつもりでしょう。アポロン神に誓って言うけれど、僕は自分のこの目で、あなたがクリトブロスと、学校で同じ本をのぞきこんでいたとき、あなたが自分の頭をクリトブロスの頭にく

【53】やわらかい毛は二人の若さをあらわしているが、クレイニアスのほうがまだ少年であるらしい。ソクラテスが身体的特徴で若さを語っているのは、彼の哲学がただの精神論ではないことと一致している。

つつけ、裸の腕と腕を密着させていたのを見ましたよ」

ソクラテスは言った。「そうか。そのせいで五日以上ものあいだ、ぼくの腕は獣にかまれたみたいに痛んだのだ。そして心の中でも痛みを感じた。しかし、今、証言があった。クリトブロス、僕は君に忠告する。君のあごが、君の頭と同じくらいに毛深くなるまで[54]、ぼくに触れるな」

こんなふうに、冗談と真面目をとりまぜて、話が進んだ。

しかしカリアスが言った。「カルミデス、君の番だ。なぜ君は貧乏を誇りにするのか、話してくれたまえ」

彼は言った。「みなが認めているように、怖がられるよりも、信頼されるほうがよいし、奴隷であるよりも、自由であるほうがいい。他人の機嫌を取るよりも、機嫌を取ってもらったほうがいいし、自分の国から信頼されないより、信頼されるほうがいい。

この国でぼくが金持ちだったとき、ぼくは、押し込み強盗にあって家財を取られ、身を傷つけられたりするのではないかと、いつもこわがっていました。そしてぼくは、おべっかを使うものに同調していました。彼らより、本当は自分のほうが傷つきやすいのだと気づいていたのです。そのうえ、国家はいつもぼくに、何らかの税を命じていましたし、ぼくは町を出ることができませんでした。

しかし今や、外国にあった資産を失い、国内の資産からは何も得られず、ぼくの

【54】当時の概念では、すっかり大人になることである。

家の家財は売り払われてしまいました。おかげでぼくは、なにもおそれることなく、しあわせに眠ることができています。国からは信頼を勝ち得、もはや脅されることもありません。むしろ脅しているほどです。町にいるのも、町から離れるのも自由です。金持ちはぼくに席を譲ってくれるし、道をあけてくれます。

今やぼくは、専制君主のようです。むかしは明らかに奴隷のようでした。ぼくはいつも定期的に人にお金を渡していました。でも今は、国がその収入でぼくを支えてくれます。金持ちだったときは、ソクラテスと仲良くしていたことで、彼らはぼくを非難していました。[55] しかし今は貧乏になって、だれに対してどういう付き合いをしようと、何の問題もありません。さらに、ものがたくさんあったときには、ぼくは国や運命のせいで失うものがありました。でも今は、なにも失いません。むしろぼくは、いつも何かを得られるかもしれないという希望をもって暮らしています」

カリアスが聞いた。「ということで、君はじっさいに絶対金持ちにはならないようにと、祈っているのだね。そしていい夢でも見たときには、守護神に犠牲をささげているのだろうね」

「ゼウスにかけて、そんなことはしていません」[56]と彼は言った。「どこからか、何かが期待できるとしても、怖いもの知らずで、結果を受け入れるだけですよ」

ソクラテスが言った。「さあ、アンティステネス、つぎは君の番だ。君は自分の

【55】 資産家であり政治家のアニュトスがソクラテスを嫌っていたからだろう。

【56】 彼は、宗教関係の家系に属するカリアスに対して、自分は信仰心がないことを宣言している。ソクラテスの時代の人間と違って、この頃の若者には、すでに信仰心は相当薄れていたのだろう。数年後に起こるヘルメス像の大量損壊事件が起こる背景かもしれない。

財産について、どういう理由でそれを誇っているのか、話してくれたまえ。なにか特別なものがあるのだろう?」

「みなさん、わたしは人が富んでいるか貧しいか、その違いは人の資産にあるのではなく、心にあると考えます。わたしは多くのひとが、きわめて富んでいるにもかかわらず、貧しく、自分の資産を増やそうと、どんな労苦も厭わず、どんな危険だろうと身を賭しているのを知っています。そしてわたしはこういうケースも知っています。等しく資産を受け取った兄弟が、一人は自分の出費を十分にまかなっているだけ金持ちなのに、もう一人は、まったく不足しているのです。そしてわたしは、幾人かの独裁者が、富を欲して、本当に貧窮している人よりも恐ろしい犯罪を犯しているのを知っています。本当に貧窮している人が、押し込み強盗をしたり、子どもをさらったりするのは、間違いなく必要からです。しかし独裁者のほうは、町のすべての家を破壊し、大勢の人を殺戮し、さらにしばしば、お金のためにすべての住民を奴隷として売り払うのです。

わたしは、こういう人たちこそ、つらい病にかかっていると思います。彼らは豊富な食糧をもち、大食しながら、けして満足しない人たちと同じだと思います。わたしの財産の量は、自分でもよくわかりません。しかし、食事をすれば腹は十分に満たされますし、飲めばのどの渇きは止まります。服も、屋外に居るときに、カリアスがここでたいへんな資産といっしょに暮らしているときと比べても、寒くない程度にはあります。帰宅したとき、我が家の壁は、本当にあたたかい上着のようです。そして屋根は厚い袖なしの外套のようです。そして布団は、つらい仕事があっても気持ちよく起きられる程度には適当なものです。そしてわたしの体が性交を求めたときには、ほかのだれも近づこうとしないために、このわたしでももろ手をあげて歓迎してくれる女性で十分に満足です。

ひとことで言えば、こうしたことのすべてが喜ばしいものですから、わたしの祈りは、それのどれを行うに当たっても、もっと多くのものではなく、もっと少ないもので楽しめるように、というものです。ですから、それらのうちのあるものは、わたしに似合いのものである以上に、わたしに喜びを与えてくれると感じています。しかし、わたしの財産のうちでもっとも価値があることは、今もっている財産のすべてを奪われたとしても、生活してゆくのに必要な食べ物が得られないほど惨めな仕事はこの世にはないと、思えることです。

たとえば、いい時間を持ちたいと思ったとき、わたしは市場でぜいたくなものなど買いません。とても高価ですからね。わたしは、自分の心からそれを出します。その必要を感じるまで待ってから味わうとき、あるいは、なにかの想像を楽しむとき、ぜいたくなものを楽しむときよりはるかに大きな喜びをもらえます。今、わたしはタシアン産ワインに舌鼓を打っていますが、喉の渇きのせいではなく、その機会が目の前にあるから楽しんでいるのです。

それに、ぜいたくに関心のある人たちより、盗みに関心のある人たちのほうが正義の人だと思います。なぜなら、手に入れたもので満足の頂点にあるものは、もはや他人の財産に惹かれることが、もっとも少ない人間だからです。そして、この種の財産は、人を寛大にするものだということが重要です。ここにいるソクラテスからわたしはそれを手に入れたのですが、それは、分量とか重さで計られて示されたものではなく、わたしに運用できるかぎりで渡されたものです。そして今、わたしはだれにも物惜しみはしません。わたしは友人のすべてに対して、わたしの寛大さを披露します。だれであろうと、欲しい人には、わたしは自分の心の財産を分けています。

そのうえ、わたしは手元に最高のぜいたく、すなわち、時間の余裕をもっています。ですから、見るべきもの、聞くべきものを、見たり聞いたりできるのです。なかでもわたしがもっとも評価しているのは、日々を、ソクラテスと余裕をもって過ごしていることです。そして彼は、お金集めに奔走している人間をあがめたりせず、彼を好む人間との付き合いを大事にしています」

アンティステネスがこのスピーチを終えると、カリアスが言った。「ヘラに誓って、君の財産はうらやましいよ。それもとくに二つの理由があってね。第一に、国家は君に税金を課して君を奴隷扱いしない。第二に、君がその財産をまったく貸してくれないとしても、だれも怒らない」

ニケラトスが言った。「いやいや、ぼくもゼウスに誓って言うが、彼をうらやむことなどないさ。ぼくは彼から貸してもらっているよ。何も必要としない、というその能力をね。ホメロスは歌っている。

火にかけていない釜七つ、十タラントンの黄金、
輝く二十の釜、そして十二頭の馬　(九巻一二二―三)

みな、重さと分量で集めることを教えています。だからわたしは最高の財産を求めてやみません。そのため、なかにはわたしが、お金集めが好きなのではないかと誤解する人もいるようです[57]」

つぎに誰かが言った。「ヘルモゲネス、つぎは君だ。君の友とはだれか。そして彼らの与えてくれる大きな力はなにか。そして君の友が君のことを気遣ってくれていることを話してくれ。君の誇りが彼らであることを明らかにするためにだ」

「もちろん、そうしなければなりません」。彼は言った。「ギリシア人も、またそれ以外の人も、神々は未来も含めてすべてをご存知だと、明らかに信じています。ともかく、すべての国家、すべての人々は、何をなすべきか、何をなすべきでないか、どれについても、神々の預言を求めます。つぎに同じように明らかなことは、神々はわたしたちに、良いことも、危害を加えることもする、と信じられているこ

【57】場違いなニケラトスの発言はここでも無視される。

とです。少なくともだれもが、神々に、悪いことを避け、良いことを授けてくれるように、頼みます。

このような全知全能の神は、わたしにとって、善き友です[58]。わたしのことを気遣ってくれるからです。わたしがどこにいようと、わたしが何をしようと、昼も夜も、わたしは彼らに知られています。そして彼らは何が起きるか予知しているので、わたしにあらゆる行動の結果を教えてくれます。だれかの発言によってだったり、夢によってだったり、あるいは、前兆によって、わたしにメッセージをくれるのです。そしてわたしに、何をしなければならないか、何をしてはならないか、教えてくれるのです。そしてわたしがこれに従うとき、わたしはけして後悔することはありません。わたしは過去に何度か従わなかったことがありました。そのときは罰を受けました[59]」

ソクラテスが言った。「そうか。それらはなんら信じられないことではない。わたしは、君に対して神々が友好的でありつづけてもらうために、君がどんな奉仕をしているか、ぜひ教えてもらいたい」

ヘルモゲネスは言った。「ゼウスにかけて、とても経済的です。わたしは神々を賛美しますが、それは無料です。返すことがあるときでも、わたしはいつも神々が与えてくれるものの中から返します。そして発言するときは、罪を犯さないように、ベストを尽くします。そしてわたしが神々に証言を頼むところでは、心して嘘はつ

【58】ヘルモゲネスのこのような信仰心は、おそらく、ソクラテスにならったものだろう。唯一神ではないが、すでに全知全能の神という概念もあったことが知られる。

【59】ヘルモゲネスの体験は、ソクラテスのものとそっくりである（プラトン『弁明』）。ヘルモゲネスは第一のソクラテス信者と考えられる。

きません」

ソクラテスは言った。「ゼウスにかけて、そんなふうに君が神々との友好を保っているのなら、神々も、善美な人に対して懐く喜びを得ているだろう」

この話題については、こんなふうに、まじめに会話があった。

順番がピリッポスに来たとき、みなは、彼が誇りにするジョークづくりをどんなふうに考えているのか聞いた。

彼は言った。「なぜ、誇りにするか、ですって？　わたしも話さなければなりませんか。おわかりのように、みなさんがわたしを招き入れるだけの何かよいものをお持ちのときには、わたしは人を笑わせます。しかし、みなさんが困ったことをもっているときには、たぶん、困っているのに笑わなければならないことを恐れて、わたしから逃げて、わたしなど、振り向いてももらえませんよ」

ニケラトスが言った。「ゼウスにかけて、君の誇りの理由は、よくわかった。ぼくは、それの逆だな。何か良いものを持っている人間とは、ぼくのような人間ではないし、困ったことをもっている人間とは、ぼくとは家族みたいなもので、それと離れることなどできない[60]」

カルミデスが言った。「まったくだな。では、今度はシュラクサイの人、君の誇りはなんだろう。その少年だろうね、きっと」

彼は答えた。「ゼウスにかけて、違いますよ。わたしは彼のおかげで恐怖の拷問

【60】ニケラトスも自分が自慢したい詩のことから離れるなら、自分をよく知ることができたことが察せられる。

を受けているのです。おわかりでしょう。彼を破滅させようとたくらんでいる人たちがいるのです」

これを聞いてソクラテスは叫んだ。「それは一大事だ。彼らに何をしたというので、彼らはその少年を殺したいと思うのだ」

「いいえ、彼らは殺したいなんて思いませんよ。彼らはこの子を説得していっしょに寝ようとたくらんでいるのです」

「そして君は、もしもそうなったら、彼の破滅だと考えているわけだ」

「ゼウスにかけて、その通りです」

「では、君は、自分が彼と一緒に寝ないのか」

「ゼウスにかけて、寝ています。夜はいつも」

ソクラテスは言った。「ヘラにかけて、そういう子をもうけた君は、幸運だ。君が添い寝をする相手に悪い結果をもたらすことがない子をもうけたのだから。だとしら、たしかに君はそのことを誇れると思う」

彼は言った。「いいえ、ゼウスにかけて、まったく、わたしはそんなことに何の誇りももっていませんよ」

「だとしたら、なんに誇りをもっているのか」

「ゼウスにかけて、とんまな人たちに。みな、わたしの操り人形たちを見て、わたしに生活の糧を与えてくれます」

ピリッポスが言った。「おれはお前がほかの日に、神に、どこにいようと果実に満腹し、知恵には足りないようにと、祈っているのを聞いた。そういうことなのか」

カリアスが言った。「そんなことは、いいさ。それよりソクラテス、君はあまり評判のよろしくないものを君の誇りだと主張したが、それがどうしてよいものだというのか」

彼は言った。「まず売春あっせんとはどういう仕事かについて、みなの意見の一致を得ることにしよう。わたしが問う質問に躊躇せずに答えてほしい。そうすれば、それだけわれわれは同意できる点がどこかわかるだろう。どうだろうか[61]」

みなが言った。「もちろん」

そしてみなは一度、こう答えたせいか、それ以降の質問にも、同じように答えた。

彼は言った。「では、よい売春あっせんの仕事は、人に、その人にとって魅惑的な人を引き合わせる手本になることだと思うか」

「もちろん」

「魅惑するもののひとつ、髪の毛や衣装は、それに見合ったものをもつことではないか」

「もちろん」

「同じ人間が同じ目で、友好的な目をもつことも、敵対的な目をもつことも、で

【61】ソクラテスは彼一流のやり方で「売春あっせん」の意味を確定していく。つまりみなの協力(同意)を得て、定義を与えていく。

きるのではないか」

「もちろん」

「またその同じ声で、控えめに話すことも、横柄に話すこともできるのではないか」

「もちろん」

「話し方にもいろいろあって、攻撃的な話し方もあれば、融和的な話し方もあるのではないか」

「もちろん」

「良い売春あっせん人は、人を喜ばせるのに助けになるこうした性質を教えるのではないか」

「もちろん」

「では、どちらがより良いだろうか。客を、一人に対して同意できるものにする人か、それとも、たくさんの人に対して同意できるものにする人か」

この質問では意見がわかれた。だれかが言った。「一番多くの人に対して同意できるものにする人だ」するとほかの人は言った。「もちろん」

ソクラテスは、これについても同意できたと言って、つづけた。

「だれかが、客人たちに対して、町の全体を喜ばせることができるような手本を見せることができたとすれば、その人は、きわめてよい売春あっせん人ではないだろうか」

みなが言った。「ゼウスにかけて、もちろん」

「それでは、もしだれかがそれを達成することができるなら、客人にとって彼は、その技術を誇ってもいいと認めるだろう。そして大金を支払うことも認めるだろう。そうではないか」

これにも、みな賛成した。すると彼は言った。「ここにいるアンティステネスがちょうどそういう人間であると、ぼくは思う」

アンティステネスは言った。「ソクラテス、あなたはわたしに、あなたの専門を譲るのですか」

彼は言った。「ゼウスにかけて、たしかに、そうだ。君はそれから生ずる技術を完璧なものとしてすでに持っている」

「それは何ですか」

彼は言った。「売春あっせんだよ」

アンティステネスは、とても怒った。「ソクラテス、あなたはどうしてわたしがそういうことをしたと思うのですか」

彼は言った。「ぼくは、君がここにいるカリアスをプロディコスに引き合わせたのを知っている。君は、カリアスには、哲学に対する並々ならぬ思いがあり、プロディコスはお金を必要としていることを見て取ったのだ。また君は、カリアスをエリス出身のヒッピアスに引き合わせたことを知っている。彼はヒッピアスから記憶術を学んだ。そのため、カリアスは以前と違い、自分が見た美しいことがらをけして忘れない人間になった。

そして無論、また別の日に、ヘラクレアから来た人間がいる。君は、彼をまず賛美したものだから、ぼくも興味がわいて、いっしょに会ったではないか。もちろん、ぼくは君に、とても感謝しているよ。彼は善美な人間だと思う。それからプレイアシオス出身のアイスキュロスと言えば、君もぼくも大いに賛美して、君の表現がすばらしかったものだから、われわれは恋に落ちて、互いを見つけようと猟犬のように追跡したではないか【62】。

君はこういうことができたのだし、それはつまり君が優秀な売春あっせん人だということではないか。思うに、互いにとって有益な人間となりそうな人を見つけたり、人々を互いに求めさせることができる人間は、国どうしのあいだに友好を生じ、いい結婚をアレンジし、国家にとっても個人にとっても有意義な縁組を実現する人間だと思う。しかし、ぼくは君を怒らせてしまった。君が優秀な売春あっせん人だと言ったことで君のことを侮辱してしまったのかもしれない」

アンティステネスは言った。「いいえ、もうまったく怒っていません。わたしがそういう性質をもっているということでしたら、わたしの心は、きっとすぐに富でいっぱいになるでしょう」

【62】ソクラテスは、アンティステネスに誘われて、何人かのソフィストの話を聞いたことが述べられている。彼が、神託を受けた後も、学び続けていたことを示している。

――こんなふうに、この会話は終わりとなった。

第6章 愛の教説――『饗宴』(2)

(『饗宴』第5章)

カリアスが言った。「クリトブロス、君はソクラテスとの美男コンテストを、やらずに済ませていて、いいのかね」

ソクラテスが言った。「ゼウスにかけて、その通りだ。たぶん、彼にもわかるだろうが、その判断は売春あっせん人に分がある」

クリトブロスが言った。「ゼウスにかけて、あなたがうまい議論をするとしても、ぼくは引き下がりませんよ。どうしてあなたが、ぼくより美しいのか。ランプを近づけて説明してください」

ソクラテスは言った。「まずはこのことについて、予審の場に君を召喚しよう。ぼくの質問に答えたまえ【1】」。

「質問してください」

「君はどう考えるか。美は、ただ男の中にしか見いだされないものなのか、それ

【1】 裁判には、予審があった。あらかじめ告訴人、被告人が呼ばれて、正式の裁判に備える。イスコマコスもしていたが、当時は一般の市民の間で、家庭内裁判ゲームが行われていた。アリストパネス『蜂』八〇〇行にも、それは触れられている。

とも、ほかのものの中にも見出されるものなのか」

「ぼくは、ゼウスにかけて、馬にも牛にも、あるいは、生き物でない多くのものにも、それはあると思います。とにかく、美しい盾もあるし、美しい剣も、美しい槍もあると知っています」

彼は言った。「互いに似ていないそれらが、なぜ、みな美しいと言えるのか」

クリトブロスは言った。「ゼウスにかけて、われわれが必要とする特殊な機能のために、よく作られているものとか、生まれながらにわれわれの要求に合うものが、美しいのです[2]」

「では、われわれは何のために目を必要としていると、君は考えるか」

「それによって見るためです。明らかでしょう」

「それなら、ぼくの目は、君の目より美しいことになる」

「どうしてですか」

「君の目は、前方のものしか見えない。しかし僕の目は出っ張っているから、横も見えるからね」

「あなたは、カニは、ほかのどの生き物よりも美しい目をもっていると言うのですか」

「君の言うとおりだ。その目は、生きる力を確かなものにする最高の一組だろう」

クリトブロスは言った。「いいでしょう。では、わたしたちの鼻はどちらがより

【2】クセノポン『思い出』第三巻八章四以下参照。クリトブロスの答えは、ソクラテスから常日頃、身近で聞いていたものだと推測できる。

美しいのでしょう、あなたの鼻と、ぼくの鼻と」

　ソクラテスは言った。「ぼくのだね。もし神々がわれわれの鼻を、匂いを嗅ぐために作ったとすればね。君の鼻は地面に向かって下を向いている。それに対して、ぼくの鼻は、あらゆる方向から来る匂いを嗅ぎ取ることができるように、上向きに開いている」

「もう、わけがわからない。一体どうして、獅子のような鼻のほうが、まっすぐな鼻より美しいなんて言えるのですか」

「獅子鼻は、右側と左側の間で、壁にならないからさ。そこにある目は、壁に煩わされずに見ることができる。高い鼻は高慢な印象を与えるし、二つの目の間をわける壁を作るからね」

　クリトブロスが言った。「では、口はどうですか。ぼくが言いましょう。もしそれが噛むために作られているとしたら、あなたはぼくよりずっと強く噛むことができる。そしてあなたの唇の厚さは、あなたのされるキスを柔らかなものにするでしょう。そうではないですか」

「君の表現を聞いていると、ぼくは、ロバより醜い口をもっているようだ。しかし、こういうことを考えると、ぼくは、君より美しいのは明白だとは思わないか。あのナイデス【3】は女神で、あのシレノス【4】の母なのだ。そしてシレノスは、君よりぼくに似ているのではないか」


【3】あるいは、ナイアスという。泉や河のニンフ。

【4】山野の精。サチュロスと混同される。

クリトブロスは言った。「もうこれ以上、あなたに反論できません。票を数えてください。早く、どんな罰と罰金になるか知りたいですから。ただ、秘密投票にしてください。あなたやアンティステネスの富にぼくが負けるのは、見たくありませんから【5】」

そこで少年と少女が手伝って、秘密投票に入った。その間、ソクラテスは二つのことをアレンジした。一つは、ランプをクリトブロスの前に持ち上げて、判定がミスリードされないようにした。もう一つは、勝利のしるしを、裁判官たちが勝利者に冠を載せるのではなく、キスをすることに取り決めた。

票が甕から出されて数えられた。するとすべての票がクリトブロスに入っていて、彼の勝ちとなった。ソクラテスは言った。「なんと、面白くないな、クリトブロス。君の持つ金は、カリアスが持つ金とは違うようだ。彼のお金は、みんなを良くするが、君のものは、ほかのお金と同じように、裁判員とその判定の両方を破滅させてしまうものだ【6】」

【5】 裁判は、裁判員による投票（多数決）で結審した。

【6】 わざと負けることで、自らの哲学的才能の多彩さを、酒の席での余興としてみなに楽しんでもらう余裕が、ソクラテスにはある。

クリトブロスが勝ったので、彼がキスを受けるのをせかす動きがあった一方、クリトブロスには保護人をつけたほうがいい、という話もあった。ほかの人間は冗談を言って面白がっていた。しかしヘルモゲネスは黙ったままだった。

（『饗宴』第6章）

ソクラテスは彼に話しかけた。「ヘルモゲネス、君は酔っ払いとは何であるか、言うことはできるか」

彼は言った。「あなたが聞いていることが何なのか、ぼくにはわかりません。ただ、ぼくがそれをどう思っているかは、話せます」

「いいとも、どう思っているかね」

「ぼくは、酔うこととは、酒の席で仲間を困らせることだと思います」

ソクラテスは言った。「では君は、今、君の沈黙で人を困らせていることに気づかないかね」

「あなたが話しているときも、ですか」と彼は言った。

「いや、われわれが息をついているときだ」

「みなが話しているときは、髪の毛一本入れられないですよ」

「カリアス、君は議論に負けた人間に手を貸してくれるか」とソクラテスが言った。【7】

彼は言った。「できますとも。笛の音が流れているときは、いつもわれわれは沈黙しています」

ヘルモゲネスが言った。「ご存知でしょうけど、俳優のニコストラトスは四脚韻の詩句を、いつも笛をバックに歌います。あなたは、ぼくがそれと同じように、笛をバックに、あなたと交代してほしいのですか」


【7】ソクラテスは、ことば数の少ないヘルモゲネスに自分が議論に負けたことを、あっさり認めている。通常では、彼は議論に負けたことがない。

ソクラテスは言った。「そうだ、ヘルモゲネス、そのようにお願いする。笛の音は歌をさらに魅力的にする。思うに、君の意見も笛の調子に乗れば、良くなるのではないか。とくに笛の奏者のように、言葉に合わせて身振り手振りも交えたらね[8]」

カリアスが言った。「どんな音楽がよろしいか。ここにいるアンティステネスが、みなさんの会話のつまみ食いをしているときには」

アンティステネスは言った。「議論に負けた人間に似合いの音は、シーッ！　だろうね」

こういう会話がつづいていたとき、シュラクサイの団長は、みなが自分の見世物にまったく注意を払わず、それぞれ互いに会話を楽しんでしまっているのを見て、ソクラテスを恨んで言った。

「ソクラテス、あなたは俗に言う『思索家』なのですか[9]」

ソクラテスは言った。「『思索のない人間』と言われるよりはましだね」

「では、あなたは天空のことがらについて思索する人と見られてもいいのですね」

「神々よりも天上的なものが何かあるのかね」

「いえ、ゼウスにかけて、みなが言っているあなたが関心をもっているものとは、神々ではなくて、全くわれわれに利益のないものですよ[10]」

ソクラテスは言った。「彼らがどう思おうと、ぼくは神々への関心を公にしている。神々は上方から雨を降らせてくれるし、光を与えてくれる[11]。もしもこの答が君

【8】　ソクラテスは、ヘルモゲネスに、もっと明るく、社交的になってほしいと思っているようである。

【9】　シュラクサイの団長は、ここでアリストパネスの喜劇『雲』に出てくる「思索家」（プロンティステース）という肩書のソクラテスを持ち出して、今、自分の出し物よりもみなの関心を惹きつけて止まないソクラテスに腹いせをしようとしている。ちなみに『雲』の初演はこの饗宴の前年のことなので、みなが知っている。

【10】　おもに天上の星についての研究を意味する。当時の常識では、太陽も月も神々であった。外国から入って来た「新しい科学」は、それを地上の物と変わらないかのように語った。若者がその話に興味を懐いていたので、その種の話をふりまくソフィストに対して人々の間には不安があった。アリストパネスは、ソクラテスをその種のソフィストであるかのように、喜劇を通じてイメージをふりまいたのである。大勢がこの話に乗って、「ソフィストのソクラテス」のイメージは大衆の笑いとともに、あっという間に広がったと推測で

の質問に対して不適当でしかないとすれば、ぼくを手こずらせるのは、君の間違いだ」

彼は言った。「そんなつもりは断じてありません。代わりに教えてください。ノミはわたしからどれだけ遠くまで飛ぶか。みんなが[12]、あなたはこの問題を、幾何学を使って解くことができると言っています[13]」

アンティステネスが割り込んだ。「ピリッポスよ、君はまねが上手だ。君は、この男が中傷好きの人間をまねしているとは思わないか」

彼は言った。「ゼウスにかけて、そのとおりです。ところで、ぼくはほかの人間だってまねできますよ[14]」

ソクラテスが言った。「そうだとしても、あれこれまね比べて喜んでいると、君も困りものになるだけだ」

彼は言った。「しかし、ぼくが中傷好きの人間を、いい人にたとえるなら、ぼくは中傷好きより、おべっか使いのまねをすると言われるのが、きっと正しいでしょうね」

ソクラテスは言った。「君がおべっか使いをいい人だと言うなら、君はすでに中傷好きのまねをしているんだ」

「では、あなたは、ぼくが彼を悪い人にたとえたほうがいいとおっしゃるのですか」

きる。

【11】クセノポン『思い出』第四巻三章二-九。

【12】アリストパネスの作品『雲』のなかで言われたセリフであるが、よほど評判になったのだろう、シュラクサイの団長の耳には、「みんなが一致して言っている」ことに聞こえていた。

【13】これもアリストパネスの『雲』に出てくるソクラテスが話す内容である。

【14】ピリッポスは道化なので、喜劇作家のアリストパネスに味方するのが通常だろうが、ここでは、ソクラテスの仲間たちに遠慮している。

「いいや。お互いに悪くたとえるのがよいとは言っていないさ」

「だったら、何にもたとえないのがいい、ということですか」

「どのタイプにもたとえないほうがいい」

「しかし、もしもぼくが何もできないとしたら、ぼくは自分の夕飯をどうやって稼げばいいかわかりません」

「かんたんさ。何も言わなくても物事がうまく進んでいるなら、黙っていればいい」

こんな調子で、酒気のせいで熱くなった議論は、収まった。


（『饗宴』第七章）


そのときにも、だれかがピリッポスに何かまねしてみろと言っていたが、ほかの人たちは止めていた。そんな騒ぎの中で、ソクラテスは言った。「われわれはどうやら自分の声を聞いてほしくなっているようだから、歌うことにしたらどうだろう」

彼はこう言うと、歌い始めた[15]。みなも歌って、それが終わるころ[16]、陶器づくりのろくろが部屋に持ち込まれた。少女ダンサーがその上で踊って見せた。

それを見て、ソクラテスが言った。「シュラクサイの友よ。君が言ったとおり、ぼくは思索家のようだ[17]。とにかくぼくは今、君の少年少女たちが、どんな意味で楽

【15】ふだんのソクラテスは、みなの会話が混乱して来たときは、その雰囲気を一変させるために、歌まで歌い始める人間だったことがわかる。ただし当時、宴会用の歌がそれぞれの時代に流行していた。アリストテレス『アテナイ人の国制』第一九章

【16】シュラクサイの団長は、ソクラテスが歌うのを見て、そろそろ彼の話のタネも尽きて来たと見たのだろう。良い兼ね合いを狙って、つぎの出し物を出した。

【17】ソクラテスはこう言って、さきほどの確執を反省して、シュラクサイの団長に仲直りを求めている。つまり下手な歌しか歌えない自分たちと比べて、彼の率いる歌舞団は、とても自分たちにはできない時間をつくっていることを、今さらながらに認めている。

しい時間を作ってくれたか、考えている。そしてどれだけの喜びを、彼らの芸から得られるのか。それは君の望みでもあるに違いない。たしかに、並べられた剣のうえでとんぼ返りを見せるのは、人をはらはらさせる見世物だし、饗宴の場ではまさに出色の芸だ。ろくろの上で少女が回りながら書いたり読んだりするのは、疑いもなく、妙技だろう。しかしぼくには、これらがどういう楽しみになるのか、じつはわからない[18]。若い人たちが身を丸くして剣の輪の中へ入るのが、彼らが休んでいるのを見ることよりも、見ていて楽しい、ということも、わからない。じっさい、それが望んでいることがらなら、そこに驚きがあっても、それは意表を突くことがらではない。

それと比べて、われわれが経験することがらには、戸惑うほかないことがある。たとえば、ランプは輝く炎をもつゆえに光を投げかけるのに、銅の鏡は、輝いているが、光をつくらず、そのかわり、それ自身の内にほかのものを映し出す。われわれはこれを見て、どうしてなのかと不思議になる。油は液体で、炎を供給するのに、水はやはり液体なのに、炎を消してしまう[19]。

しかし、こういう話題は、酒の席に、みなが求めていることではない。それに対して、笛をバックに、女神カリス、季節の女神ホーラ、またニンフたちを表すダンスなら、とても癒されるし、饗宴は、いっそう優雅なものになる」

「ソクラテスさん、ゼウスにかけて、あなたの言うことは、まったく正しい。わ

【18】目の前で出された見世物について、ソクラテスは、自分が受け取る印象についても、「どういうことなのか」考える人間であったことがわかる。

【19】ソクラテスが日頃もっていた「驚き」である。現代から見て、明らかに科学を推進する好奇心である。ソクラテスは、人間の日常から離れた科学研究を批判していたが、日常に即した研究、学びは、むしろ推進していた。このあたり、ピュタゴラス学派に傾倒していたプラトンの態度とは、まったく異なる。

たしはあなたに喜ばれるような見世物を出しますよ」と、シュラクサイの団長は言った。[20]

シュラクサイの団長は、みんなの賛辞を浴びながら出て行った。するとソクラテスは、また新しい話題を取り上げた。

「諸君、われわれのかたわらには、大いなるダイモーンがいて、そのダイモーンは永遠の神々と同年輩でありながら、その姿は若者で、なおかつその大きさは、どこにでもいるというほど大きくて、[21]人間の心にも住まいする。こういうことは、ありそうなことではないか。エロスのダイモーンのことだが、この神のことは、忘れてはいけないだろう。

ことにわれわれはみな、この神に守られている。[22]ぼくは少なくとも、この神がまったくいないと、感じるときなどないのだ。カルミデスは、たくさんの賛美者をもったし、ほかの人間に心を奪われたことは、何度もあった。クリトブロスは、賛美されているが、すでにほかのものを愛している。ニケラトスもまた、聞くところによれば、妻に恋し、妻から恋い慕われている。そしてヘルモゲネスは、何であれ、善美なものを愛している。みなはよくわかっていないようだ。彼の額の真面目なようす、顔立ちの穏やかさ、彼のスピーチがどれだけ評価されるべきものか、彼の声

(『饗宴』第8章)

【20】シュラクサイの団長も、歌舞団の見世物をほめてもらったことで、自分の非礼をソクラテスが許してくれたことに気づいて、感謝している。

【21】神は時間的に永遠であり、空間的に偏在する、という意味である。ここから彼の「愛の教説」が始まる。

【22】シュラクサイの団長との和解が気持ちよく成立して、ソクラテスは、身近に愛のダイモーンの存在を感じたのだろう。

のやさしさ、性格の明るさ、そういうところに、みな気づいていない。彼は神聖な神々との交友を楽しみつつ、それでいながら、われわれ死すべきものに対して、軽蔑の思いを懐いていない[23]。ところでアンティステネス、君は孤独で、全然愛をもたないのかな？」

アンティステネスは答えた。「いえ、持ってますよ、ゼウスにかけて、あなたに対する強烈な愛慕をね[24]」

するとソクラテスは冗談めかして答えた。「今ぼくを困らせたりしないでくれ。知っての通り、ほかにすることがあるからね」

アンティステネスは言った。

「自分の好きで、売春のあっせんをしながら、どうしてあなたはそんな風に、いつも意地悪くふるまうのですか。ぼくの相手をしない口実に、あるときはダイモーンを持ち出し、あるときは何かほかの仕事があるから、と言うのですからね」

ソクラテスは言った。「どうか後生だから、アンティステネスよ、おこらないでくれ。ぼくはただ、ほんの少しばかり一人にしておいてほしいだけなのだ。君の不機嫌は我慢するし、これからも友情をもって我慢するつもりだよ。しかしぼくのために、どうか君の愛は隠しておいてくれないか。それはぼくの心によってではなく、ぼくの美しい外見によって刺激されたものなのだから[25]。

しかしカリアス、君がアウトリュコスにほれ込んでいるのは、町中に知れ渡って

【23】ソクラテスは、ヘルモゲネスを賛美している。

【24】以下のことばから、アンティステネスはこの時期、かなりソクラテスにつきまとっていたことがわかる。そしてこのアンティステネスは、ソクラテスの死後、「犬儒派」というソクラテス流派の一つを形成したと言われる。じつはソクラテスは、自分の裁判の弁明において、ただ一回、「犬に誓って」ということばを使っている（『思い出』にも、『家政』にも、この『饗宴』でも、使っている形跡はない）。この独特な誓いの文句と「犬儒派」の間には、何らかの関係がありそうに思えるが、確実なことはわからない。ただし使用されることはまれであるが、「犬に誓って」の語は、神に誓うことと比べて「軽い」意味で一般に使われていた。アリストパネス『蜂』八二〇行参照

【25】ソクラテスは、自分の内側の善美が他人に見えるとは考えていない。あるいは、自分の内側は「君が思うほどには美しくない」と考えているからこそ出てくる発言である。ときに自信に満ちた高言を吐くソクラテスであったが、

いるし、たぶん、外国にも知られている。というのも、君は有名な家系の子孫であるうえに、君自身、ひときわ優れた人間だからだ。ぼくはいつも君の性格を賛美してきたし、今はまた、さらにもっと賛美しているよ。なぜって、君という人間の愛は、ぜいたくで甘やかされてだめになったり、女々しくなることで力を失ったりするものではなく、むしろ忍耐強さ、勇敢さ、思慮深さを、その目に表しているからだ。こういう性格をもつことで人を惹きつけることが、愛があることの明白な証なのだ。

一つのアプロディテの愛があるのか、それとも二つの愛[26]が、すなわち、ウーラニア（天上の）愛と、パンデモス（凡俗の）愛があると言うべきか、ぼくにはわからない。ゼウスにしても、同一の神と見なされているが、たくさんの肩書がある。[27]アプロディテの二種類の神には[28]、それぞれ別々の祭壇があり、社がある。パンデモスの愛神への祭礼は凡俗的であり、ウーラニアの愛神への祭礼は、神聖な雰囲気のものだ。パンデモスの愛神は肉体的な愛を吹き込む愛神であり、ウーラニアの愛神は、精神的な愛、すなわち、友情とか、高貴な行為を吹き込む愛神であると、みなは考えている。

カリアス、君はこの愛をもっていると思う。君の愛が、真の良さであると私が思うのは、ぼくといっしょにいるとき、君は自分の父親を呼んだからだ。父親から隠さなければならない交友関係に、真の良さはないに違いないのだ」

こういう発言もあるのだ。

【26】以下、「愛」ないし「友愛」と訳すことばとしてギリシア語には「エロス」と「フィリア」の二つがある。ソクラテスは、当時の一般的習慣にしたがって、とくに区別せずに使っている。

【27】「雷鳴をとどろかす」ゼウス、「雨を降らせる」ゼウス、「アゴラの」ゼウス、そしてソクラテスがイスコマコスと話した場所は、「解放者」ゼウスの列柱であった。ほかにも「父親の」ゼウス（ゼウス・パトローイオス）がある（アリストパネス『雲』）。ちなみに、キリスト教では三位の内、第一の神は「父なる神」である。

【28】アプロディテは、ローマ神話のヴィーナス。ヴィーナスがルネサンスには魅惑的な像で描かれたので、肉体的なイメージが一般に流布しているが、あくまでも一般的な「愛の女神」であり、「精神的な愛の神」でもある。

ヘルモゲネスが言った。「ソクラテス、ヘラにかけて、君には、つくづく感心するよ。ほかにもいろいろあったが、今は今で、君はカリアスにお世辞を言っていると同時に、彼にどのように生きるべきか、教えているのだからね[29]」

彼は言った。「ゼウスにかけて、ご名答だ！　そして彼の喜びをもっと大きなものにするために、彼にわからせたいのだ。心の愛は肉体的な愛と比べて、はるかに良いものだということをね。

みな誰もが、そもそも友愛がなければ、その名に値する交際はないと信じている。そしてその人柄を賛美される人たちの間では、友愛は喜びと自発性の必然と呼ばれている[30]。他方、肉体的愛を欲する多くの人たちは、自分のかわいい恋人の生き様を[31]、非難したり、憎んだりする。

二つの仕方で愛することを考えてみよう。若さが花を咲かせるのは、いっときのことだ。わかっているだろうが、その最高のときは、あっと言う間に過ぎ去る。過ぎ去れば、友愛も色あせてゆくのは必然だ。しかし心がより大きな知恵に向かって成長してゆくならば、その心は、それだけより強く愛されるものになる[32]。

身体の美を求めることは、過度な結果を生じる。そのため、腹がきつくなれば食べ物への興味を失うように、好みの少年相手でも、過度になれば興味を失うことが必然だ。しかし心を求める愛は、純粋なものだけに、過度にはならない。そうだからと言って、アフロディテが、その愛にあまり関心をもたないと考えるのは間違い

【29】　ソクラテスは、「ほめて育てるテクニック」をもっていたことがわかる。

【30】　友愛が「喜びと自発性の必然」と言われているというのは、興味深い。だれ言うともなく、一般に言われていたことなのか。しかしそれにしても、きわめて論理的な命題になっているところを見ると、著名なソフィストか、哲学者の発言としか思えない。「自発性」は「主体性」を意味するし、他方、「必然」は、一般的には自由と対立する。ただし、友愛が自発的に、しかも本人の自由になる（起こさないこともできるという意味で）というよりも、必然的に自身の内に、他者に向かって起きてしまう愛情であるということは、それが「自然」だという意味で、正しい命題だと言える。言うまでもなく、相手の態度によって、憎しみが、自発的必然的に起きる、ということも、自然だろう。なおソクラテスはこのあといくつか、愛に関して「必然」（アナンケー）を語っている。すなわち、肉体的愛は、「最高のときを過ぎれば」、「行き過ぎたことになれば」、必然的に減退する。また善美な人間は「互いに信頼し合い、親しく話し

だ。反対に、女神に祈るとき、われわれは女神に、自分たちの演説や行為に、女神の愛を吹き込んでほしいと祈願する。そしてその祈りは、明らかに叶うのだ[33]。

その姿、若々しく、自由人の生まれにふさわしく信頼されつつ控えめでありながら、同年齢の間では、ただちに長たるにふさわしく、同時に愛と思慮にあふれた心は、愛する相手を大切にするものだ。そういう愛をもつものは、その相手から、当然、愛されることになる。ぼくは、それを君に証明してみせよう。

まず、善美な人と思われている人間を、誰が嫌うだろうか。第二に、自分の喜びよりも、自分を愛してくれている人のためを考える人間を、誰が嫌うだろうか。さらに、その愛が、身体を醜く壊してしまう災難によってさえ、減ずることがけしてない、と信じられる人間を、誰が嫌うだろうか。

そういう愛を相互にもつものたちは、互いに喜びをもって相手を見るうえに、親しく話し、相互に信頼し合い、また、お互いに配慮し合い、ものごとがうまく行ったときは、ともに喜び、災難が降りかかったときは、ともに悲しみ、一緒に健康でいられるあいだ、幸せに暮らすし、どちらかが病気になったときでも、さらにいっしょにいようとするし、彼らは、相手が目の前にいないとき、目の前にいるときよりも、むしろ相手を思っている、というのが必然なのだ。こういうことのすべてが、アプロディテの愛によって満たされて、あるのではないだろうか[34]。この種の生き方こそ、人々がその愛に身を捧げ、たとえ年をとってもその喜びに身を捧げることを、

合い、病気になってもいっしょにいようとするし、目の前にいないときでも相手を思う」のが必然であり、自分が愛する相手を良くするために「自分の徳を育てる」のが必然である、という。このような「愛」がもつ徳目の列挙は、キリストの使徒パウロの手紙にある「神の愛」の列挙に通じる印象がある。

【31】肉体的な愛は、相手を自分に都合よく「物扱い」しようとする愛であるから、相手がもし当人独自の生き方をもつとすれば、それは「妨げ」にしかならない。一方、真の友愛は、相手の生き方を、それ自身で喜ぶものだ、という主張である。

【32】イスコマコスも、自分の妻に向かって、同じようなことを言っていた。

【33】自分がする話や自分の行為が、愛に満ちたものになるように女神に祈る、すると、その祈りが聞き届けられる、ということが、どのような事実を示しているのか、日本の文化の中ではよくわからないが、このような見方は、キリスト教における「聖霊」への祈りと

支えているのではないか。

その愛着が肉体的な場合、愛する者の愛着が、肉体的である。では相手の少年はどうすれば互恵的な愛を取り戻せるのか。愛するものが自分の欲望を満足させ、相手の少年のほうは、恥ずべき役割を担うことでか。愛するものが自分の好きなことをするために、親戚を近づけないことによってか。

力づくで、というより、誘惑によって、ということについては、どうか。それは彼を嫌悪すべき人間にしてしまう。力づくで奪うものは、ただの強盗であり、誘惑するものは、相手の心を堕落させる。

お金で自分の若さの美を売るものは、市場における売り手よりも、買い手を愛していると言えるだろうか。たしかに、一方の少年が若くて、もう一方が若くない、という事実、一方の少年が美しくて、もう一方が、もはや美しくないという事実、あるいは、一方の少年は恋していないが、もう一方は恋している、という事実、こういう事実は、少年の恋心を掻き立てないだろう。少年は、女性のように、男の性交の喜びを分かち合うことはない。少年は性的興奮に酔った男を見ている醒めた人間なのだ。

これらの事実を知れば、少年が恋人を軽蔑するようになっても、不思議ではない。吟味の結果わかることは、人の性格が愛されることから良くない結果は生じないが、性交の恥ずべき姿は、これまでたくさんの有害な行為を生じて来た。[35]

ほぼ同じである。


【34】ここでもソクラテスの言うアプロディテの愛は、キリスト教における「聖霊の愛」とそっくりである。つまりソクラテスがここで展開している「愛」の教説は、キリスト教会の「聖霊」の教説に酷似している。ここから一つの推測が成り立つ。つまりソクラテスの「愛の教説」が、その後アレクサンダーの帝国を通じて世界に広まったことは想像に難くない。そして、多くのユダヤ商人の活動領域が帝国にともなって広がることによって、ギリシア語圏でギリシア語を操って商売するユダヤ社会にも、ソクラテスの愛の教説が浸透し、そのような場所に生まれ育ったパウロ（キリスト教の使徒）も、それを自然に耳にしていたことは、十分にありうることである。それゆえ、使徒パウロは、意図的かどうかはわからないが、キリスト教のうちにその教えを「聖霊」のはたらきとして組み込んだのではないか、と考えられる。

そして教会は、その起源がソクラテスにあって、イエス・キリストにあるわけではないことを一般に悟られないように、ソクラテスを悪魔のささやきに乗った人間で今度は、心によりも、肉体に喜びを得ようとする人間との交際は、奴隷的なものとなることを明らかにしよう。君が言うべきこと、為すべきことを教える人は、正当に名誉を得る。たとえば、アキレスにそれを教えたケイロンやポイニクスのように[36]。しかし肉体を遊興したものは、乞食のような扱いを受けるのが至当だろう。なぜなら、そういう人間は、キスをするにしても、そのほかの肉体的接触をもとめるにしても、物乞いし、懇願して、相手につきまとうからである。

ぼくが無遠慮な口をきくのを驚かないでくれたまえ[37]。これはお酒のせいでもあるし、そのうえ、つねに変わらぬ友である愛が、敵に対して話せと、けしかけているからなのだ。

外面ばかり気にして見ている人間は、土地を借りて耕している農民のようなものだ。彼の目的は土地の価値を増すことではなく、自分の利益のために、できるだけたくさんの収穫を得ることなのだ。それに対して、友愛を望む男は、土地を自分で所有している農民に似ている。彼は自分の愛するものの価値を増すために、何であれ、手に入れられるものを集める[38]。

愛する少年どうしは、外見の美が互いに相手を支配しているが、きまってその生活は、だらしなくなる。それがわかっていても、善美ではないから、友情をたもつことはできない。善美な人間であるためには、当然、美徳に関心を払わなければならない。

あると指弾して、ソクラテスを自分たちの精神世界から払拭することを企てたのではないか。

実際、イエスの活動を記した四福音書を文字通りに読むかぎり、イエスの教えを「愛の教え」と読むのには、パウロが話した聖霊論による解釈が必要である。じっさい、山上の垂訓を見ても、イエスの教えは「罪からの救い」（天の国の住人となるため）の教えであって、「愛の教え」ではない。以上の意味で、キリスト教は、じつはギリシア化（ソクラテス化）することで「愛の宗教」となったと考えられる。

【35】当時、巷で、いくつものこの種の事件があったと推測できる。

【36】ケイロンは、あることでケンタウロス（馬の姿の神）となったが、音楽、医術、狩り、運動競技、予言の術にすぐれ、アキレスなど、幼年時代に教えたとされる。ポエニクスもアキレスの養育係をつとめ、ともにトロイアに出征した。アキレスは、トロイア遠征を歌った「イーリアス」に登場する有名な半神。

【37】このような話題は、クセノ

しかし自分が愛する人間を良き友にしようと懸命になる人は、自分の徳を育てることが必然であり、最高の善を楽しむことができる。なぜなら、自分が悪くふるまっていては、自分の友をよくすることは不可能になるからだ。自分が恥知らずで放蕩な生活をしていては、相手を抑制的で修練された人間にすることはできない[39]。

カリアスよ、ぼくは君に神話について話したい。人間だけでなく、神々や半神たちも、精神的な愛を、肉体的喜びの上に置いているのだ。

じっさい、どういう場面でも、ゼウスは、その身体的美しさゆえに愛した女たちを、性交のあとで不死にはしなかった。しかし、その心の高貴さゆえに勝利を得た男たちは、すべて不死にしている。たとえばヘラクレス[40]、ディオスクロイ[41]、ほかもだ[42]。

ぼくの考えでは、ガニュメデス[43]もまた、その体によってではなく、心によってゼウスに認められてオリュンポス山へと運ばれた。彼の名前が明らかな証拠だ。君たちも知っているだろう、ホメロスは「そして彼は、それを聞くことを喜ぶ」と歌っている。しかしそれが意味しているのは「そして彼は、それを聞くことがうれしい」だ[44]。ほかにこんなフレーズもある。「彼の心は賢い相談を知る」。これが意味するのは「彼の心は、知恵ある助言をもっている」だ。これらの二つの句から言えることは、ガニュメデスは神々の間で「肉体的喜び」ではなく、「心の喜び」を意味する名前によって、名誉のあるものとして知られているということだ。

ポンの『思い出』にも『家政』にも見当たらない。プラトンの作品でも同様である。おそらく、ソクラテスも人前で口にする機会をとらえにくかった話題なのだろう。

【38】読者も、イスコマコスとの対話内容との関連に気づくだろう。

【39】ソクラテスは、イスコマコスとの対話でも、無責任な主人が「責任感」ないし「配慮」を奴隷に教えることはできないと言うのを聞いて、このことを確かめている。

【40】ヘラクレスはギリシア神話のなかでもっとも有名な英雄。とくに十二の功業で有名。多くの話がある。

【41】ゼウスの息子たち、という意味を持つ名。戦いの技術にすぐれたものたち。

【42】ギリシア神話のなかでは、女性の精神的な美が「永遠的なもの」として語られることがなかったことを示している。これはもちろん、ソクラテスのせいではない。古代における男尊女卑は、社会秩序の原則であった。

そのうえ、ニケラトスよ、ホメロスはアキレスに、パトロクロスのために有名な復讐をさせたが[45]、それは、パトロクロスが恋人だったからではなく、友人であって、殺されたからなのだ。同じように、オレステスやピュラデス[46]、テセウスやペイリトオス、そのほか数々の偉大な英雄たちは、偉大で高貴な冒険を喜んで行ったと、歌の中でほめたたえられている。それというのも、彼らがだれかと一緒に寝たからではなく、お互いの賛美の故なのだ。

われわれの時代における高貴な行いを話そう。じっさい礼賛を勝ち得た人々は、進んで困難や危険に耐えた人々であり、勝利より快楽を選ぶ習慣をもつ人々ではなかった。詩人のアガトンを恋したパウサニアスでさえ[47]、放蕩生活に溺れている連中を助けようと、軍隊は少年とその恋人で構成すれば、ずっと勇敢な軍隊になると言っている。

彼らは互いに相手を見捨てることは、この上ない恥辱と考えるに違いないと、彼は考えたのだ。非難を無視して恥知らずの行為に走っている連中が、何か恥ずべき行為に、本当に恥じ入ると彼は言っているのだから、じつに奇妙な話なのだ[48]。

そしてパウサニアスは、その明白な証拠として、テーバイでもエリスでもこれを政策としているという事実をあげている。本当かどうか知らないが、彼が言うには、彼らは好きな男と寝ているために、戦争の場でも、そばから離れないというのだ。しかしこれらのケースは、等しい理由づけにはならない。男色は彼らの間では受け

【43】美少年ゆえに天上のゼウスのもとにさらわれたと言われる。

【44】訳の意図としては、「喜ぶ」は、肉体的か精神的か判別不能の「快楽」の意味で用い、「うれしい」は、単純に精神的な「快楽」の意味で用いた。

【45】パトロクロスはホメロス「イーリアス」（トロイアの戦い）において、ギリシア連合軍の英雄でアキレスの友であるが、敵の王の息子ヘクトールに討たれた。

【46】オレステスはアガメムノンの息子で、ピュラデスは、アガメムノンの復讐に一緒に戦った親友同士。テセウスはアテナイの神話的英雄。ペイリトオスはテセウスと親友となった。

【47】プラトン『饗宴』は、詩人（悲劇作家）のアガトンの祝勝の宴に、パウサニアスが出席して、二種類の愛の説を語ったという内容をもつ。

【48】詩人のパウサニアスの言うことは、矛盾している、というのである。詩人は、しばしば肉体的な愛を語り、礼賛する。それは画

入れられた習慣だが、われわれの間では、非難されることだからだ[49]。また思うに、そういう軍隊を組み立てている人たちも、おそらく、恋人たちも、別れたときには互いのために勇敢であることもやめてしまうと思っているだろう。

スパルタでは肉体的な欲求に耽っていると、立派な目標に達することができなくなると考えられている[50]。だからスパルタでは、恋人たちを、たとえ見知らぬものたちの間にあっても完全に勇敢でいられるように鍛えあげる。恋人と同じ隊列に配置されなくても、隣の仲間を見捨てることは、大いなる恥だと思うようにする。だから、彼らの信じる神は、たしかに貞淑の女神であって、不貞の女神ではないのだ[51]。

ぼくが話そうとしていることについては、こういうことを考えれば、われわれはみな同意せざるを得ないだろう。二人の少年が居て、一方は肉体的に愛されていて、他方は精神的に愛されている。はたしてどちらに人は信頼を寄せるだろう。お金を預けるとか、子どもを任せるとか、あるいは、感謝の心をもつとか、恋人の外面に捕らわれてしまっている人間であっても、そうしたことがらでは、精神的に愛される少年のほうを信頼するだろう[52]。

カリアス、君としては、君のなかにアウトリュコスへの愛を吹き込んだ神々に感謝しなければならないだろう。アウトリュコスが名誉を求めているのは、わかりきっている。彼はパンクラティオンの勝利者となるために、きわめて大きな労苦と苦痛に耐えているのだからね[53]。

家も同じである。当時の芸術家を、ソクラテスが偉そうぶった政治家と同様に、尊敬に値しない、と考えたのは、彼らのこのような一般性が理由であったと思われる。後世、古代ギリシアの文化にもとづく「ルネサンス」(一五–六世紀)が、近代ヨーロッパの曙として描かれる。そしてそれは、言うまでもなく、肉体美への率直な賛美である。

【49】 男色は、最近では世間の抵抗が少なくなった。古代ギリシアでも、アテナイ以外の都市国家では、案外に、男色が受け入れられていた。もともと古代ギリシアの都市国家は、民族移動のなかで男性による武力攻撃、そしてそれにつづく支配を通じて、土着の人々のうち多くの男性を殺し、現場に残った女性には子供を作らせることで、支配の安定、人口の維持をはかった。したがって、女性蔑視(女性は、ただの慰めか、子供を作るためのただの道具視)が起こっていた。そのため一般に、男性は、蔑視されない男性に対する愛を受け入れがちになる。一方、アテナイ市は、もともと人が少なくなっていた場所へ、ほかのところにいた人間を強制移住させて生ま

もしも彼が、自分と父親を有名にするだけでなく、その雄々しい力によって友人たちを助け、敵にたいする勝利によって自分の国の名声まで高めることができたとしたら、彼はギリシア全土においても、さらに諸外国においても、賛美され有名になる。そうしたら、彼はその目標達成のためにもっとも役立った人に対して、かならずや尊敬の気持ちを最大限に懐くだろうとは思わないか。

だから、もし君がアウトリュコスの目のなかに、君への愛を見たいと願うなら、テミストクレスはどういう知識によってギリシアを解放することができたのか、ペリクレスはどういう知恵によって国の最高の相談役という評判を得たのか、どういう深い省察によってソロンがわれわれの国のために比類ない法体系を考えるに至ったのか[54]、考えなければならない。そして君は、スパルタ人が軍隊の最高の指導者と見なされるまでに自分たちを発展させたものは、彼らのもつどういう性質によってなのか、探究しなければならない。何しろ君は、わが国におけるスパルタのプロクセノス（市民代理人）なのだから。スパルタからの客人の多くが、いつも君の邸宅に迎えられている[55]。

君はきっと、君が望みさえすれば、国がそれなりの肩書をくれることはわかっているだろう。何しろ君は必要な資格をもっているのだから。君はエレクティウスによって制度化された神々に仕える僧の家という高貴な生まれだ。エレクティウスといえば、イアッコスとともに蛮人たち相手に戦った人だ。そして今やその祝祭のと

れた国なので、女性蔑視の伝統が弱く、そのために男色が非難されたと、推測される。

【50】スパルタは、テルモピュライの戦いもあって、その勇猛さは、ギリシア全体の尊敬の的であった。ソクラテスのスパルタ評価も、いくぶん同情的である。

【51】この話を聞かせている相手は、娘との結婚を捨ててその母親と結婚したカリアスだということを、見落とすべきではない。ヒッポニコスの子カリアスについては、アリストパネスも彼の女好きを揶揄している（アリストパネス『鳥』一二八四行以下）。

【52】わたしたちの日常経験にもとづいて、ソクラテスは証明を組み立てていることに注目すべきである。つまりプラトンがよくするように、ことばのもつ「概念」を要素としてだけ「証明」＝「論証」を試みる、ということではない。

【53】アウトリュコスの少年美に目を向けがちなカリアスに対して、アウトリュコスがもっている美徳（自らを修練する節制）に、ソク

きには祭礼を取り仕切る人間として、君は先祖のだれよりも有名だ。国の中で、もっともたくましい体をもち、その体は困難を耐え忍ぶ力をもつ。

君は、ぼくが酒の席に似つかわしくない真面目な話をしていると、思って居るかもしれない。しかし、それに面食らっていてはいけない。ぼくはいつだって、生まれからして良く、徳を育てることに野心的な人たちと、愛国心をともにしているのだから」

みんなは、ソクラテスが話したことについて、あれこれ話し始めたが、アウトリュコスだけは、カリアスを見ていた。

カリアスは、アウトリュコスにちらっと目をやって、言った。[56]「では、ソクラテス、あなたはこれから、ぼくと国家の間で売春あっせんを始めて、ぼくが政治に手を染め、そしていつも国家を愛するものになればいい、と言うのですか」

「そう、ゼウスにかけて、その通りだ」とソクラテスは答えた。「もしも人々が徳に対する君の努力が外面的なものではなく、純粋なものだと見てくれれば、ね。評判の間違いはテストしてみればすぐに露見する。[57]真に雄々しい徳のすばらしさは、実際の行為のテストにおいて、神の妨害がなければ、こよなくすばらしい栄光をもたらすのものだから」

ラテスは目を向けさせようとしている。

【54】 テミストクレスは優れた軍事指導者、ペリクレスは優れた政治家、ソロンは優れた法律制定者として、古代アテナイ市における三人の英雄である。

【55】 すでにペロポネソス同盟との戦争が始まっているなかで、このような発言があることは、現代では理解しにくいが、当時は不思議ではなかった。つまりアテナイ市は、戦争状態でも敵国の使いを迎え入れる用意をしていた。ほかに通信手段がなかった時代ゆえとも言える。すなわち、相手が降伏しようとするとき、通信手段がなければ無用な戦いを続けなければならない。

【56】 ソクラテスが尊敬すべき話をしたのを聞いて、アウトリュコスは、カリアスが真面目に受け取ったかどうか、見張っている。カリアスはそれを意識して、真面目な態度に出るほかない。ソクラテスの見事な戦略だと見ることもできる。

【57】 ソクラテスは、真実は、何

（『饗宴』第9章）

この会話は、これで終わった。

アウトリュコスは、もう時間だったので、立ち上がって家へ帰った。父親のリュコンも、彼について出て行ったが、すぐに戻ってきて言った。「ソクラテス、あなたは本当に善美な方（カロス・カガトス）だと思いますよ[58]」

そのとき部屋の中に玉座のようなものが持ち込まれ、シュラクサイの団長が入ってきて言った。「みなさん、アリアドネがしとねに入り、そのあと、神々と少々杯を交わしたディオニュソスがやってきて[59]、同じしとねに入ります。そして彼らは、いちゃいちゃするのです」

まず花嫁のごとく着飾ったアリアドネが部屋に入ってきて玉座に座った。そしてディオニュソスが現れる前に酒神の音楽が笛で演奏された。アリアドネがその音に反応して喜びを表すように演じたので、みんなその振付に喝采した。アリアドネは、新郎を迎えに出なかったし、立ち上がりさえしなかったが、明らかにかろうじて動かずにいられただけだった。

しかしディオニュソスが彼女を見つけると、踊りながらやってきて、深い愛情をこめて彼女の膝に座り、彼女を抱きしめ、彼女にキスした。彼女は恥じらいの表情を浮かべたが、それにもかかわらず、彼の抱擁に愛情深く応えていた。

観客は、それを見て手を叩いて叫んだ。「アンコール！」

らかのテスト（吟味）を通じて露見するものであることを、自分の経験（神託を受け取ったあとの吟味）を通じて確信している。

【58】リュコンは、息子をカリアスの男色から救ってくれたことを、ソクラテスに感謝している。

【59】ディオニュソスは、葡萄酒の神であり、飲めや踊れの神である。したがって、饗宴には欠かせない出し物なのだろう。シュラクサイから来た団長も、ソクラテスの話が終わったところで、そろそろ宴も終わりかと、感づいたのだろう。若者の色恋を見せて、恋心を射抜く一矢を放った。

ディオニュソスは立ち上がり、アリアドネが立ち上がるのに手を貸した。そして観客は、彼らが踊り、キスし、抱き合う姿をもう一度見た。観客たちは、ディオニュソスが実際にハンサムで、アリアドネが若くて美しいのを見て、なおかつ、彼らが演技というより本気でキスしているのを見て、すっかり興奮してしまった。観客は、ディオニュソスが彼女に、自分を好きかどうかと訊くのを聞いたし、その少女が誓ってそうだと言うのも聞いた。ディオニュソスだけでなく……そこにいたみなが、その二人の若者が実際に愛し合っていることを、声を一つにして証言することができるほどだった。彼らは、その動きをリハーサルしていたのではなかったように見えた。あたかも彼らは、自分たちがずっと望んでいたことを、ついに実現したかのようだった。

最後に、観客たちは、二人が抱き合い、夫婦のしとねに向かうのを見ると、自分たちも立ち上がった。そして、独身男たちは、若者たちは結婚するに違いないと、言い合った。結婚している男たちは馬に乗って、夫婦のしとねに入るために、自分たちの妻のもとへ帰った。ソクラテスと残ったものたちは、カリアスといっしょに、リュコンと彼の息子の家へ歩いていった。

宴会はこうして終わった。

第7章　善き家政家は善美な人――『家政』(4)

1　『家政』の前半

前に『家政』の後半、イスコマコスとの対話を紹介した。『饗宴』のほぼ十年後、クリトブロスは、おそらく三十歳前後となり、父親のクリトンから農場経営を譲られた。そのため友人たちの前でソクラテスに相談を持ちかけたのだと思われる。

ソクラテスは五十七歳前後、紀元前四一二年頃のことである。アテナイは数年かけたシケリア遠征の失敗によって軍事的に絶望的となり、デロス同盟に加わっていた諸国がつぎつぎに離反して貢納金が集められなくなり、経済的にも立ち行かなくなっていた。クリトブロスの農場経営も、相当むずかしくなっていただろう。

『家政』の著者クセノポンの前口上から始まる。

（『家政』第一章）

わたしは、かつてソクラテスが、つぎのように〈家政〉（オイコノミコス）を論じたことを聞いている。[1]

「言いなさい、クリトブロス、家政は、医者や鍛冶屋や大工の心得のような、何らかの知識を言うのではないか[2]」

「そう思います」

「われわれは、医者や鍛冶屋や大工の技術が、どのようなはたらきか、言うことができる。われわれは家政についても、同じように言うことができるだろうか」

「そうですね、良い家政家は自分の所有地をうまく管理するものだと思います」

「彼は他人の所有地をまかされたりすることはないだろうか。つまり彼はその気になれば、彼自身の所有地と同じように、それを管理することができないだろうか。つまりすぐれた大工は、彼自身のためにはたらくときと同様に、他者のためによく仕事ができるのではないか。家政家も、同じではないか」

「ソクラテス、その通りだと思います」

「では、この技術にすぐれているものは、たとえ彼が自身の所有地をもたないとしても、大工が人の家を建てることができるように、だれか他人の土地を管理することで報酬を受け取ることができる、ということか」

【1】これを聞いたのは、クリトブロス自身からか、あるいは、いつものようにヘルモゲネスが近くで他の友人たちとこの対話を聞いていたなら、彼からクセノポンは聞いたに違いない。実際、クリトブロスの表情の描写が出てくるので、クリトブロス自身から聞いたのではない可能性は高い。

【2】医者、鍛冶屋、大工、それぞれの専門職が成り立っていて、それぞれには専門の技術があり、それは専門の知識とも見られていたことがわかる。

「ええ、全くその通りです。彼が自分の土地を受け継いでいないとしても、必要な出費を支払い、余剰を確保して、所有地を増やすことができれば、彼は大金をかせぐことができるでしょう」

「では、所有地とは、何だと考えればよいだろう、家と同様か、それとも、家以外のすべての所有も、やはり所有地の一部だろうか」

「そうですね、そのすべてだと思います。たとえ彼が別の国にそれをもっていたとしても、それは彼の所有地の一部です【3】」

「ところで、ある人々は敵を持つのではないか、どうだね」

「ええ、ゼウスにかけて、ときにはたくさんの敵をもちます」

「われわれは、所有の内に敵も含ませるべきではないか」

「しかしそれはおかしいでしょう。だれかに、敵の数を増やしたことで報酬を支払うというのは」

「しかしわれわれは、所有地は所有物と同じと決めたのではないか」

「ゼウスにかけて、彼が所有するどの良いものも、所有です。しかしぼくは、所有のうちに悪い所有を含ませません」

「君は、明らかに、〝所有〟を、その人を利するものなら何でも、と言っている」

「全くその通りですよ。ぼくは有害なものは資産としてではなく、負債としてカウントします」


【3】アテナイ人がアテナイ都市国家とは別の国に土地をもつことがあったらしい。現代で言えば国境を越えて仕事をする国際企業である。

「だれかが馬を買ったとしよう。しかし使い方を知らないために、落馬してケガをしたら、馬は資産ではないのか」

「資産が良いものなら、それは資産ではありません」

「では、人が所有する土地も、もしそのはたらきによって失うものがあったなら、やはり資産ではないということか」

「ええ、もしそれが養う代わりに飢えを増すとすれば、彼の土地は真の資産ではありません」

「羊もそうだろうか、もしだれかが羊の扱いを知らないために失うものがあったら、彼の羊は、やはり資産ではないのか」

「とにかく、ぼくの意見では、そうです」

「つまり君の言い分では、利益となるものが資産であり、有害なものは資産ではない」

「全くその通りです」

「ということは、その使い方を知っていれば、同じものが資産であり、使い方を知らなければ、資産ではないのだ。たとえば、笛はそれをうまく演奏する仕方を知っているものの手の中では、資産だが、知らない者の手の中では、使い道のない石と同じだ」

「それを売らないかぎりは」

「では、その使い方を知らないものにとって、笛はそれを売るなら資産だし、売らずに持ちつづけようとすれば、資産ではない」

「そうです、ソクラテス、ぼくたちの論は全く満足のゆくものです。とにかく利益のあるものが資産だということで、売られずにいる笛は資産ではありません。なぜならそれは無益だからです。しかし売られた笛は資産です」

「もし売り手が、売り方を知っていればだね。しかしもし彼が使い方を知らない何かと交換に笛を売るなら、君の論によれば、たとえ売られたとしても笛は資産ではない」

「ソクラテス、あなたの言い方は、意味深ですね。人が使い方を知らなければ、金銭も資産ではない、ということですか」

「そうとも、君は資産とは人に利益を供するものだということに同意している。いずれにしろ、たとえば自分の金銭の使い方が、めかけを買うことであり、結果として彼の身体と心が所有地に害となれば、彼の金銭は彼を利することができるだろうか」

「できませんね、少なくともぼくたちが、食べればマヒする毒草ですら資産と呼んだりすることを要求しなければ」

「では、クリトブロス、もし人が使い方を知らないとしたら、金銭を人の資産の内に入れることはできない、と主張しなければならない。さあ、どうしようか、友よ。もし人がその使い方を知っているなら、人はそれから利益を導くことができる。では、そういうものは、どのように言われるべきか」

「ゼウスにかけて、資産でしょう。金銭は、牛よりもはるかにそのように言われるべきです。それは牛より利益が上げられますから」

「では君の論からは、敵もまた、その敵から利益をあげられる人にとっては、資産であるだろうね」

「そうですね」

「では、良い家政家の仕事というのは、敵を使って、敵からさえも利益をあげる道を知ることだ」

「疑いようもないです」

「よし、クリトブロス。どれほど多くの個人に属する所有地が、そして専制君主の所有地が、戦争の結果として増しているか知っているだろう」

「ソクラテス、あなたのおっしゃることは、ごもっともです。しかし知識も手段もそなわっていて、それらを用いれば所有を増やすことができるのに、そうしようとしない人たちがいます。彼らはその知識と所有から全く利益を引き出していません。このような場合、その専門技術も所有も、資産ではないと言わなければならないのでしょうか[4]」

「クリトブロス、君は、ぼくに、奴隷の問題を取り上げてもらおうと思っている

【4】クリトブロスは、おそらく、武力で奪った土地が放置されがちであることを考えている。武力に秀でる人、かならずしも土地活用を知る人ではないからである。あるいはまた、土地を受け継いだものが、それを活用しないで無為に過ごしている、ということもあったのだろう。

のか」[5]

「ゼウスにかけて違いますよ。ぼくはふつうの人、少なくとも確実に良き生まれの人で、戦争や平和時において、何らかの仕事で専門的である人、ただその専門技術で何かをしようとしていない人を言っているのです。ぼくの考えでは、正確には、彼らは主人をもっていません」

「当然、彼らは主人をもっているよ。なんといっても彼らは、幸福を祈り、良いものを引き出すことを望んでいる[6]。他方、また別のものは、自分の支配者たちによってそれをすることを妨げられている」

「その支配者とは、見えない誰かですか」

「ゼウスにかけて、見えないものではないよ。それはきわだって目につくものだ。もし君が怠惰や、精神的怠慢や、無責任を、悪いものと見なすならね[7]。ほかにも、女主人とか、人をだますものがある。そういう者は、楽しいものであることを装う。ほかにも、賭博を開くとか、くだらない集団とかで、人をだます女主人がいる[8]。時間が経てば、その誘惑の犠牲者にも、それらが快楽を装った難儀であることが明らかになる。そしてその支配力は、よいことをするはたらきを妨げる」

「しかしソクラテス、他の種類の人々もいます。彼らは、はたらきを妨げるようなその種の主人をもたず、大へん熱意をもってはたらき、彼ら自身のために収入を按配します。それにもかかわらず、彼らは自分の所有地を浪費して多くの困難にと

【5】 奴隷とて、必要な知識をもち、手段も主人から与えられている場合がある。しかし奴隷は、自分で勝手にそれを用いて行動することはできない。したがって、自分だけでは知識や技術を使って利益を上げることはできない。ソクラテスはこの問題について論じてほしいのか、と訊いている。

【6】 一般自由人も、自分の「望み」によって支配されている。この場合、望みのもの（欲望の対象）がその人の主人であり、それによって人は動く。

【7】 自分の心の内のものであっても、それに「気づいている」なら、たとえそれが身体の目には見えないものであっても、それは「見えている」というのがソクラテスの論である。

【8】 男の人生を狂わせるものを「女主人」と呼ぶところには、いくぶんかは男性による女性蔑視、ないし、当時の偏見が認められる。

り囲まれています[9]」
「そういう人たちは、やはり奴隷なのだ。自分たちの上に荒々しい主人を据える。ある人たちは暴飲暴食によって支配され、またある人は性欲によって、ある人は飲酒によって、ある人は愚かさと危険な野心によって、支配されている。それが彼の支配者なのだ。彼らが若く、仕事ができるかぎり、その支配者は、彼らを強いて、彼らの労働から果実を得ておきながら、彼らには、欲望のための代価を支払わせる。そして老齢となり仕事ができなくなったのを見た時には、支配者は彼らを捨てて、代わりに他の人を奴隷にする。
クリトブロスよ、これらに抗して自身の自由のために戦うことは、腕力にものをいわせて君を奴隷にしようとするものと戦うのと同じくらい、大切なことなのだ。実際、人々は、本当に良き敵によって奴隷となったときには、彼らの主人達の叱責によって、強いられて善くなり、後の半生を束縛少なく生きる。[10] しかし私が言ったように、女主人は、人の身体や心や所有地を、彼らが支配する間、えじきにすることを止めないのだ」

（『家政』第二章）

クリトブロスは言った。
「それについては、ぼくに対してあなたがそれ以上言う必要はないと思いますよ。

【9】クリトブロスは、おそらく、ワンマン経営で仕事をたくさんしながら、一方で出費が抑えられずに首が回らなくなっている人を考えている。

【10】敵に捕らわれて奴隷になっても、自分を買った主人が良い主人であるなら、むしろ良い人生を過ごすことができる。キリスト教においても、神の奴隷になることは良い主人に買い取ってもらう（「贖われる」）ことで、それが神を信仰すること＝「神の僕」になることであると理解されている。

ぼくは自分を吟味したとき、自分がそれに対するコントロールを適切に行っていると思いました。ですから、もしもあなたがぼくに、どのようにすれば所有地を増やすことができるか忠告してくれるなら、ぼくは、あなたの言う女主人に邪魔はさせません。ですから、あなたがお持ちの良い忠告を、すべてぼくに躊躇なさらずに与えてください。それともソクラテス、あなたはぼくたちがもはや十分に富んでいて、これ以上の資産は必要ないと判断しているのですか」

「ぼくも入れて、というなら、ぼくはこれ以上の資産は必要ないと思っている。ぼくは十分に富んでいる。しかし、クリトブロス、君は火の車だ、じっさいぼくは、一度ならず君に同情している」

クリトブロスは微笑んで言った。「まことに、ソクラテス、あなたの所有はぼくのものと比較して、どれだけの値で売れるとお思いですか」

「まあ、いい売り手を見つけられたら、ぼくの全所有、家屋も入れて五ムナには十分なるだろう。[11] しかし君のものは、たしかにその百倍以上かな」

「そういうことが分かっていながら、あなたはそれ以上の資産は必要ないと考え、ぼくの貧しさに同情しているのですか」

「そうだな。君もわかるだろう。ぼくの所有はぼくの必要を十分に満たしている。しかし君は見栄を張り、評判を得ているが、ぼくは、たとえ君が今の三倍をもったとしても十分ではないと思うね」

【11】「ムナ」は、金額の単位。五ムナがどの程度かを、現代の経済状況で言うのは、むずかしい。古代ギリシア、それもアテナイの経済状況（物品の希少と余剰、労働価値、需要、等）が現代の経済状況と異なっているからである。
　ただし、当時、外国から来た名の通ったソフィストを雇う値段が、同じ五ムナだということが『弁明』にある。ここからすれば、私立大学の授業料を目安に考えていいと思われる。

「どういうことですか」

「まず、ぼくは、君が神々にたくさんの犠牲をささげなければならないことを知っている。君はそうしなければ、神々も人々も、敵にまわすことになるだろう。[12] 次に外国からの訪問客をしばしばもてなさなければならない。そのうえ、君は仲間の市民を夕食に招き、もてなさなければならない。そうしないと支持者を失うからだ。さらに、気づいているかい、市は、すでに君に馬の飼育や合唱団の費用や体育競技会の費用など、行政のために多大の出費を要求しているじゃないか。そして戦争が始まれば、三段櫂船の費用も要求するだろうし、ほとんど耐えがたいほどの額の戦時特別税を要求するだろう。そしてもし君がこうしたことがらについて、十分なことをしていないと思われでもしたら、アテナイ人たちは、まるで君が盗みをはたらいたかのように、きびしい報復をするにちがいない。

ところが君は、自分は富者であり、収入の心配はないと思っている。むしろ君は、それが君の義務であるかのように、美少年を求めることに関心を向けている。これが、ぼくが君に同情している理由だし、万一の場合、滅びることにならないか、心配しているところだ。一方、もしもぼくが何かを必要としているなら、君も分かっているように、ぼくを救い出してくれる人々がいる。彼らの貢献は、ぼくが生きてゆくのに必要とするもの以上のものであって、全く、多過ぎるほどなのだ。[13] それに対して君の友だちは、彼ら自身十分もっているし、君よりはるかに良い暮らしをし

【12】さまざまな公共の出費の要求が、資産家と見られる人たちに対して行われた。公共の祭壇での犠牲獣の提供も、その一つであった。

【13】この頃、ソクラテスには、サポーターがいて、一種の「施し」がなされていたことを告げている。ソクラテスが仕事らしい仕事をしていなかったにもかかわらず、細々とでも生活できたのは、ソクラテス自身が多くを必要としていなかったからというだけでなく、こういうサポーターがいたからである。

ているのに、それでも彼らは君の助けを当てにしている【14】」

「それは否定できませんが、ソクラテス、今は、ぼくの世話をして、ぼくが本当につらい状態に陥らないようにしていただかなければなりません」

「君は、自分がおかしな態度をとっていると思わないか。先ほどは、ぼくが金持ちだと言ったとき、君は、ぼくが金持ちの何たるかを知らないことを笑って、ぼくの財産が君のものと比べて百分の一にも満たないことを認めさせたではないか。しかし今、ぼくに向かって君の世話をするように言っているのに、君は完全に零落することはないと確信している」

「どうすれば余分を生み出せるか、あなたは知っていると思うからですよ。ぼくは、大きな資産から大きな余分を生み出すことには、ほとんど困難がないと思うので、貧弱な資産から何らかの余分を生み出すことのできる人に期待しているのです」

「君はこの話し合いを始めた頃、ぼくがことばを決めつけないように論じていたとき、君が言ったことを覚えているだろう。馬は馬の扱い方を知らない人間にとっては資産ではないし、それと同じように、土地も、羊も、金銭も、そのほか何であれ、その使い方を知らないものは、その人にとって資産ではないと、君は言ったのではないか。そして、資産はそこから収入が由来するものなのに、君はぼくがその扱い方を知っていると思うのか。ぼくは、そもそも、馬も羊も土地も、どれも、一

【14】クリトブロスのもつ資産を当てにしてクリトブロスと友達になっている人間が多い、ということである。

度もったことがないのに」

「しかし、ぼくたちの考えでは、家政の知識というものがあって、それは、人が資産をもっているかどうかとは関係ない、ということでした。ですから、この種の知識をあなたがもつことを否定する理由はないでしょう。違いますか」

「ゼウスにかけて、そのとおりだよ。同様に、彼が笛をもったことがなく、また学ぶために誰かのものを借りたこともないとしても、笛の吹き方を知ることを妨げるものはないだろう[15]。それがまさに、家政についてのぼくの考えだ。とはいえ、ぼくは自分の道具をもって学ぶ機会はもたなかった。この場合の道具とは、資産のことだ。また、だれかがぼくに資産を貸してくれることもなかった。今、君はそれを委ねようとしているけれど。しかし君も分かっているように、リラ（竪琴）の演奏の全くの初心者は、それをだめにしてしまうものだ。もしぼくが君の資産で家政を学ぼうとするなら、それをだめにしてしまうかもしれない」

「ソクラテス、あなたは、ぼくを助けることから逃げようとしていませんか。ぼくには、どうしても担わなければならないものがあります。そしてあなたは、その荷をぼくのために軽くすることができるのではないのですか」

「ゼウスにかけて、君はぼくのことを誤解している。ぼくは、できるかぎり君に話してあげたいと思っているよ。しかし君が火のことで来たのなら、ぼくは、助けになれない。ぼくは君に、それを得られるところを教えるだろう。君はきっと、ぼ

【15】『家政』第十九章にも同じ論がある。笛吹きの問答で笛の吹き方を知っていることを納得できるのか、という問題である。イスコマコスとの対話と、クリトブロスとの対話の間の約二十年という年月、さらにその間に神託があったことを踏まえるなら、変わらずに保持しているこの論は、ソクラテスが真理として確実視していた論であることは間違いない。

　とはいえ、笛が「無い」ことが笛の吹き方を「知る」うえで妨げにならない、という論は、一般的には納得しにくい論である。

　とはいえ、すぐあとに、リラをもったことがない人間は、その扱いを知らないために、演奏できない（あるいはリラを狂わせてしまう）と言っていることからすれば、無くても知ることができるという「知識」は、リラを実際に演奏できる知識（実践的知識）のことでは明らかにない。

　ただしその内容からして注意すべき点がある。すなわち、ソクラテスが職人のもつ知恵について神託をたしかめるために出かけた後の思索の経緯（プラトン『弁明』二二D-E）の背景に、この論があることが推察される。

くを非難しないだろう。そして君が水を求めて来たのなら、ぼくには水もない。ぼくは、君をそのために別のところへ連れていくだろう。君はきっとぼくを非難しないだろう。そしてもし君がぼくから音楽を習いたいと思うのなら、ぼくは君に、音楽ではるかに勝る誰かを指摘するだろう。そしてその人は君を喜んで迎えるだろう。このとき、君はぼくの導きに誤りを見つけるだろうか」

「ソクラテス、それは全く正しいことです」

「よし、クリトブロス、君が今ぼくから学ぼうと真剣になっていることについて、ぼくよりはるかにすぐれた他の人たちの導きを、君に指摘しよう。ぼくはアテナイの中で、それについてのもっともすぐれた専門家はだれかと、考えていた。ぼくはかつてある人たちは大へん貧しいが、他の人たちは大へん金持ちであること、それも同じはたらきのせいでそうであることに気づいて、驚いたことがある。そしてぼくはなぜそうなのか、調べてみる必要があると考えた。

調べて見ると、こうしたことが起こるのは、きわめて自然なことだという結論に至った。

思い付きではたらく人は損失を被り、他方、一生懸命にはたらき、自分をさらに早く、より容易に、より利益の出るようにはたらく人が居ることを知った。そこで君がのぞむなら、後者の人たちから君が学ぶようにすれば、ぼくの意見では、神が反対しなければ、君はきっとすばらしい実業家となることだろう」

「そうとわかれば、ソクラテス、あなたを去らせたりはしませんよ。あなたがここにいる友人達の前[16]で、ぼくに約束したものを示してくれるまでは」

「ではクリトブロス、まずある人は、大金を使用して家を造り、他の人は、はるかに少額で完全に適した家を造るのではないか。それを証明するなら、君によれば、家政に属する何ごとかを、証明することになるのではないか」

「たしかに」

「家政と関連することがらで話そう。ある人たちの家には多くの種類の家具があるが、必要とするときに使用できない。さらにそれらが良い状態にあるのかどうかわからないために、彼ら自身とその使用人たちは、イライラしている。他方、家具などをあまりもたない人たちは、すぐさま利用できるし、必要とするときに使うことができる」

「ソクラテス、その原因は、最初の類の人々は、ものを、ここかしこに無造作に置いてしまい、他方の類の人々は、すべてをうまく按配している、ということでしょうか」

「ゼウスにかけて、その通りだ。すべてのものが適した場に按配され、いい加減にしていない」

【16】ソクラテスとクリトブロスの周囲には、いつもの友人たちが居て、二人の話を聞いている。当然、屋外のことであろう。シャカが弟子と話し、それを他の大勢が聞いていたという仏教経典の伝えと似ている。

「思うに、あなたはこれもまた家政に入ると考えているのですね」

「さらにどうだろう、ある場合は、すべての奴隷が鎖につながれ、そしてこれらの奴隷は、いつも逃げ出そうとしている。他の場合には、彼らは自由で幸せにはたらき、逃げ出そうとしない。君は、ぼくが注意すべきことを明らかにしていて、それはまた家政に入ることだとは思わないか」

「ゼウスにかけて、まったくその通りですね」

「そして農場ではたらく人についていては、そのある人たちは農場経営で破綻すると言い、生活を維持できず、他の人々は、彼らの農場から必要なすべてを得ている。量においても、質においても」

「ゼウスにかけて、その通りです。おそらくお金を必要なことのみに使うのではなく、彼ら自身にとって、また彼らの所有地にとって、悪いものに使う人たちがいるからでしょう」

「おそらく、そういう人たちがいるからだ。しかし、ぼくはそういう人たちのことを話しているのではない。お金を農場に必要なことにさえ使わない人たちのことを話そうとしている」

「どうしてそんなことになるのでしょう」

「君を、彼らに会わせよう。そして君が彼らを観察すれば、君はきっとその理由がわかるだろう」

「ゼウスにかけて、わかりたいですね」

「では、君は彼らを観察しなければならない。そうすれば君は経験を通じてそれが理解できるものかどうか、分かるだろう。ぼくは君の最近の行動をよく知っている。見たい喜劇があるとき、君は朝早く起きて大変遠くまで歩き、ぼくを熱心に説いて、いっしょに見に行こうとする。しかし君は、ぼくが言及したようなことには、まったくぼくを誘わない」

「ソクラテス、あなたはぼくがばかみたいだと、思っているのですね」

「ゼウスにかけて、君はきっと自分のことを、もっとばかだと思うだろうよ。[17] そしてぼくが君に、馬の飼育は、ある種の人々を貧乏にするが、しかし他の人々を非常に盛えさせ、その収入によって栄誉を得ていることを証明できるとしたらどうだろう」

「ぼくはその二つのタイプを、見たことがありますよ。彼らをよく知っています。しかしぼくは、利益を得ることについては、まだまだなのです」

「それは君が彼らを、ちょうど君が悲劇や喜劇の役者を見るようにしか見ていないからなのだ。君は脚本家になる気持ちで見ていないで、思うに、見るもの聞くもの、自分が楽しむためにしか見ていない。[18] しかし君は、馬の飼育には専門家として取り組まなければならない。だから、馬の使用によって利益を得ている人たちや、馬を売って利益を得ている人たちについて、君がほかとは別のこととして考えてい

【17】 クリトブロスが、本来学ぶべきことに目を向けずに、喜劇の観劇にソクラテスを誘うことにエネルギーを費やしていることを、非難しているのである。

【18】 劇を「楽しむつもり」で見るか、「自分が脚本家（作家）になるつもり」で見るかは、大きな違いになることの指摘である。哲学書も「自分が哲学するつもり」で読むか、小説や歴史を楽しみで読むときのように、「楽しむつもり」で読むかは、やはり大きな違いになる。

ないのは、まことにおかしなことだ」

「あなたは、ソクラテス、馬たちがまだ若いうちに、ぼくが調教するべきだと言いたいのですか」

「ゼウスにかけて、そうじゃない、もとより君が農場労働者を売るとか、彼らを子どもの頃から教練するとかでもない。しかし、人間でも馬でも、あるとき急に役立つものになって、どんどん良くなるものだ。ある人たちは、妻を相手に、仕事で協力し合い、所有地を増やすが、他の人たちは、妻を相手に、所有地を窮乏させる」

「それは夫のせいなのですか、妻のせいなのですか、ソクラテス」

「羊が悪くなったとき、われわれはふつう、羊飼いを非難する。馬がしまつにおえないときは、調教師を非難する。妻の場合は、彼女の夫が彼女に徳を教えようとしたにもかかわらず、妻が欠点をもつのなら、妻を非難するのは正当だろう。しかしもし夫が妻に何が本当に良いことか教えずに、そしてそれについて彼女の無知が認められた時には、夫を非難するのは正当ではないか。

さあ、クリトブロス、ここには友人たちが居る。君はぼくたちに対して誠実でなくてはいけない。[19] 君は、君の事情をだれか他人によりも、君の妻に信頼して任せないだろうか」

「ええ、妻に任せますよ」


【19】ソクラテスが屋外で、友人たちが聞いているなかでクリトブロスと問答する意味（理由）が語られている。つまりこの約束には現に証人がいることをソクラテスはクリトブロスに対して確認している。

「君が話す相手として、妻に対してよりも多く話す相手は」

「いるとしても、多くはありません」

「君は、かの女がまだ非常に若くて、世の中の経験がとても少なかったときに結婚したのではないか」

「ええ、とても若かったです」

「では、彼女にとって、適切に話し、行動する仕方を知ることは、誤りを犯すことより、はるかにすぐれたことだろう」

「しかし、ソクラテス、あなたが良い妻をもっているという人とは、どういう人でしょう。彼らは、自分で妻を教育したのでしょうか」

「調べるには及ばない。ぼくは君をアスパシアに紹介するよ[20]。彼女はぼくよりははるかにこの種のことについては知識がある。ぼくの見解では、妻が家の中で良いパートナーであるとき、彼女の貢献は夫のそれと同じくらい有益だということだ。家に富をもたらすことは、一般に夫のはたらきによるが、出費は一般に妻の家事仕事によっている。この両方の仕事が良くなされたときは、家は栄える。しかし悪くなされれば、家はわずらう。そしてもし君が何か他の専門的知識を知る必要を感じるなら、それについて称賛できるだれかを、ぼくは君に教えることができると思う」


【20】クセノポン『思い出』第二巻六章。

「しかしソクラテス、あなたはすべての専門知について、こういうことをする必要があると言うのですか。つまり職人のこつを得ることはかんたんなことではないし、それについて、自分が専門家になることも、容易なことではありません。あなたが最高だと思う技術に集中して、それが何なのか教えてくださいよ。そしてその仕事に、だれがたずさわっているか、そしてそうしたことがらで、何であれ説明して下さって、ぼくの助けになって下さい」

「クリトブロス、君の言うことはもっともだ。職人仕事というのは良く言われないし、わが国ではあまり高く評価されない[21]。これにはそれなりの理由がある。君も知る通り、それに従事する人たちは座業を強いられるし、日に当たらないときを過ごすことになる。そしてしばしば火の熱のそばで一日過ごす。その結果、彼らの身体は悪くなり、この身体の弱化は見過ごせない心の弱化につながっている。これらの職人仕事は、友人や国のめんどうに関わる時間を与えない。その結果、その作業者は友人としてのつき合いが悪くなるし、国の防衛についてもだめになると思われている。実際、ある国などでは、とくに軍事的武勇を評価する国では、市民は職人にはなれないルールになっている」

「では、ソクラテス、ぼくたちはどんな仕事につけばいいと、お考えですか」

「ペルシアの王をモデルにしたら恥ずべきだろうか。ペルシア人たちは、王は農

【21】ソクラテスは職人を評価していない。理由は以下に述べられている。日本では、職人はその仕事に熱中することが「仏道修行」に通じると見られて、むしろ評価されてきたことと対照的である。たとえば江戸初期の禅僧鈴木正《しょう》三《さん》は、職人は一つのことに集中する、それは仏行だと見ていた。

業と戦争の技術を最高のものと認め、もっともよく研究すべきものと考え、自身もそれらについて研究していると言っている」

「ソクラテス、その知らせを信ずるのですか。あなたはペルシア大王が、とくべつに自分が関わろうとする場所のどこかを、農業に使うと思いますか」

「クリトブロスよ、つぎのように考えれば、彼がそういうことをしても、不思議だとは思わないだろう。

彼が軍事に強い関心をもっていることは、だれもが認める。なぜなら彼は敵の侵入に際しては国を守り、国を支配するため、たくさんの騎兵、弓兵、投石隊、歩兵を維持するための分担金を、すべての人に対して納めるように命令を下しているからだ。

これらの軍隊とは別に、彼は市の防衛のために守備隊をもっている。そしてその守備隊を管轄する役人がいるし、毎年、王は軍隊と、何らか軍と関わる人たち、報酬を受け取る人たちを謁見している。守備隊は別としてすべての軍隊は、主人が指定した場所に集められる。彼は自分で住居近くに据える人たちを謁見しているし、遠いところの軍については、信頼できる役人を視察に送り出している。

守備隊長や分担された区域の隊長たちが、王が定めた数の兵をもち、すぐれた馬や武器をもっているなら、王はかれらにたくさんの報酬を与え、名誉を与える。しかし自分の仕事を怠っている指揮官たちを見つけたときは、あるいは勝手にそれを自分の利益につなげたりしたものには、厳しく罰を与え、他の人たちと交代させる。だからわれわれは、彼が軍事に関心を寄せていることを疑うことはできない。

さらに、彼は、各地を通過する際に自分が見る国土の多くを、自分で値踏みしている。そして自分で見ることができなければ、信頼できる人を検分に送る。そしてこれらの役人たちは王に、人口の多い地域と作業が入っている土地、多くの材木や収穫のある土地を教える。王はかれらに土地を与え、報酬を与え、役職で報いる。しかし作業が入っていない土地や人のいない土地を見つけ、その原因が役人たちの厳しさ、抑圧、あるいは怠慢であるときは、罰を与えて彼らを去らせ、別の人たちにその地位を与える。

こういう彼の行動は、彼の国土が住人のはたらきの場となっていること、守備隊によって守られていること、これらを確かめることに、彼が多くの注意を向けていることを示している。

彼はまた、二つの分野のそれぞれに、別々の役人を置いている。ある役人たちは住民と作業人を管理し、彼らから貢納物を集めている。他の役人は、軍人と守備隊とに命令を出している。もしも守備隊の指揮官が十分に国土を守ることに失敗するなら、彼らの労働を監督して住民を管轄する人たちは、国土が守られなかったせいで住民たちがはたらくことができなくなったことを根拠に、司令官を告発する。他方、もし守備隊の指揮官が、いかなる戦争も労働を妨げないことを保証しているにもかかわらず、住民の管理者が国土をあいかわらず人口のまばらな、働き手のない状態にしているとしたら、守備隊の指揮官は彼を告発する。これは当然のことだ。一般的に言って、はたらきの少ない国土は守備隊を維持できないし、貢納を払えない。しかしながら地域指揮官はどこに割り当てられようが、これら二つの仕事が自分の手の内にある」

「もしもペルシア王が、このすべてを行っているのなら、ソクラテス、ぼくは彼が軍事と比べて農事を軽視しているとは思いません」

「しかしそれだけではない。彼は自分が住んでいるすべての場所でだけでなく、彼が旅するとき、すばらしい産物に満ちているパラデイソイ（パラダイス）[22]と呼ばれる駐屯地に滞在するときも、同じなのだ、彼は、天候が妨げることがなければ、この駐屯地で可能な限りの時間を過ごしている」

「ソクラテス、ゼウスにかけて、当然、王がときを過ごすパラデイソイは、大地が産する木々や、他のすべての美しいものどもによって、美しくなければならないでしょう」

「そしてクリトブロス、ある人が言うには、王が報酬を支払うとき、召喚されるべき第一の人とは、戦争において特別にすぐれた人だ。収穫に向けて十分な準備がある大地は、それを守る人たちがいないかぎり、全く役に立たないからだ。次に召喚されるべきは、土地を耕し、生産性を上げることに、特別にすぐれた人たちであ

【22】いわゆる「天国」を意味する「パラダイス」の語源となった。この記述がパラダイスについてのもっとも古い記述と見られている。ところでそこは、中国の「桃源郷」のような自然の中に発見されたところではなく、「王の手で作られた」園である。言うまでもなく、天国は、神という支配者によって「作られた園」である。

る。守備隊も、土地ではたらく人がいなければ生きてゆくことはできないからだ。

実際、キュロスはペルシア王家のメンバーの中でもっとも有名だ。彼は、土地を耕すことにおいて、また耕された土地を守ることにおいて、非常に優れていた。だから、この二つの行為によって、報酬を受けて当然であると噂されていた」

「ええ、もしキュロスがそうであったのなら、彼は戦争における自分の技術と同じように、土地を生産力のあるものにし、耕すことに、誇りをもっていたでしょうね」

「そうとも、彼は、ゼウスにかけてそうだったのだ。そしてもしキュロスが生きていたなら、彼は恐らく、卓越した支配者であっただろう。それを示すたくさんの証拠があって、しかし、特に明らかなのは次の事実である。彼が王冠をめぐって彼の兄弟の討伐に向かったとき、複数の人々が持ち場を離れてキュロスから王へと向かったが、他方、その何千倍の人々が、王からキュロスへと寝返った。

人々が強制によらずに従い、危険なときにその側にとどまるとき、それは彼のリーダーシップが良いものであることの何よりの証拠だ。キュロスが生きている間、彼の友人たちは彼の側で戦った。そして彼が殺されたとき、戦いの間に、いっしょに死んだ。左翼にいたアクエオスは除くが。

キュロスについては、一つの話がある。リュサンドロスがメガラに行ったとき、誰かに語った話だ。[23] リュサンドロスがペロポネソス同盟からの土産をもってキュロ

【23】 リュサンドロスは、アテナイにとってのペリクレスのような、スパルタの優れた指導者。スパルタは最終的にペルシアの支援を受けてアテナイに対して勝利する。その交渉の際の話だと思われる。メガラは、ペロポネソス同盟に属したギリシアの都市国家。リュサンドロスはペルシアに行った後メガラに寄って、その際、キュロスと交わした話を述べたのだ。こうした情報をソクラテスは聞いていた。おそらくスパルタのプロクセノスだったカリアスからであろう。ソクラテスがカリアスと友人となったのは、『饗宴』で見たとおりである。ソクラテスは『弁明』においても、カリアスと友人であることを示している（プラトン『弁明』二〇A–B）。しかしクリトブロスは、本物の情報かどうか疑わしく聞いている。

スのところへ出向くと、彼は非常に友好的に迎えてくれて、とくにサルディスのパラデイソスを見せてくれた。リュサンドロスは、美しい木々があり、それがまた規則的に植えられていて、まっすぐにうねが伸び、そのすべての方角が美しく整えられ、さらに、そのあたりを歩いていると、しばしばうるわしい香りに出会って驚いた。彼は驚嘆して言った。

『キュロスよ、ぼくはこのきわめて驚くべき美を見た。君のためにすべてを整え、測った人物こそ、畏怖すべきだろう』

するとキュロスは喜んだ。

『リュサンドロスよ、これを測り、整えたのはだれあろう、わたしなのだ。さらにわたしはいくつかの木を自分で植えたのだ』

リュサンドロスが彼を見ると、彼は見事な衣装に身を包み、うるわしい香水をにおわせ、首に見事なネックレスをつけ、腕輪を身につけ、宝石に身を包んでいた。リュサンドロスは言った。『どういう意味だね、キュロスよ、君は実際にこの内のどれかを、自分の手で植えたというのか』

『リュサンドロス、そんなことに驚いたのか。わたしはミトラ神に誓って言うが[24]、健康がゆるすかぎり、わたしはまず汗して働かずには、決して食べない。戦に関してか、農事に関してか、あるいは何か自分の仕事をすることで』

伝えでは、リュサンドロスはキュロスを賛美して『君はまことに幸福な人間だ。

【24】ミトラ神は、ペルシアの太陽神。

良き人は幸福であるのだから』と言った、という」

（『家政』第5章）

「クリトブロスよ、ぼくがこれを君に話したのは、大変良い暮らしをしているものでさえも、農事から離れることはできない、ということを知ってほしいからだ。農の実践は、生活の楽しみであり、所有の増進となり、何であれ自由人がなすべきことを可能にする身体を鍛える源泉となる。

第一に、その仕事をする人への感謝がある。土地は人が生きていくための手段となるだけでなく、快適に暮らしていくための手段でもある。第二に、人々が祭壇を飾り、供物を捧げるとき、そして人々が自身を飾るときにも、土地はそのすべてを提供してくれるものだ。そして土地は、たんにこれらを提供するだけではない。もっとも喜ばしい香と風景をもたらしてくれる。第三に、たくさんの風味を添えるものを生み、他のものの飼料も生む。羊の飼育は土地を耕すことに結びついている。そして結果として、犠牲を捧げることで神々を喜ばせ[25]、売却して財にすることでも役に立つ。

土地は、大変多くの良いものを提供してくれる。しかし努力なしにはゆるされない。それは、人々を冬の寒さと夏の暑さに耐えられるように鍛える。それは自分の手ではたらく小農民を鍛え強くする。土地は、人を勤勉に耕すものに育てる。彼ら

【25】羊の初子を犠牲として神に捧げること。

を早起きにさせ、仕事につくように促すことで、郊外でも、町の中でも、つねに執拗に人に仕事を迫ることで、人を強くする。

さらに、人が、他の何よりも、騎兵で自分の国に役立ちたいと願うなら、自分の馬をもつことに農業が役立つことになる。歩兵として国に役立ちたいなら、農作業は人を強くする。そして土地は、彼の興味を狩猟に向かわせる。というのも、土地は野生獣を養うことで猟犬を一群れ維持させるからだ。そして馬と犬は、農業によって恩恵を受けるのに対して、彼らはお返しに、所有地に恩恵をもたらす。じっさい馬は、管理人を朝早くから仕事場へ運ぶし、そこから帰るのを、遅くすることができる。そして犬は、野生獣を収穫や羊の群れから離してくれるし、人の少ない場所に生きるリスクを減らしてくれる。

土地はまた、農民に武器を取って国を助けることを促す。なぜなら土地は収穫をもたらし、収穫は勝利者のものとなるからである。農業以外に一体何の技術が、走り手にしても、投げ手にしても、跳ね手としても、より良いだろう。ほかの何の技術がその実施者に対してより多くの報酬を提供するだろう。何の技術者がもっと喜んで新参者を受入れ、必要なものを得ようと近づく人たちを自由に許すだろうか。ほかに何の技術が、異邦人をもっと寛大に受け入れるだろうか。ほかに何の技術をもつ者が、冬を越えるのに火が不足し、あたたかい風呂もない状態で、やすやすと暮らすことができるだろうか。国の中で、農地には水と風と日陰がある。ほかのどの場所で、夏をもっと快適に過ごすことができるだろうか。一体ほかのどの技術が、もっと適した最初の成りものを神々に捧げるとか、祭りのための物を提供することができるだろうか。どの技術がもっと召使いに都合のいい、あるいは、人の妻にとって喜ばしい、あるいは人の子に歓迎され、あるいは、友人に心地よいと言われるものがあるだろうか。ぼくは、どんな自由人も、これ以上の喜びをともなって所有を得ることは、考えにくいと思う。あるいは、もっと楽しい追及を見つけることも、あるいは、生活の糧を増やすことも、考えにくいと思う。

　さらに土地は、神的であり、学ぶことができる人には正義を教える。なぜなら土地は、それを彼らが保全することが良くできているだけ、人々に恵みを与えるからだ。それゆえもし人が、活気をもって頑張ってはたらいて、農業にいそしんでいるのなら、兵士たちによってその仕事からむりやり離されたときは、彼らは身体も心も、よく鍛えられているから、神が彼らに反対しなければ、必要な食料を取ってくることができる。敵が侵入して食料を取って行ってしまうことは、あるからである[26]。戦争においては、略奪が起こり、その際は農作業の道具よりも武器を取るほうが安全だからだ。

　農業は、人々を協力するように教練してくれる。敵の力に対して向かう上では、一人よりも多勢の方がよい。土地ではたらくときも同じである。良い農民であろうと望む人たちには、熱心でよく従うものを、働き手として配さなければならない。

【26】戦争で敵が自分たちの町に攻めてきたとき、人々は町の城壁内に逃げ込む。農場は城壁の外に広がるので、農場は敵に蹂躙されるにまかされる。実際に、ペロポネソス戦争が始まった当初、陸軍では勇猛であったスパルタは、アテナイ郊外の農場を蹂躙し、ブドウなどの果樹を切りまくった。このときもっとも大きな被害を受けたのが「アカルナイ地方の人々」で、市民のなかでもっとも好戦的となったと言われている。アリストパネス『アカルナイの人々』は、これにもとづく喜劇である。

敵の力に対して討伐することを指揮しようとする人は、よい兵士としてはたらく人々には報酬を与え、演習を怠るものには罰を与えることによって、兵士たちを按配しなければならない。

つまり農民にとって、作業者を励ますことが重要であるのと同じように、将軍にとっては、彼の軍を励ますことが、しばしば重要である。そして奴隷たちは、未来によき展望をもつことが必要であるが、自由市民も、それと同じく、あるいはそれ以上に、善き展望が必要である。

農業は他のすべての技術の母であり、育成者であると言われる。なぜなら農業がうまくなされているとき、他のすべての技術が、やはり強くなるからである。しかし土地が荒らされてしまうとき、他のすべての技術は、土地に根差したものであろうと、海に根差したものであろうと、多かれ少なかれ、死滅するのだ」

「ソクラテス、それについては、あなたはまったく正しいと思います。しかし農事に関する要因の多くを先々まで見越すことは、人間の能力を超えたことです。つまり、雹《ひょう》が降ったり、霜が降りたり、日照りとなったり、とつぜんの豪雨、病気、これらのすべては、しばしばよく計画され、よく実行されていた仕事を台無しにします。そしてもっともよく育てられた羊たちは、ときに病気の発生で全滅します」

「クリトブロス、君は神々が戦争においてと同様に、農事に関しても大きな支配的力をもっていることを、知っていると思う。戦争がはじまったとき、人々は神々をなだめ、犠牲を用い、敵に向かってゆく前に何をなすべきか、なさざるべきか、予言を聞くのだ。

　農業に関連して、神々の慈悲を願うことがそれと比べて少ないことがあると思うか。たしかなことは、果実、穀物、牛、馬、羊、そしてどの所有についても、すぐれた農民は神々を拝し祈るものだ」


（『家政』第6章）


「ソクラテス、どんな仕事を始めるのにも、神々への祈願があることを指摘したことは、適切だと思います。神々は戦争においてと同時に、平和時にでも、ものごとを采配する力をもつのですから。しかし家政の仕事についての談論の始めに戻って、関連する問題の証明をしてもらえませんか。つまり、あなたがこれまで話してくれたことだけでも、このぼくには、生活のためにぜひともしなければならないことが以前より明瞭になったと思うのです」

「いいとも、ぼくたちの談論において同意できたことのすべてを、ざっとさらっておこうではないか。そして残るものについても、同じ一致に達することを目指そうではないか」

「ええ、そうしましょう。仕事の仲間が仕事のことで争いにならないのは、よいことだし、【27】同じように、話し合っているぼくたちの間でも、扱っている話題で同意

【27】仕事をするときでも互いに同意したことを確認する（契約を交わす）ことはよいことである。

を得ることは、よいことですからね」

「よし、では、ぼくたちは〝家政〟とは、一つの専門知であることに同意した。そしてこの知は、その所有を増やすことを可能にする。そして〝所有地〟とは、一人の所有の総計と同じである。所有は何であれ、人の生活に恩恵をもたらすものである。そしてその恩恵をもたらすものは、その使用を、人が知っているところのものである。

ところで、ぼくたちは、あらゆる専門知をマスターすることはできない。そしてぼくたちの国では、職人はうとまれている。なぜならその仕事は人の体をだめにし、またしばしば心までだめにするからだ。

ぼくたちは証拠があると言った。国に敵対的侵攻があったとき、農民と職人を分けなければならない。彼らを座らせて、国を守るか、それとも土地をあきらめて城壁の中の町を守護するか、決めるように求めたとする。この場合、土地と関わっていた人たちは、それを防衛することに投票し、他方、職人たちは、戦わず、努力や危険なしに、じっと座していることに投票する。つまりこれまでいつもそうであったように、これからもそうであることに賛成して投票するだろう。

ぼくたちは、農業こそ最高の仕事であり、真に善き人とって最高の専門知であると考える。なぜなら、それは人々に人生に必要なものを提供するからである。ぼくたちはそれがもっとも学ぶに容易なものであり、それをすることがもっとも喜ばしいものであると結論した。それは人々を身体的に魅力的にするし、可能な限り適したものにしている。さらにそれは、人々の心に、友人たちや国に対して心を向ける最大の機会を与えることができる。また、ぼくたちは、農業は、その仕事をする人々の内に強さを生み出すことに貢献している、ということに同意した。

というのも、それが育てる穀物とそれが世話する家畜は、町の城壁の外に在るからである。このことのゆえに、生活の糧となるこの仕事は、国家から最高の評価を受ける。なぜなら、それは明らかに理想的な市民、すなわち共同体に対してきわめて忠実な市民をつくり出すからだ」

「ソクラテス、ぼくはたしかに農業が最高最善で、楽しい生活を提供するものであると、十分に納得しています。しかしあなたは、なぜある農場はその農から得るものが彼らの必要を満たし、それ以上であるのに、他のものの労働による果は、利益をあげることに失敗しているのか、その理由を知っていると言いました。ぼくはその二つの場合について聞かせてもらえれば、大変うれしいのです。そうすれば、ぼくたちのはたらきは、不利益なものでなく、利益の大きなものになるでしょう」

「いいだろう、クリトブロス、ぼくはむかしある人物と会って話したことがある。その人物はぼくの見るところ資産家であり、正義の人と言われており、善美の人（カロス・カガトス）と呼ばれていた人だった。そのときのことをはじめから詳しく話すのはどうだろう[28]」

【28】このあたりから、すでに読んだ第1章の『家政』の翻訳につながる。

2 「善き家政術」と「善き家政家」

『家政』を読み終えたところで振り返ってたしかめておこう。ソクラテスは、問答を通してつぎのことを確認している。

「農業こそ最高の仕事であり、真に善き人とって最高の専門知である。なぜなら、それは人々に人生に必要なものを提供するからである。それはもっとも学ぶに容易なものであり、それをすることは、もっとも喜ばしいものである。それは人々を身体的に魅力的にするし、可能な限り適したものにする。さらにそれは、友人たちや国に対して、心を向ける最大の機会を与えることができる。また、農業は、その仕事をする人々の内に強さを生み出す」

ソクラテスは、農業は善き人が学ぶべき最高の専門知だという。つまり真に善美な人は、農業について知っている、という主張である。言い換えると、政治家になることや、実業家になることが善美な人になることではないと言っている。善美な人は、政治家になって正義を追求するとか、平和を守るとか、ソクラテスは述べていない。ましてや、職人になるなら、善美な人になれない、という立場である。

ソクラテスによれば、農場経営のよい形とは、利益があがるものというより、つねにそこで働く人たちの必要を満たすものになっていることである。つまりそこに暮らす人々を幸福にするものである。つまりすぐれた「家政家」とは、すぐれた農業人であり、そういうことができる人である。

ソクラテスは、以上のことを確認したあとで、「それは正義の人、善美な人と呼ばれる人のうちにいる」と考えている。つまりすぐれた家政家が、すなわち、善美な人である、というのである。

これは重大なことである。

わたしたちは、組織運営とか、市場における駆け引きなどを、むしろ個人の人格とは切り離して、その「経営」に関する才覚や知識の問題だと考え、そうすることで、経営を情緒的なレベルから科学的なレベルに挙げて、合理的な経営をしようと考えがちである。つまり科学を実現するためには主観性を切り離す必要があると考えて、「自分」とか「人間」を、経営とは別扱いする。しかし、人間の組織は、人間を切り離しては存在しない。また自分を切り離して「人間」が存在するのでもない。したがって、人間の組織運営を科学的に取り扱おうとするなら、「人間」も「自分」も、科学的に取り扱うことが肝心であって、それを「組織運営」や「経済活動」から切り離すことは、間違っている。ソクラテスの立場は、そういう立場なのである。

ソクラテスは、まったくそれらを切り離さない。むしろ「自分自身」も、「心と体の組織体」と考えて、その心と身体をマネージメントすることと、農場と家庭をマネージメントすることを、「質的に変わらない」こととして考えている。

つまり「自分」を切り離すことで科学的であろうとするのではなく、「自分」を含めて冷静に、合理的に対処し、処理していくこと、つまり善美であろうとすることが、ソクラテスの哲学なのである。

第8章 ソクラテスが生を賭けた「人間並みの知恵」

1 ダイモーンの声を聞くこと

以上でクセノポンが伝えるソクラテスの会話『家政』と『饗宴』を読み終えた。これからプラトンの『弁明』の中身を明らかにしてゆかなければならない。なぜならそれはソクラテスが自分の哲学を語った最後の肉声だからである。

ソクラテスは子供のころからダイモーンの声を聞いていたという。[1]「ダイモーン」とは、神的霊的な何か、ということだ。現代科学に慣れた人なら、幻聴を疑うだろう。しかし少なくともソクラテスがきわめて安定した精神の持ち主であったことは、彼の哲学的言動から疑うことはできない。つまり現代において健康で病気をもたない人より、ソクラテスははるかに健全な心身をもっていて、よほどのことがあってもその心身が弱ったことはない。たとえば現実の戦場で自軍が敗走するとなれば、ふつうは我を忘れて死にもの狂いになる。ところがソクラテスは冷静沈着に最後尾を守って戦闘

【1】プラトン『弁明』三一D。

姿勢を崩さずに退却したと伝えられている。ペロポネソス戦争の最終章、アテナイがスパルタ海軍によって港を封鎖され、一か月もの間、町の中の食糧が途絶えたときも、本人はまったく困らなかったと、弁明の場で言っている。[2] したがって一般人と比べてむしろ健全なうえに健全だったからこそ、ソクラテスはダイモーンの声を聞いたと、見ることができなければならない。

つまりやっかいなことに、ソクラテスは、われわれより「優れている」から「ダイモーンの声」を聞いていたのである。自分たちのほうが優っているか、同等であるのなら、自分たちの経験から「あのこと」かと、説明ができるが、自分たちのほうが劣っているために経験できないものを、劣っている自分たちの間の共通な経験だけに基づいて一般的に説明することは、やはりできない相談である。

こうなるとソクラテスが「ダイモーンの声」を聴いたことについては、半信半疑のままで、がまんするしかない。ただ、われわれは、ソクラテスがそういう人であったことについて勝手な想像を加えて、ソクラテスを人間以上のものに見るとか、あるいは逆に、精神がおかしい人だと見るのは間違っている。そして、ソクラテスがダイモーンの声を聞く人であったこととと、ソクラテスの信仰心の確実さ（神の存在を、彼は何度もあった自分のこの経験から見て疑うことができない）は、彼の精神状況としては、たしかに首尾一貫している。

ただ、わたしは、自分の経験から言えることがある。つまり人間にはそれぞれ違っ

【2】クセノポン『弁明』一八。

た才覚が、大小はあれ、与えられていて、それが何かはわからないが、その能力は「内側から」それを持つ人間を、その才覚をより強く発揮できるところへと、その人を促して止まないものだということである。そしてその才覚をとくに強く持って生まれた人間は、自分の欲望までもその才覚が抑え込んで、その人自身を、その能力がいかんなく発揮されるところへ引きずっていくほどだと考えるのは、不自然ではない。

このとき、ふつうの人間とは異なる行動が生じる（ふつうの人間は、むしろ欲望に簡単に左右されてしまう）。そして、そうなった原因は、自分の意思なのか、それとも、自分以外のものによるのか、本人にもわからなくなる。なぜなら、自分の才覚とはいえ、それが自分でもわからない段階では、自覚できる自分に対して「外部のもの」になっているからである。ソクラテスの精神の内にあったこの「外部のもの」が、ソクラテスには「ダイモーンの声」として聞こえたのかもしれない。つまりソクラテス自身には、彼の哲学的才覚が、神のごときものとして、いつまでも「外部のもの」と感じられていたのかもしれない。

2 知恵の大小と無知の自覚

第二の問題は、ソクラテスが弁明の場で何気なく口にしている「知恵の大小」である。ソクラテスは「わたしは自分が大小いずれにしても、知恵のないものであると自覚している[3]」と言っていた。しかし、何を規準にして、知恵に大小を区別するのか。

【3】プラトン『弁明』二一B。

知恵は目に見えないのであるから、ふつうは大小を区別できない。

しかし、クセノポン『思い出』によれば、ソクラテスは、知恵を知識と同じだと見ている。その理由は、「人間は知らないことについては知恵をもたないし、知っていることについてだけ知恵をもつと言われる」からである。[4] だとすれば、知恵の大小は、知識の大小である。そうであるとすれば、知恵の大小とは、知識の普遍妥当性の大きさを言うはずである。つまりその述語が妥当する主語がたくさんあるだけ、あるいはその述語が妥当する種類がたくさんあるだけ、述語の知識の普遍性が大きく、反対に少ないだけ、普遍妥当性は小さい。このように考えることができる。たとえば、「昆虫」や「人間」と比べて、「動物」は普遍妥当性がより大きい。

そして、一つ注意しておかなければならないのは、知恵と知識が同じだと論じている場で、ソクラテスは同時に、人間の知識（知っていること）には限界があることを指摘していることである。「一切のものについて知者であることは人間にはできない。したがって、人はそれぞれ自分が知っていることについてのみ知者である」[5]

ここで言われていることが、かなり重要なポイントになる。ソクラテスは、「大小いずれにしても知恵を自分はもたない」と発言している。その意味が、「自分は知恵を全くもたない」ことを意味するのではなく、「どの知恵にも限界がある」ことで、「自分がもつどの知恵にも限界があり、この限界に目を向ければ、自分が持つどの知恵についても〈これ以上は無い〉という限界があることを知っている」という意味で

【4】クセノポン『思い出』第四巻六節七。

【5】同前。

あると考えることができる。

つまり、いわゆる「無知の自覚」とは、「自分がもつどの知恵ないし知識にも〈これ以上は無い〉という限界があることがわかっている」という自覚だと考えられる。つまり、「無知の自覚」とは、人間は何かを知っているが、じつは少なくとも、それと同じだけ、それ以上のことは知らない、という自覚がなければならないことを意味する。つまり、一切のものについて知者ではない人間においては、少なくとも、その人のもつ知識の分だけ、あるいは、それ以上に、無知（知らないこと）がある。

少なくとも、知識の分だけ無知がある、というのは、分量的に同等だというのではない。じっさい科学の世界でも、いろいろなことが分かってきているが、同時に、科学者の疑問は減らずに、むしろ増えている。つまり知れば知るほど、それ以上に「いまだに知らない」ことが見えてくる。それが科学の世界の実情である。たくさんことを知って、知らないことが減っていくのではない。むしろ増えるのである。それゆえ、科学者は、何かがわかったとき、自分がまだ知らないものがあることに気づかざるをえない。気づかないとすれば、その人は、つぎの研究対象を見つけることができないだろう。

専門科学の世界で常識的なこの事実は、人間の一般的知識の状態を示している。

つまり、自分には「知識」があるとか、「知恵」がある、と言っても、人間がもつものはすべて、「知識そのもの」でも「知恵そのもの」でもない。わたしたちがもつのは、つねに特定の「これこれの」知識であり、知恵である。つまり特定の具体的なことがらの知識であり、知恵のみである。しかし特定の具体的な知識には、つねに限界があって、知っている以上のことは、知らないのである。たとえば、ソクラテスは、友人のクリトンを知っている。しかしクリトンのすべてを知っているのではない。むしろクリトンの多くを知らない。ソクラテスは、自分はクリトンを知っているが、クリトンのすべてを知っているのではないことを、つねに自覚していた。あるいは勉強して数学のあることがらを知ったとしても、数学のそれ以外のことは、知らない。そのことを自覚しつつ、それを知っているのが、ソクラテスの無知の自覚だと、ひとまず考えることができる。

このことは、一般的には、納得できる。しかし、この自覚は、実際に個々の具体的な知識に関して身に着けるのは、存外、むずかしい。恋愛中の人間が、自分が好む相手の一面を知っているだけで、相手のすべてを知っているかのような錯覚に陥るのは、特別なことではない。新聞やテレビでたくさんの情報を受け取っていると、世の中の大体のことは、自分はもう知っていると思い込むことも、ふつうのことである。それに対して、自分が知っていることの限界を意識することは、それを「知る」こと以上に、知性に緊張をしいる。だれでも、自分に都合のよいことを知るのは喜びであって、さほど疲れることではないが、都合の悪いことを知るのは、いやなものだし、疲れることである。じっさい、恋人の多くのことをまだ自分は知らないことに気づいたら、人は不安になり、恋愛も冷めてしまうかもしれない。

3　善美の知識

ソクラテスは、弁明の場で、自分が知らないこととしては、とくに「善美なことがら」（カロン・カガトン）を挙げて「善美なことがらは何も知らない」（ウーデン・カロン・カガトン・エイデナイ）と言っている。[6]ところが、クセノポン『思い出』が伝えるエウテゥデモスとの対話では、同じものが誰にも彼にも役に立つわけではない、と確かめて、「役に立つものは、それが役に立つ人にとってだけ善である」[7]。また、同様に、「役に立つものは、それが役に立つものにとって美なのだ」[8]と言っている。つまりそういう風に、ソクラテスは、一方で、善美を知っているのである。

善美も、個々のそのときどきにおいて、あることには役立ち、あることには役立たない、ということがあって、それぞれに、善であったり、善でなかったり、あるいは美であったり、美でなかったりする、と言う。たとえば一枚の風景画も、その絵が、それをたまたま見た人に、かつて見た「美しい風景」の喜ばしい感覚を呼び覚ますものであれば、美しいが、そうでなければ（そういうことに役立たなければ）、美しくないし、善い絵でもない。

したがって、クセノポン『思い出』によれば、エウテュデモスとの対話では、ソクラテスは、善美が個別の事象に限定されて、善美と言えることと、そうでないことが

【6】プラトン『弁明』二一D。
【7】クセノポン『思い出』第四巻六節八。
【8】同前九。

ある、つまりそうであると知っている、という立場で述べている。しかし、プラトン『弁明』によれば、弁明の場では、善美を一般的に取り上げて、「全く知らない」と述べている【9】。

この違いは何なのか。

じつは、クセノポン『思い出』によると、アリスティッポスとの対話において、ソクラテスは、何か善であるものを知っているかと訊ねられて、君が訊ねているのは、「何か熱病に良いもののことか」、「何か眼病に良いもののことか」、「何か空腹に良いものか」と聞き返して、アリスティッポスがどれも否定すると、「では、なんのために善いものでもない善いものを君が訊ねているのなら、わたしはそれを知らないし、知りたいとも思わない」と答えている【10】。

つまりどこから見ても善であるものについては、ソクラテスは知らないと述べているし、それを知ろうとすることも拒否している。ソクラテスがそのような「絶対的な善」を知ることを拒否しているのは、ソクラテスが、人間には知に関して限界があることを知っている（無知の自覚）うえに、それにとどまることが、自分が人間であることを知っていることだからだと、考えることができる。ソクラテスにとって、人間の心のはたらきには理性という神の性質を帯びたものがある。しかしその一方で、人間は神ではないことを知っていることが、良いことである。なぜなら、人間が神ではないことは、真実だからである。そして真実を知ることは良いことであり、その反対

【9】前注【6】。

【10】クセノポン『思い出』第三巻八節二–三（佐々木理訳）。

を知ること、すなわち、人間は神であると知ることとは、真実でないことを真実だと思ってしまうことである。ここには知に対する不正がある、それゆえ、それは悪いこと、醜いことである。

さらに、他方で、ソクラテスは、「美」と「善」が完全に一致していることは、知っていると主張する。つまりどんなものも、美と言われるかぎり、それは善である。アリスティッポスに向かってソクラテスは言っている。「君は善と美とは、別々のものだと思っているのか。同一のものにかけては、一切のものが〈美にして善〉（カロン・カガトン）であることを知らないのか。美徳は、あることにかけては善であり、あることにかけては美であるというのではない。また、人間は同じ点で同じことがらにかけては、〈美にして善〉であると言われる」[11]。

ソクラテスの言を聞いて、少々頭が混乱するかもしれない。しかしそれは、わたしたちがソクラテスの主張する「知の地平」ないし「知の世界の秩序」に不慣れだからである。わたしたちはどうしても、知らず知らずのうちにプラトンやアリストテレス、あるいは、近代のヨーロッパ哲学の理解の仕方に慣れてしまっている。一方、ソクラテスは、プラトンやアリストテレス以前の人間だから、彼らの理解の仕方に従っているはずもない。

たしかにソクラテスは、善や美を、抽象的に受け取ることを拒否していない。つまりその地平では、善と美が完全に一致していることを認めている。

【11】同前五（佐々木理訳）。

プラトンやアリストテレスは、いわば、ソクラテスが言及したこの「知の地平」において哲学を打ち立てる方向にもっぱら向かった。一方、ソクラテスのほうは、真実を理解する自分の知の地平（無知の自覚）を確立していくとき、この抽象的一般的「知の地平」を認めながら、同時に、それに対して、限定的であることを守る。つまり一方に普遍的地平を認めておきながら、他方で人間個人が知りうる限界を確認する作業を怠らない。つまり個々の善美についてては、知っていることがあるが、「善美そのもの」、あるいは、「善美一般」は、知らないことを自覚している。

ところで、個々の善美について、知っていること、知らないことを確認する作業は、プラトンやアリストテレスが行う知の地平（抽象的・論理的地平）における研究と比較すると、地味で愚鈍な作業に見える。それゆえ、誇り高い哲学の専門家からは軽視されがちである。しかしむしろこの地味で愚鈍な作業こそ、ソクラテスの無知の自覚なのである。それゆえ、ソクラテスの哲学の理解に欠かせない。

つまりソクラテスには、多様な地平が開かれているのであって、一面的な理解が不可能である。おそらく、それが原因になって、ソクラテスについての理解が進まないのだと思われる。

4　クセノポン著『ソクラテスの弁明』（一—二）

クセノポンは、プラトンが記録していないソクラテスの弁明を、別に記録している。

そのうち注目すべき部分を紹介する。じっさい、ソクラテスの弁明は、全体的にはプラトンによって伝えられているのであるが、おそらくある事情によって、プラトンの記憶にもいくぶん不完全なところがあったと思われる。その事情は、実際に弁明のなかでもソクラテスが再三にわたって「静かにして聞いてください」と訴えていることからわかる。つまりそのときの裁判所内は、ソクラテスの弁明が聞こえなくなるほどに、しばしば「騒然としていた」。

プラトンがどのあたりに座っていたのか、それはわからない。前のほうに席を得ていたと思うが、おそらくそれでも聞き取れないほどだったこともあったと見るべきだろう。また、プラトンも、弁明を真剣に聞いていたなかで、気のゆるみも起きたに違いない。ことにソクラテスが告発人のメレトスを呼び出して尋問する場面では、プラトンはメレトスの聞いていられない答弁に嫌気がさして、耳を塞いでしまったときがあったのではないかと察せられる。じっさい、プラトンが書いた『弁明』のなかで、メレトスとの問答のなかに、ソクラテスが少々議論を飛ばして、いきなり結論を述べているかのような箇所が、見受けられる。

一方、クセノポンが伝えてくれている『弁明』は、『饗宴』をクセノポンに聞かせてくれた人物、すなわち、ヘルモゲネスからの伝聞である。おそらくクセノポンは、プラトンが書いた『弁明』に接して、ヘルモゲネスから聞いたうちでプラトンが伝えきっていない部分を見つけて、彼の『弁明』に書いたのだと想像される。実際、クセノポン『弁明』には、裁判の前後にヘルモゲネスがソクラテスから聞いたことを含めて、プラトン『弁明』を補完するものがある。おそらくヘルモゲネスは、プラトンよりずっと年上であり、はるかに深くソクラテスとは馴染みがあった（ダイモーンの声を聞く点でも、ソクラテスにならっていたほどだ）[12]から、より多くのソクラテスの発言を聞く機会をもっていただろう。しかもクセノポン『饗宴』でも、ソクラテスから「発言が少なすぎる」ことを注意された人物である。[13]どちらかと言えば寡黙な人で、じっとひとの発言を聞いているタイプの人だったに違いない。

クセノポンの『弁明』は、そういう人物からの聞き取りだから、プラトンの『弁明』をかなり正確に補完するものだと思われる。

それゆえ、プラトンが聞き逃したと思われる部分、すなわちメレトス相手に弁明を行うソクラテスの発言部分を、[14]特にとりあげて、紹介しておきたい。

「みなさん、わたしはメレトスが何を証拠に、わたしが国家の認める神々を認めていない、という訴えを起こすことができたのか、訳が分からないのです。というのも、国家公共の祭祀の間、公共の祭壇でわたしが犠牲をささげているのを、だれでも見ることができたはずで、メレトス自身、その気になれば見ることができたでしょう。

ダイモニオン（何か神的なもの）について言うなら、神の声が聞こえて、わたし

【12】クセノポン『饗宴』第四章四八。

【13】クセノポン『饗宴』第六章一。

【14】クセノポン『ソクラテスの弁明』一一－一二。

になすべきことを示す、ということだけで、どうして新奇な神を持ち込んでいることになるのでしょうか。じっさい、鳥の声や人の発言を、何かの兆しと見なす人たちは、声からそれを受け取っています。雷鳴も一種の声です。それを大きな意味をもつ兆候だと言ったら、疑いをかけられるのでしょうか[15]。デルポイにある巫女の座る場所で、三脚座に座った巫女は、どうでしょう。彼女も、神からメッセージを受け取るとき、声を通して受け取るのではないでしょうか。

さらに言うと、神は未来のことを知っていて、望むものには前もって教えてくれるということも、ふつうに言われており、ふつうの信仰ではないでしょうか。ほかの人たちがその兆しを鳥だとか、ふとした発言だとか、偶然の出来事だとか、預言だとか呼んでいるのに対して、わたしがそれをダイモニオン（何か神的なもの）だと呼んだことは、神々を鳥だと言っている人たちより、よっぽどわたしのほうが神々に対して真実だし、敬虔でもあると言えるのではないでしょうか。

わたしが神に対して偽っていないことについては、ほかにも証拠があります。わたしは今までに神から受け取った助言を、多くの友人に明かしてきました。そしてただの一度も、間違いであったと判明したことはないのです。

［……］[16]。聞いてください。みなさんの中に、わたしがダイモニオンによって重んじられていることに大きな疑問をもっている方がおられるなら、言っておきたいのです。カイレポンがかつてデルポイで、わたしのことについて伺いを立てたとき、

【15】ソクラテスは、「ダイモニオンの声を聞いた」と、あちこちで繰り返し言っていたのは事実であるが、告訴人の訴状では、それによって「新奇な神を持ち込もうとした」という疑いを掛けられた。それなら、雷鳴を何かの兆しだと言ったら、同じような疑いを掛けられるのか、という問いである。

【16】［……］は、テキストに欠損があると見られている部分である。しかし、おそらくヘルモゲネスが聞き取れなかったところだろう。ソクラテスの口が動いているのは見たが、周囲がやじで騒然としていて、ことばを聞き取れなかったのである。

大勢の人がいる前で、アポローンは、人間のなかでわたしよりも自由で、わたしよりも正義で、わたしよりも思慮のある人間はいないと、答えたのです[17]。

［……］。しかし、みなさん、スパルタの法律をつくったリュクルゴスに、アポローンが神託において言ったことは、わたしについて言ったことより、大きなことです[18]。伝えによると、リュクルゴスが社殿に入ったとき、アポローンは、彼に言ったそうです。『君を神と呼ぶか、それとも、人間と呼ぶか、わたしは思案している』わたしについては、アポローンは、わたしを神に比してはいません。ただ人間の中では、きわだっていると考えているのです。

それでも、でたらめにそれを神の言葉だと考えてしまうのではなく、むしろ神が言ったことを一つ一つ調べることで、それは神の言葉なのだと信じるのがいいのです[19]。

じっさい、あなた方は、わたしよりも肉体の欲望に奴隷的でない人を、だれかご存知でしょうか。だれかわたしより自由な人を、ご存知でしょうか。わたしはだれからも、贈り物も給金も、受け取らないのです。あなた方は、余計なものを必要とせず、当座のもので間に合う人間よりも、だれか正義の人と見なせる人を知っているでしょうか[20]。

またわたしは、言われたことを聞いて以来、善いといわれることがらについて探究し、学ぶことをけして止めなかった。そういう人間を知恵があるというのは、い

【17】プラトン『弁明』では、巫女が言ったのは、「より知恵のあるものはいない」という、きわめて短いことばであった。おそらく、こちらが事実である。それに対して、メレトスを呼び出したうえでの発言は、おそらく「その神託について自分が吟味した結果」を述べている。つまり神託を吟味した結果、見えてきた「正しい解釈」をソクラテスは語っている。この発言を「傲慢な態度」と見るのか、それとも本当のことを「率直に述べている」と見るのか。前者の印象を受けた人たちが、「有罪」投票をしたのである。これは、福音書に伝えられているイエスの裁判における「神の子」発言に比することができる。イエスもこの発言で極刑に価すると裁定された。

【18】自分がここで言うことは「高言」ではない、というのである。

【19】それが神託であっても、しっかり吟味すべきだ、というのである。ソクラテスは神託を吟味してはじめてその真理が明らかになったのを見た。この経験から、む

かにも、もっともなことではないでしょうか。

　そしてその苦労が、骨折り損ではなかったということは、君たちだってそう思うに違いない証拠がある。つまり同国人のたくさんの人たち、また外国人のたくさんの人たちが、徳を得ようと求めて、あらゆるものごとの中から、わたしと一緒に過ごすことを選んだのです。じっさい、わたしが代金をほとんど払えない身の上だということは周知の事実であるにもかかわらず、たくさんの人たちがわたしになぜか贈り物をしようとするのです。【21】その原因はなんだと言うべきでしょうか。さらに、何一つわたしに親切の返却を要求することもなく、たくさんの人が、このわたしに恩がある、感謝しなければ、と言っているのです。（その原因は何でしょうか。）

　また、この町が敵に包囲されたとき、ほかの人たちは、自分を惨めに思っていましたが、わたしは、この町が幸せの絶頂期にあったときと変わらず、何も困ることなく日々を過ごしていました。（その原因は何でしょうか。）また、ほかの人たちは、市場で高い金額を払ってぜいたくなものを手に入れていますが、わたしは、心の中から、何の出費もなく、喜ばしいものを生じさせています。（その原因は何でしょうか。）わたしが自分のことについて言ったことを、それは嘘だと、だれかが論破できなかったのなら、わたしは神々によっても、人間によっても、称賛されるものだと、すでに公明正大に言うことができるでしょう。

　しかし、メレトス、君は、わたしのしていることが若者を堕落させていると、言

しろ神託を吟味して見ることが、自分に対する神の命令だったと考えた。なぜなら他者の知を吟味することを神の命令だと受け取ったのは、この経験を通してだからである。おそらく、あらゆる知は吟味されるべきであり、その結果として人間は、知の自覚と無知の自覚（知の最善の状態）を見出すことができる、と彼は考えているのだろう。

【20】ソクラテスの考えによれば、不正は、自分をありのままに受け取らず、自分にふさわしいだけのもので満足できない者によって、引き起こされるのである。

【21】若い頃、ソクラテスは「金持ちであるがゆえに立派だと言われる馬はいない」ことを確かめた。ところで、立派な馬は、餌をたんともらい、子どもができれば、みながそれを育ててくれる。言うまでもなく、馬はお金を払わない。ちょうどこれと同じように、ソクラテスも、人がくれるもの（施し）で十二分に腹を満たすことができたし、家族もそれで十分に生活できたのだろう。そのうえに、感謝までされている、と彼は言っている。

うのだろうか。われわれは、若者が堕落しているとはどういうことであるか、たぶん、心得ている。それにもかかわらず、やはり君は、そう言うのだろうか。ではわたしのために、だれが、かつては敬虔であったのに、不信心なものになったと君は言うのか。分をわきまえたものであったのに、傲慢な人間になったと言うのか。節度のある暮らしをしていたのに、金のかかる暮らしをするようになったと言うのか。ほどほどに酒を飲んでいたものが、大酒飲みになってしまったと言うのか。苦労を好む人間だったのに、軟弱な人間になったと言うのか。わたしのおかげで、こうしたこと以外の品性の悪い快楽に身をゆだねるようになってしまった人間は、一体だれなのか、知っているなら、言ってみなさい」

メレトスは言った。「しかし、わたしはゼウスにかけて、両親よりも自分の言うことを聞くように、あなたが言いくるめた人たちを知っている」

ソクラテスは言った。「それはそうだ。同意するよ。ただし教育に関してだ。というのも、彼らは、ぼくの関心事がそれだということを知っているからね。じっさい人は健康に関しては、産みの親より医者の言うことを聞くし、アテナイの人たちはたぶん、みな、民会においては、親戚の人たちより賢明な意見を言う人のことばに説得されるだろう。また将軍を選ぶに際しても、父親や兄弟よりも、ゼウスにかけてあなた方も、自分たちよりも軍事に関して明るい人だとあなた方が考える人を、選ぶのではないか」

メレトスは言った。「ソクラテス、もちろん、そのようにするのが、みなの一致した考えだ」

ソクラテスは言った。「それでは、君は、驚くべきこととは思わないのか。ほかの行動においては、もっともすぐれたものは、平等の分け前にあずかるだけでなく、名誉も与えられるのに、わたしはと言えば、人間にとっての最大の善、つまり教育に関してある人たちから最上の人であると選ばれていながら[22]、そのことを理由にして、死刑にするように、君によって訴えられている！[23]」

以上が、プラトンが彼の『弁明』に載せていないなかで、クセノポン『弁明』にある主要な部分である。

5　ソクラテス告発の論

プラトン『弁明』のはじめの部分に、ソクラテスの弁明が特殊なものであることを読者に意識させることばが二つある。

一つは、弁明の前にメレトスという告訴人によって陳述された「告発」の弁論があったわけであるが、ソクラテスはそれについて「もう少しで自分を忘れるほどだった、それほど真実らしかった」と言っている。残念ながら、告発の弁論は伝わっていない。しかし、告発されたソクラテス自身が「真実らしくて、思わず我を忘れるほどだっ

【22】　ここでソクラテスが「教育」を最大の善だと言っていることは、興味深い。そしてこの教育は「知の吟味」、「問答」を通じて、もっともよい仕方でなされる。プラトンが『国家』第六巻末、「太陽の比喩」で語ろうとしている「善のイデア」は、このことだったと推察できる（拙著『哲学の始原』二七–二八頁参照）。

【23】　クセノポン『弁明』（プラトン『ソクラテスの弁明・クリトン』三嶋・田中訳参考）。

た」というのだから、さぞや見事なものだったのだろう。

ところで、ソクラテスの裁判が起こされたのは、アテナイの敗戦（紀元前四〇四年）後まだ間もない紀元前三九九年のことである。

古代においては、人間社会は全体が思うにまかせなくなると、どこかに宗教的な原因（神の怒り）があるのではないかという不安が誰言うともなく、広がるものだった。病気の蔓延や戦争における不運は、とくに個人の責任とも言えないものであるだけに、気づかないところで神々の怒りがあったのではないかと疑心暗鬼になっても、不思議はない。

アテナイにおいてもペロポネソス戦争が始まって間もなく、町の中で繰り返し疫病がはやり、多くの人が死んだ。ペリクレスもこの疫病で死んだと言われている。そして紀元前四一五年、アルキビアデスという若者によって提案されたシケリア（現シシリー島）遠征隊が大船団をつくって出ていく直前、町なかの諸所に置かれたヘルメス像のもつ男根が、一夜にしてほとんどが打ち壊された。翌朝それを見つけた人々の間には、宗教的な恐怖感が広がったと推測される。日本で言えば、諸所にあった地蔵の頭が打ち落とされたようなものである。すぐに賞金付きの情報提供が町中に広告された。さまざまな密告がなされ、裁判が行われ、ある程度は一部若者の結社の仕業であろうことが見えた。

しかし犯人が見つかったとしても、神々への冒瀆ともいえる行為があった事実は、なかったことにできない。したがってその結果として神の怒りがその後の国運に現れたと人々が見たとしても、不思議ではない。実際、シケリア遠征は数年を要したが、結局は大失敗に終わり、これを機にアテナイは負け戦を重ねていく。その記憶は敗戦後のソクラテスの裁判時にも人々の間に残っていたに違いない。

ヘルメス像の大損壊事件は若者の間に広がっていた不信心（敬神の無さ）に原因があった。そしてその不信心を若者に人気があったソクラテスに結びつけることは、思いのほか、うまくできたのかもしれない。というのも、彼はアゴラのような人の集まるところで、大抵、一人を相手に話をしており、その一人は、若い人であることが多く、しかも、その話をじつに多くの若者が取り巻いて周りで熱心に聞いて居るのを、多くの人が目撃していたからである。

多くの人は、ソクラテスの話を理解しなかっただろう。そしてそういう人々は、若者に人気の彼の話をあやしいと考えがちであった。それゆえ、ソクラテスは神々を否定するような科学的な話をしているのに違いないと考えて、人々はメレトスの弁論に同調したかもしれない。

なおかつ、ソクラテスは今はやりの詩人たちの多くが知恵を語っているように見せて、じつは知恵がない連中だと言って、彼らを中傷していた。鍛冶屋や大工、革製品づくりの職人たちも、国家の一大事には戦うよりも逃げ出すような連中であると言って、中傷していた。そしてソフィストと言われる「弁論術の教師」たちについても、彼らは一国の市民としての徳を教えることができると言っているが、そもそもそれは、はたして教えることができるのか、と疑問を口にすることで、中傷していた。

つまりソクラテスは、神々について語る詩人を中傷し、懸命に仕事をする職人を中傷し、ほかのソフィストを中傷していた。したがって、ソクラテスはそういう全く無礼なソフィストだという噂が広がっていた可能性がある。そして「無礼」な人間であるなら、きっと神に対しても無礼であり、信仰心が疑われると考えられたとしても、不思議ではない。

そしてメレトスは、いくつかの場面で証人を呼び出して、自分の弁論が真実らしいことを聴衆に印象づけたに違いない。何人かのはやりの詩人、何人かの一般の職人、何人かの知恵（弁論）の教師、そして政治家アニュトスも、その通りだと証言したに違いない。しかも、登壇したそのほとんどは、みながよく知る人物だったに違いない。

ソクラテスは、自分が彼らをけなしていることは事実として認識していたので、それをもとに自分を犯罪人に仕立てるメレトスの弁論に、「自分を忘れるほどの思い」にとらわれたのだろう。

6　真実を明らかにするためのソクラテスの話法

もう一つ、ソクラテスの弁明が特殊なものであることを意識させる発言は、「自分は裁判の場に登壇するのははじめてで、その話の進め方には慣れていないから、自分の話し方で話すことを大目に見てもらいたい」というものである。[24] ただしここで「裁判所に登壇する」ということばで表現されているのは、被告人や告訴人の立場で裁判の場に立つという意味であって、裁判所に聴衆としてすら一度も来たことがないという意味ではない。なぜなら、弁明の終わりのあたりで、[25]「裁かれるとなれば、無罪にしてくれるようにあらゆる手段で懇願するみっともない姿を、わたしは何度も見た」と、彼は言っているからである。

したがって、ソクラテスはこれまでに他人の裁判を聴いたことはある。ただし、そこでの弁論の仕方には慣れていないと言っている。反対に、慣れている話し方とは、彼がいつも両替屋の店先などで人々と交わしている問答の話し方である。しかし現代の研究者は、「ソクラテスが述べている弁明は、まったく当時の弁明のやり方そのものだ」という見解を示している。[26] つまりソクラテスは、その言にもかかわらず、しっかり当時の裁判のやり方で弁明していると言うのだ。

わたしは、ソクラテスは嘘など言っていないと考える。その理由は、第一に、自分の主張の一つ一つを保証してもらう証言者を、確実なものとしては一回だけ呼び出している。神託があったことについての、カイレポンの家族の証言である。しかし、それ一回のみのように見える。

もしも証人の登壇が一回しかないとすれば、明らかに、かなり特異な弁明である。自分の弁明を他人の言で補強することで裁判員を説得するのが当時の通常のやり方だ

【24】プラトン『弁明』一七C–D。
【25】プラトン『弁明』三五A。
【26】プラトン『ソクラテスの弁明・クリトン』三嶋・田中訳、講談社学術文庫、八六頁、「ソクラテスの弁明」訳註（1）参照。

からである。つまりソクラテスは、真理の証明のために他者による証言の数に頼らない弁明をした。

彼の弁明の仕方が特殊である、という第二の点は、自分の主張の真を証明するのに、むしろメレトスという告訴人を相手にして、彼との「問答」で証明しようとしたことである。実際、ソクラテスは、メレトスとの問答で、第一に、「旧来の信仰を否定して、新しい神を導入しているか」、第二に、「若者を悪く教育しているか」、という、告訴内容の二つの柱を両方とも取り上げて、その順番で反駁している。

以上の内、第一の点、すなわち、真理の証明を有名人の証言の数に頼らない、ということは、ソクラテスがほかの人間とは違うと意識した特殊な話し方かどうか、十分に明白ではない[27]。しかし第二に指摘した「話の進め方」、すなわち、「相手との問答において自己の主張の真を証明する」というやり方は、まさにソクラテスが、市場の両替屋の店先その他のところで、日常的にしていた「話し方」であった。

若い頃に、彼はイスコマコスとの問答で、「このやり方は、よい教育方法なのではないか」と考え、それを学んでいた。「問答」こそ、ソクラテス特有の、そしてソクラテスが最善と見なした「話し方」なのである。毎日、そのような話し方で暮らしていたので、その話し方には慣れ切っている。他方、たしかにそれは裁判所では、通常見られない「弁明の仕方」であった。たとえば、まさに当時なされた弁論、「アンドキデスの弁論[28]」には、告訴人との「問答」は全くない。

【27】プラトンのソクラテスも、真理は多数決によって決められるものではない、という主張をしている。プラトン『ゴルギアス』四七二A。

【28】『アンティポン・アンドキデスの弁論』京都大学学術叢書。

ソクラテスは、告訴人メレトスを呼び出し、彼との問答によって、彼としては十分に自分の無罪を明らかにしたと考えた。実際、ソクラテスはメレトスとの問答を切り上げるとき、つぎのように言っている。「しかし、もうたくさんでしょう。なぜなら、アテナイ人諸君、わたしがメレトスの訴えていることがらについて、罪を犯していないということは、多くの弁明を必要としないのでして、今述べたことでたくさんだと私は思います[29]」

しかしおそらく聞いていた人たちは、ソクラテスの問答形式の弁明は聞きなれない弁明の仕方であるために、それが弁明になっているとは思わなかっただろう。実際、現代の専門の研究者ですら、ソクラテスが、本来的には「メレトスとの問答で弁明した」という理解を、ほとんどもっていない[30]。

【29】プラトン『弁明』二八Ａ（田中美知太郎訳）。

【30】ただしプラトン『ソクラテスの弁明』納富信留訳の解説には、「問答による弁明」であったという指摘がある。

7　誤解を解こうとする話

ソクラテスはメレトスから告発の弁論を受けたあと、メレトスとの問答によって自分の無罪を証明する前に、まず一般の人たちに広がっていた誤解を解こうとした。すなわち、ソクラテスが行った弁明には前置きの弁明がある。それは「誤解を解こうとする弁明」である。

ソクラテスは、メレトスの訴状のもとに一般に広まった誤解があり、それは「ソクラテスは天空のことを研究したり地下のことを研究したり、勝てそうでない議論を強弁する知恵を売り物にしているソフィストである、そしてそういうものであるなら、きっと神々を認めない無神論者であろう」[31]とか、「一人アリストパネスという喜劇作家が自分をそんなふうにでっち上げて面白おかしい喜劇を上演したことがはっきりしているだけで、あとは本当にただの『噂』として広がっているだけだ」[32]と語り、呼び出して「問答で」それを明らかにできないから、自分がはたして本当にそういう話をしていたかどうか、自分の話を立ち聞きした人々は法廷内にたくさんいるので、お互いに話してみればわかる、と弁ずる。

はたして、ソクラテスが望んだように、人々が法廷内で互いに話したかどうかはあやしいだろう。なにしろ、法廷内は、多くがアニュトス派が集めた聴衆だったに違いないからである。

では、人々はソクラテスが若者にどんな話をしていたと考えていたかと言えば、やはりアリストパネスを見る必要がある。

アリストパネス『雲』において、主人公のストレプシアデースは、ソクラテスの思索所で議論の仕方を教えられて、つぎのように言って借金取りを追い返す。

ストレプシアデース　答えてくれ、ゼウスが雨を降らせるとき、その雨はいつも新しい水か、それとも、同じ水が太陽によって下から再び引き上げられて降るのか、どちらだと君は考えるか。

【31】プラトン『弁明』一八B–C。
【32】プラトン『弁明』一八C。

借金取り　どちらなんてわかるか。興味もない。

ストレプシアデース　天空の事象をなに一つ知らないなら、金を返せと、どうして言えるのか。

借金取り　とにかく、返せ。

ストレプシアデース　では、利子とは、いかなる生き物の子か。

借金取り　月ごと、日ごとに、時間さえ流れていれば、お金が増えていく、ということだろう。

ストレプシアデース　その通り。では、海は、昔より今のほうが大きくなっていると、君は考えるか。

借金取り　ゼウスにかけて、そんなことはない。大きさは同じだ。海が大きくなるのは自然の理に反する。

ストレプシアデース　いくつもの川が流れ込んでいるのに、海はまったく大きくならない。それなのに、この疫病神、お前は自分の金を増やそうとするとは、いったいどういう了見だ。とっとと失せろ。

以上、主人公ストレプシアデースは、ソフィストのソクラテスから教えられたことをもとにして、新知識を持ち出して借金取りを追い返す。すなわち、時間は天空の事象を通じて流れ、時間にしたがって利子が増えると言われる、しかし同じ自然の理では、みなが見ている通り、空からは同じ水が降って海は大きくならないのだから、自分の金だけこの同じ自然のなかで増えると言うのは理に合わない、というわけである。[33]

この戯曲が見事かどうかは、よくわからないが、ともかく社会の既成の決め事によらず、新たに自然の理で物事を説明しようとする風潮は伝わってくる。おそらく当時の人々は、このような風潮に眉をひそめていたのだろう。

しかしながら、その一方、人々が尊敬するソフィストの知識もあった。それは「人間一般」を育てる教育的知恵であった。たとえば「論語」のような、東洋には古くからある人生訓の類である。つまりどのような仕事を身に着けるにしても、それぞれの専門職において「善い人物」となるための教育がなされる知恵である。現代で言う一般教養的知識である。

ソクラテスは、そういう話もできないわけではなかったが、一般的には、問答で話していた。そして問答は、相手に、当たり前のこと（自分が知っていたこと）に気づかせるものであった。そしてそのためもあって、ソクラテスは、お金をもらうことはできない、という立場だった。それができるのは、ゴルギアスとか、プロディコスとか、ヒッピアスとか、そういう、当時、著名なソフィストであって、自分は彼らとは違うと言う。[34] つまりソクラテスは、ある意味で自分がソフィスト（知恵者）であることを認めつつ、しかも、熱心に人を教育していることを認めつつ、まず「お金を取らない」ことだけで、他のソフィストと違うと言っていた。

【33】アリストパネス『雲』一一七八行以下。

【34】プラトン『弁明』一九D–二〇C。

8　ソクラテスの教育

ソクラテスが金銭を受け取らずに人間教育を熱心にしていたことは、事実としては疑いようもない。それはクセノポンの『思い出』の数々のエピソードが語っている。ことにソクラテスがプロディコスの教えを伝えているエピソードは[35]、著者のクセノポンも、ソクラテスは無料でソフィストの知恵を自分たちに提供してくれる「善き人」だと考えていたことを推測させる。またソクラテスが一般世間で評判のいいソフィスト、プロディコスと並べて理解されていた証拠が、アリストパネス『雲』にある。ソクラテスが、自分に対する誤解の原点になったと言っている喜劇である。

喜劇『雲』に登場するソクラテスは、「雲の女神たち」という新奇な宗教をもつという設定である。その雲の女神たちがソフィストを評価する。

「今の時代、天空を議論する輩のなかには、わたしたちが耳を傾けるに足る者はいない。ただし、あのプロディコスは別だ。その賢さと理解力のためにだ。またソクラテス、お前も例外だ。お前は町なかで自らを高く持し、左右の目をわきに向け、靴もはかないで数々の苦労を耐え忍び、われわれを崇めるゆえに、いかにも尊い態度を守り通しているからだ[36]」

アリストパネスは、ソクラテスが尊敬すべき生活をしているのは、雲の女神たちを崇敬しているからだと、新奇な宗教のせいにしている。そしてこのような彼の作った

【35】クセノポン『思い出』第二巻一節の一八―三四。

【36】アリストパネス『雲』三六〇行前後（橋本隆夫訳、『ギリシア喜劇全集1』岩波書店）。

セリフも、メレトスの告発を後押しした。とはいえ、アリストパネスは、ソクラテスの禁欲的な生活態度自体は、明らかに、高く評価している。

ソクラテスが新奇な宗教をもっていたというのは喜劇作家の創作に過ぎない。しかしそれと同じように、事実としてお金を取っていなかったからと言って、ソクラテスは善美について「無料で教える」から善い人だ、という理解は、ソクラテスにしてみれば、おそらく誤解がある。ソクラテスにおいては、お金を取らないのは、教育がもっている本質についてのある理解によると思われるからである。

なぜなら、ソクラテスは「配慮」、つまり「気づくべきところに気づいて対処していくことができる」知恵を、経験的に身に付けることによって、人は「善き人」になることを、イスコマコスから学んでいたからである。そしてそれは「愛」によって教えられるものだった。言い換えると、「銭金」によってではなく、「親切」で教えられるべきものであった。たしかに、それはつぎのように人に言えば、金銭を取れる内容であった。すなわち「それは簡単には教えてもらえそうにない一般的に高度な知識である。じつは自分はそれを秘匿している。しかし金銭を出せば特別に教える」と、説得すれば、職業ソフィストになれる知恵だったことは、確かである。しかし、真実の愛を吟味していたソクラテスは、そうはしなかった。

ソクラテスは、イスコマコスから農業はお金を払わずとも教えてくれる人がいる仕事であることを学んでいた。イスコマコスは、農業は「人にやさしい」仕事、つまり

「フィランソロポス」だと言っていた。ソクラテスは、人間を善美な人に育てる哲学は、やはり「人にやさしいもの」だと考えていただろう。つまり注意して見聞きさえすれば、だれでもその知に気づくことができる知恵だと考えていただろう。また『家政』で見たように、イスコマコスが自分の妻に良き妻となるための配慮を教えていたことを、彼は聞いている。言うまでもなく、そこに金銭のやり取りはない。あるのは、実質、妻への「愛」だけに違いない。

実際、人間を「善き人」に育てる人間教育が、人間に対して「やさしい」のは、自明である。なぜなら、人間を良き人に育てることは、人に対する真実の愛であるから。さらに、イスコマコスとの対話の後、ソクラテスが真実の愛について考察したことは、クセノポンの『饗宴』第八章に記された愛についての彼の論によって明らかである。あれだけの論を展開するためには、やはりかなりの考量がソクラテスの中であったはずである。したがって、人を「善き人」に育てる知恵がソクラテスに皆無であった、ということではない。それどころか、むしろその点でソクラテスは人後に落ちないほどすぐれた能力をもっていた。

ところで、人間教育が人間に「やさしい」仕事であり、真実に人間を「愛する」仕事であったなら、たしかに教える相手からお金を取ることはない。真実の愛に代金が生じることはないからである。代金を取れば、ソクラテス流に言えば、それは「売春」である。たしかに現代日本で教育システムにお金の支払いが生じているのは、教育の中に「職業教育」（仕事に就くための教育）が含まれているからである。実際、識字教育や計算は、本質的な「人間教育」ではない。ソクラテスはそのような職業教育はしなかったらしい。実際、ソクラテスはイスコマコスから農事を学んでいるはずなのに、それを教えているようすはない。これは一つ、ソクラテスが「お金を取らない」ことの理由であっただろう。

しかし、その理由だけで、自分はお金を取るソフィスト（プロの教育者）ではない、と言っているとも、言い切れない。なぜなら彼は、そもそものための「知識」をもたないと言っているからである。すなわち、「わたしはそういう知識はもっていないのです」と『弁明』に述べている。[37]

9 市民としての徳は知らない

この「そういう種類の知識」とは、彼によれば「人間として、また一国の市民として持つべき徳」についての知識である。[38] ところで、すでに述べたように、ソクラテスは、イスコマコスから知識について、さまざまなことを聞いていた。まず、農業の個々の作業について、その技能を身に付ける習練には時間が一定程度必要であっても、その知識は、農業はピランソロポス（人にやさしいもの）だから、知るのにむずかしいことはない。[39] ところで、それは一般的に個々の専門職がもつ知識に相当する。つまり社会の中での一定の専門職については、一定の必要な知識があり、農業以外は学ぶ

【37】プラトン『弁明』二〇C。ソクラテスは自分がその知識をもたないことについて、ダイモーンの声によっても確かめている。すなわち、その声は国政に携わることを止めていた（プラトン『弁明』三一D）。

【38】プラトン『弁明』二〇B。

【39】イスコマコスに確かめたことによって、ソクラテスは、以後、「農本主義者」なのだ。

のに苦労があるとしても、それを必要な程度に身に付ければ、その仕事をすることができる。こういう知識なら、人間はもつことができるから、ソクラテスも、もつことができる。たとえば、馬を飼育し、訓練する知識とか、鍛冶屋の知識とか、である。

しかし、農業でも、多くの作業員を監督する立場の人間がもつべき「徳の知識」となると、イスコマコスも言っていたように、容易に教えることはできそうにない。それは仕事全体に対しての責任感とか、配慮とか、たゆまぬ努力とか、自己抑制とか、そこから生まれる権威性、等々、奴隷的立場での評価を超えて、自由な市民として評価されることがらについての知である。

一方、国政に必要な徳とは、やはり国家全体に対しての配慮であり、責任感である。それこそが「一国の市民としてもつべき徳」である。そしてすでに指摘したように、ソクラテスは、そのような知識を自分はもたない、と言っていた。言い換えると、問答を繰り返していても、それを発見することが自分にはいまだにできないでいる、と言っている。したがって、人間ははたして国家を運営することができるのか、彼は疑いを持っていた可能性がある。とはいえ、ソクラテスはそれについて無知を自覚していただけなので、「だれにもできないかどうか」断言してはいない。そしてそのような知識をもち、それを手ごろな値段で教えることができると言っていたソフィスト、「パロス島から来たエウエノス」については、自分はカリアスからそれを聞いて、エウエノスを「祝福した」と言っている。【40】

【40】 プラトン『弁明』二〇B。

いずれにしろ、農業とか、その他の個々の専門的職業ではなく、広く国政を担うためには、国民の作業のすべてに対して、配慮することができなければならない。はたして、それは一個人の人間の能力に納まるものか。そういう疑問は、ソクラテスの中では自然な疑問であっただろう。ソクラテスは『弁明』のなかで、自分は国政にはできるだけ参与しない態度を取って来たと述べている[41]。つまりソクラテスは、寡頭派、民主派、いずれの立場にも立たない。しかし民主制度を確立したアテナイでは、民主派、寡頭派のいずれの立場にも立たないことは、民主制度を反故にしてしまう危険な態度と見なされていた。しかもソクラテスは、貧乏とはいえ重装歩兵の武具を用意していた階級（最低の労務者階級ではない）であったから、自分の党派を示さないことは、それだけでも市民から疑いの目で見られた可能性がある。

というのも、アテナイ民主制を確立したソロンの改革の一部につぎのようなものがあるからである。「ソロンは国内にしばしば党争が起こるにもかかわらず、市民の中には無関心から成り行きに委ねるのを好む者のあるのを見て取り、特にかかる人々に対する法を設け、国内に党争のあるとき、両派のいずれかに与して武器を執ることのないものは、市民たる名誉を喪失し国政に与り得ぬこととした[42]」。この改革は、アテナイ民主制の根幹となる改革であった。それゆえ、アテナイ市民からすれば「憲法」のようなものである。この精神は、少なくとも心ある市民の胸には深く刻まれていたに違いない。

【41】プラトン『弁明』三二A。著名なプラトン研究者ヴラストスも、ソクラテスに対して批判的である。ソクラテスは「正義のための戦い」を主張しているのに、肝心のアテナイ国家の不正に対して声を挙げなかった、というのである（プラトン『ソクラテスの弁明・クリトン』三嶋・田中訳、講談社学術文庫、「ソクラテスの弁明解題3　ソクラテスと政治」）。

【42】アリストテレス『アテナイ人の国制』第八章　村川堅太郎訳　岩波書店、一九七二年。

だとすれば、いずれの党派の側に立つことも示さないソクラテスは、かなり疑いの目で見られていたはずである。そうだとすれば、ソクラテスが裁判で死刑となった本当の理由は、「瀆神的なソフィストではないか、という民衆の誤解」ではなく、「政治に対する彼の無関心」だったのではないかと、思われる。すなわち、彼は町なかで個人的に問答してそこにおいて見事な知恵を示しているにもかかわらず、民会で意見を述べることはしない、ということから起きる誤解だったのではないか。

たとえ彼がお金を取ってソフィストとして活動していたとしても、ちょうどデーリオンで見事なはたらきをしたように、国家に栄誉となる「演説」をしてデマゴーグから国家を守っていたら、メレトスの告発もなかったに違いない。国政に積極的に参加して自分の国を善き国家にしようと協力することは、民主国家の一員（市民）の義務のはずであった。それをせずに、有力政治家を馬鹿にするように見える言動をとっていたことが、ソクラテスが死刑となった背景にあると思われる。

10　ソクラテスがもつ徳の知識

ところで、ソクラテスがどういう理由で自分は「市民としての徳」について知識をもたないと言っているのか、それを探らなければならない。

ソクラテスにとって、知一般は、専門職の知も、監督の知も、家庭内の妻の知も、体験を通じて養われる一種の「勘」のようなものである。それは、生まれつきの何か

（個人的な才覚）のうえに、それを養う知識や経験を必要としている。しかし、一般的知識が教えられていても、そもそも生まれつきの才覚が無い人間には、農業に関する知識も、馬の訓練についての知識も、身に付かない。また、それに関わる徳を身に付けることも望めない。たとえ生まれつきの才覚があっても、さらにその上に知識が教えられても、そのために努力する持続力や、経験がなければ、その「勘」が養われて、立派にそれぞれの専門の知識、徳を身に付けることはできない。

そしておそらく、ソクラテスから見ると、人間の能力では、国家の運営は規模が大き過ぎるゆえに配慮すべきことがらが多過ぎる。したがって、そのために必要な徳は、すなわち、「一国の市民として持つべき徳」は、知ることができない、そしてそれゆえ、教えることができない。つまりこの種の徳は、人間には「知ることもできない」と考えていた可能性が高い。

「一国の市民として持つべき徳」は、国民から国家の栄誉として称賛される徳を言うが、国家というものは、そのときどきに、さまざまな状態にあって賞賛すべきものを変える。たとえば、日本でも先の戦争下で、敵と闘って英雄とされた人は、国家の賞賛を受ける徳をもったと言われる。これに対して、国内でその戦争に反対して特高につかまり、処刑された人は、当時の国家によっては非難されるべき人間（非国民）であった。しかし、ときが移れば、前者はただの戦争犯罪人かもしれないし、後者は、命をかけて国家の犯罪に反対する「勇敢な行為」を実行した人物として称賛される。

戦争でたくさんの人を殺せば英雄と言われ、平和時に同じことをすれば鬼畜と言われる。つまり国民としての徳というものは、ときに徳とみなされ、ときに徳とみなされない。評価がそのときどきで反対になる。したがって、これについては、知識（一般性）が成り立たない。

ソクラテスが「善美なことがら」、すなわち、「徳」について、当時人々から第一の政治家と見られていたアニュトスにおいて「知識」をたしかめなければならないと考えた理由は、この辺にあったと考えられる。

これに対して、「個人としての徳」をもつ人は、接した人々から「善美な人」と、一般に言われる。ソクラテスによれば、これは国民としての徳とは別である。なぜなら、個人としての徳は、他者とのかかわりが個人的（私的）であるかぎり、配慮すべきことがらが人間個人の能力を超えるものではないから、人間の知として十分に可能だからである。

ソクラテスが若い頃にイスコマコスから聞いたことが思い起こされる。すなわち、イスコマコスが、妻に、年を取ってはたらきが鈍くなったときでも、家の者たちからその美徳を慕われるようになるから安心しなさい、と言っていたことである。[43]

そしてソクラテスは、この「個人としての徳」については、その知恵をもっていた。神託はそれを称賛している。したがって、これについてはソクラテスは教えることができたし、熱心に教えていたのである。そしてこの知識は「愛」によって教えられた

【43】クセノポン『家政』第七章四二–四三。

ので、代金の請求はしなかった。他方、一国の市民としての徳については、知らないから（知識として成り立たないから）、教えられないし、教えようとしたこともない、とソクラテスは言うのである。

11 ソクラテスの知恵から生まれる美徳

それゆえ、メレトスとの問答で、自己の無罪を証明したあと、ソクラテスは、弁明の場で自分が持つ徳（個人の徳）の根拠を説明する。

そして、ホメロスが歌った「イーリアス」の話を持ち出す。すなわち、アキレスは、親友のパトロクロスが敵将ヘクトールに討たれたことで、その仇討ちをしようとする。このときアキレスは、母親のテティス（女神）から、それをすれば死ぬことになるといさめられる。それについて、ソクラテスは語る。「アキレスは、この言葉を聞いても、死をものの数にも入れないで、むしろ友のために仇討ちもしないで、卑怯者として生きることを恐れ、あの悪者に罰を加えさえしたら、すぐに死んでもかまいません。わたしはこの世にとどまって、地上の厄介者となりながら、舳先のまがった船【44】のかたわらに、笑いものになっていたくありませんと答えたのです」【45】

アキレスは女神から生まれた半神であり、当然、当時の人々からすぐれた人と見られていた。その彼は、死の危険を自分の行動に際して勘定に入れていない。それゆえ、その行動は、優れた人の行動なのであるから、善美な行動である。ソクラテスはそれ

【44】 軍船のこと。

【45】 プラトン『弁明』二八C–D（田中美知太郎訳）。なおこの箇所は「イーリアス」第一八歌。

を聴衆に語って確認する。ソクラテスは聴衆を問答の相手に見立てているのである。そしてアキレスの話はつぎのことを意味すると述べている。「少しでも人のためになる人物の考えなければならないことは、ことを行うに当たって、それが正しい行いとなるか、不正の行いとなるか、すぐれた人のなすことであるか、悪しき人のなすことであるかという、ただこれだけのことで」あり、もしもそうではなくて、「生きるか、死ぬかの危険も勘定に入れなければならないと思っているのだとしたら、(君の言うことは感心できない)[46]」ということである。

ソクラテスは、明らかに当時の「常識」を確認し、聴衆に同意を求めている。それは同時に、何が善美な行動であるか、人々が「知っている」はずであること(自覚)の確認である。

この常識の知見の確認をしたあと、ソクラテスはそこから応用知を導く。

「人がどこかの場所に、それを最善と信じて、自己を配置するとか、あるいは長上の者によって、そこに配置されるとかした場合には、そこに踏み止まって、危険を冒さなければならないと、わたしは思うのでして、死もまた他のいかなることも、勘定には入りません。それよりはむしろ、まず恥を知らなければならないのです[47]」

ソクラテスはだから、事実自分は、戦地に出たときも、将軍の命令によって配置された場所で踏み止まって、死の危険を冒してきたという[48]。つまり自分のこの行動は半神アキレスと同様であったから、立派なものであったというのである。そしてこの説

【46】プラトン『弁明』二八B(田中美知太郎訳)。

【47】プラトン『弁明』二八D(田中美知太郎訳)。

【48】プラトン『弁明』二八E。

明の裏には、「こういうことを『イーリアス』の詩句から読み取らない詩人たちは知恵がない」という、詩人たちに対する侮蔑がある。メレトスは詩人だったので、このことに怒っていた。

ところで、メレトスたちは、ソクラテスは神を信じていないと言っているが、ソクラテスにしてみれば、むしろ神を信じていればこそ、自分はアテナイの町なかに踏みとどまって、神に命じられた行動をとっていると言うほかない。

「いま神の命令によってと、わたしは信じ、理解しているのだが、わたし自身でも、他の人でも、だれでもよく吟味して、哲学しながら、生きていかなければならないことになっているのに、その場において、死を恐れるとか、何か他のものを恐れるとかして、命ぜられた持ち場を放棄するとしたら、それこそとんでもない間違いを犯したことになるだろう。そしてそのときこそ、神々の存在を認めない者として、わたしを裁判所に引っ張り出すのが、本当に正しいことになるだろう[49]」

ソクラテスは四〇歳の頃に、受け取った神託を吟味してみた。すると、その吟味を通じて見えてきたことは、自分の持つ知恵が神に評価されている、という事実であり、なおかつ、神の命令がソクラテスに下っている、という事実であった。すなわち、神はソクラテスに対して、その知恵をもって人々を吟味するように、自他を吟味するように、言っていると考えたのである。ソクラテスは、この吟味行為を「哲学」と呼んでいる。それは一般的には「知」の吟味なのであるが、この「知」は、ピュタゴラス

【49】プラトン『弁明』二八E–二九A（田中美知太郎訳）。

学派が教える「行動と分離可能な説明知（反省知・観想知）」ではなく、むしろ「行動と不分離な知（実践的な勘）」である。

したがってソクラテスは、自分の信仰を「説明」でごまかすことはできない。自分が死の危険を賭してでも、町なかにとどまって人々の知の吟味を行う行為は、ソクラテスによれば、まさに神を信ずることを含んでいる行為である。したがって、死の危険（裁判で死刑になる危険）を顧みずに哲学することを彼が続けている理由は、まさに自分が神を信じているからであり、その信仰があればこそ、権力者からにらまれて死刑となる危険がともなっていることが分かっていても、自分は哲学の活動をつづけている。このことによって、ソクラテスによれば、まさに自分の信仰は証明されている、ということである。

さらにソクラテスは、自分が死を賭してでもこの地で哲学しつづけなければならないことは、死についての無知の自覚（知らないことの確認）と、正義についての知の自覚（知っていることの確認）とによって、論理的に明確になることだ、と述べる。

「死を恐れるということは、いいかね、諸君、知恵があるのに、あると思っていることにほかならないのだ。なぜなら、それは知らないことを、知っていると思うからだ。なぜなら、死を知っている者はだれもいないからです」[50]

死んだ経験をもつ人間は生きていない。したがって、生きているだれも、死を知らない。知らなければ、それが恐ろしい害悪であるか、あるいは、楽しいばかりの最高

【50】プラトン『弁明』二九A（田中美知太郎訳）。

の喜びであるか、どちらともわからない。だから、これ（わからないこと）が分かっている人間は、死を恐れる理由はないはずである。しかし死を恐れる人は、それが最大の害悪であると「知っているつもり」になっている。これは、知らないのに知っているると思っている、ということにほかならない。そして知らないのに知っているつもりでいることは、「知における不正」（完全な誤謬）のはたらきをなすことである。それは「最悪の無知」である。[51]

他方、「神でも人でも、自分より優れている者があるのに、これに服従しないということが、悪であり、醜いことは知っている」[52]すなわち、ソクラテスは、再びこの常識を確認する（聴衆に同意を求める）。もちろん、裁判の場では、聴衆にいちいち同意を求めて実際に同意を得ることは不可能であるから、「自分は知っている」と述べただけで、話を進めている。

ところで、人間は正義であるためには、不正（悪）となることを避けなければならない。

他方、善悪がわからないものがあれば、それについては、避けても避けなくても、どちらでもよい。なぜなら、それは善でも悪でもないからである。死がそういうものであることは、ソクラテスには「わかっている」。

したがって、死を恐れて、神の命令に服従しないことは、死については「知らないことを知っていると思う」ことであり、神の命令については、服従するのが正しいと

【51】プラトン『弁明』二九B。
【52】プラトン『弁明』二九B。

「知っているのに知らないつもりでいる」ことである。つまり知について二重の過誤を犯すことである。

ソクラテスは、このような知の過誤を冒さない。それが彼の知恵である。すなわち、「知らないことを知らないと思う」と同時に、「知っていることを知っていると思う」という知恵をもつ。言い換えれば、自分が知らないことについて、素直に知らないと判断できるし、知っていることについては、素直に知っていると判断できる。つまり、ソクラテスの「無知の自覚」と「知の自覚」は、その内容を他者に確認するときは、相手に「同意を求める」かたちでなされるが、自分の心のなかでは、たんに、「知と無知」に対する「素直な同意」としてあるだけである。したがって、それは反省知でもなければ、説明知でもない。

高度な反省知や高度な説明知を教えられてそれを典型的に「知識」として受け取っている人間には、ソクラテスが重視するこの種の知識（勘）は、忘却の淵にあるか、思い出しても、程度が低すぎると感じて踏み込めない知の世界、知のレベルである。それゆえにプラトンのような専門家は、この単純なことが「わからない」のである。それゆえソクラテスのことばは、専門家にはむしろ謎めいて聞こえる。しかし魂が素直であれば、つまり心が命にまっすぐに連なっていれば、心がもつ知は、そのまま持って生まれた魂に通じる。そして魂は身体の魂でもあるから、ごく自然に徳のある行動がとれる。ここには、何の無理もない。

たとえば、性格が素直であれば、その人は人に対して善良であろうし、体が素直に動けば、その人は優れた競技者・体操者になるだろう。これと似て、人の心が、自分の持つ知について素直であれば、自分の知の限界がそのまま見えるだろうし、自分がもつまったくの無知にも、気づくことができるだろう。そして心は、この無知の自覚において、ことがらを判断し、それに従って、その人の言動がある。これがソクラテスにおける「知と無知の自覚」である。

ところで、人が死については知らないことに気づくならば、死を恐れずに正義をつらぬくことができる。ソクラテスがデーリオンの戦いで見せた勇気も、裁判で死刑を求刑されてもひるまない勇気も、これによって成り立つことは明らかである。そして、少なくとも自分が信ずる神の命令に従う勇気（個人の徳としての勇気）は、国家の裁判においては不正と判断された（事実ソクラテスは有罪とされた）が、彼個人においては、まさに正義をつらぬく勇気であった。そしてそれが「無知の自覚」から生じている美徳であることも、以上に示したソクラテスの推論から見て、明らかである。

同時に、神の命令に、死を賭してでも従うことは、「敬神」の美徳の実現でもある。そしてソクラテスは、節制の美徳についても、弁明のなかで、「知の自覚」から導いている。すなわち、だれもが「知っているように」（知の自覚）、「金銭をいくらつんでも、そこからすぐれた精神が生まれてくるわけではなく、金銭その他のものが、人間のために善いものとなるのは、公私いずれにおいても、すべては精神のすぐれていることによるのだから」[53]、というわけである。

こうしてソクラテスは、知と無知の自覚によって、実際に敬神の美徳をもち、節制の美徳をもち、勇気の美徳をもつ個人であった。そしてこれは、ソクラテスが神に認められた知恵者であることの証明になっている。すなわち、ソクラテスは「無知」と「知」の自覚をもつことで、神が賞賛する「知恵者」なのである。

【53】プラトン『弁明』三〇B（田中美知太郎訳）。

12 ソクラテス裁判の本質

その結果、実際にソクラテスは自分がそういう評価を受ける者であることを自覚している。すなわち、人々から「知恵とか、勇気とか、あるいは他の何らかの徳において、傑出していると、わたしは思われている」[54]

ソクラテスは、カイレポンがもたらした神託を通じて、己の「無知」に気づくことができない人間は、自分に才覚があっても、それを成長させることができないことを、最終的に知ったのだと思われる。これが「無知の自覚」のもつ特性であった。無知を自覚できるものは、自分の知についても、同時に自覚があり、確実な知にもとづいて考えることができる。そして無知を自覚するものは、予断をもたずに判断するし、傲慢にならないし、知らないことに気づくのだから、学ぶべきときが訪れれば、それを逃さない。したがって、よく知恵を学んで、だれよりもすぐれた知恵者になることができる。言うまでもなく、この知恵は、プラトンやアリストテレスが求めた説明知で

【54】プラトン『弁明』三五A（田中美知太郎訳）。

はなく、自分の言動のすべてを善美にする知恵である。

それゆえソクラテスは、己の無知に気づかない人間に対しては、しつこく叱咤激励するための「問答」を行うし、他方、ソクラテスの問答を受けて己の無知に気づいて謙虚になっても、具体的にどうすればいいかわからない人間には、「やさしく」それを知る道を教えたのである。それはクセノポン『思い出』の数々のエピソード（談話）が語っている。

そしてソクラテスの叱咤激励を、自分に対する「あざけり」のように受け取った人間は、わけがわからなくなって、ソクラテスを誤解して、悪いソフィストの一人だと言いふらすことになったのだろう。ソクラテスの弁明は、この誤解を解くための弁明であったが、生まれつきの才覚はあっても己の無知に気づくことができない人間は、どんなに話しても聞く耳をもたず、「教えることができない」ことを、結局ソクラテスは死刑の判決を受けて再確認するほかなかった[55]。

これがソクラテスの裁判の本質なのだと、考えられる。

このような理解を得れば、プラトン『ソクラテスの弁明』は、ソクラテス自身が導入部と訴えに対する回答の後で言っているように、大きく三つの段階に分けることができる。

一つは、「古くからの訴えに対する回答」である。ここには、誤解を解くための弁明があり、もう一つ、国家に忠実な構成員としての「徳」については、「知らないし、

【55】 ソクラテスが、その誠実な弁明にもかかわらず有罪となったことは、このことを意味する。そして弁明を通じて見えてくるソクラテスの「無知の自覚」については、拙著『哲学の始原』を参照してほしい。

教えたはずもない」という回答がある。

第二に、「メレトスの訴えに対する回答」がある。ソクラテスは、メレトスとの問答を通じて、公共的信仰に関して無罪であるし、若者教育に関しても、無罪であることを明らかにしている。

第三に、個人としての美徳に関しては「知っている限りの美徳を示して来た」と答えている。この第三部分は、裁判における訴えとは関係がない。したがって、弁明としては余計な部分であるが、自分の最後を知っているソクラテスとしては、もっとも重きをなす陳述であったことが推測できる。

13 ソクラテスの哲学の素朴さの意味

ソクラテスの弁明が、それを聞いた裁判員の心に響かなかったのと同程度に、以上の説明は、読者の心に「わかりにくさ」を残しているかもしれない。その理由はおそらく、ソクラテスの主張が、プラトンのイデア論のように、図式化できそうなほどに簡略に、これまで説明されてこなかったからだろう。

最後に、ソクラテスの哲学の簡略化を試みよう。

ソクラテスの哲学の第一の特徴は、「人間並みの知恵」だということにある。[56] 言うまでもなく、わたしたちはみな同じ人間である。したがって、ソクラテスの知恵は、人間だれもがもつことができる知恵だ、ということである。それは、自分が馬鹿にし

【56】 プラトン『弁明』二〇D。

ている人間であっても、それくらいはもつことができる、と考えられる知恵である。それゆえ、彼の知恵は、まことに「素朴なもの」でしかない[57]。それは心が身体とともに勘を養う範囲にある。それは、ソクラテスによってはまさに「知」なのであるが、わたしたちが使うことばとしては、むしろ「勘」である。すなわち、ソクラテスが求めている善美な知識とは、説明知ではなく、善美に気づく実践的な「勘」である。

そしてそれは身の丈に合った「配慮」であり、「気づき」によるものであった。この知は身近な人々の身近な生活にしか届かない[58]。したがって、遠い人々への配慮は、身の丈に合わず、「嘘」や「不正」を生じるものではないかと、疑わなければならない。ソクラテスが国政に関わろうとしなかったのは、まさにそのためだと考えられる。ソクラテスにとって国家は、人間には大き過ぎるゆえに完全な正義を求める場ではなく、むしろ「不正の温床」になるものでしかない。それゆえ、ソクラテスはつねに友人たちとの狭い世間で善美について確かめ合う日々を送ったのである。

これに対してプラトン哲学は、「天上の知恵」を求める哲学である。それはアリストテレスにも受け継がれている。すなわち、「完全な正義」を「国家」に実現しようと、はやる哲学である。それは「偉大な知恵」を求める哲学であり、国家を支配するために正義を装う秘密めいた力をもつ。なぜなら、天上の知恵は、特別なものであるから、だれにでも手の届く知恵ではないからである。だれもが知ることのできる知恵ではないから、知らない人間は、知恵を装う支配に甘んじなければならない。そして、

【57】それゆえ、ソクラテスは天下国家を論じる（国政に意見する）ことには消極的なのである。そして国政には、市民としての義務とされたこと（たとえばある年に議長団の一人として活動する義務などは果たしている）以外は、できるだけかかわらないことが、ソクラテスにとっては「正義のための戦い」だった。

【58】イエス・キリストが、「神の愛」は、「隣人に対する愛」という仕方でこそ、もつことができると考えたのも、同じ理由からであろう。「遠方にまで通じる愛」は、神自身はもつことができるが、人間に神から与えられた愛は、近隣の人までしか届かないのである。届けようとすることに、すでに神の愛（真実の愛）を知らない、という「無知」、すなわち、ソクラテスが非難していた無知がある。

知っている人間は支配者側の利益を得ることができる。そうであるがゆえに、若い人々に「夢を与える」哲学であり、文明社会のなかで競って求められ、「もてはやされる」条件をもっている。それゆえにプラトン哲学はその後のヨーロッパ文明社会のなかで第一位のもてぶりを発揮してきたのである。

ソクラテスの哲学には、プラトン哲学にある「果てしない夢」がない。ソクラテスの哲学は、「人間の素朴な現実」を受け入れることによって、はじめて理解できる哲学である。人間は文明（国家）がもつきらびやかな雰囲気に呑まれて無自覚に傲慢になってしまう。そして反省することを止めてしまう。そういう人間に、ソクラテスは自覚（気づき）を求める。夢見がちであったために気づかずに過ごしていたことを、「考えてみる」ことを勧める。そして地に足をつけた素朴な努力こそが人間に本当の知恵をもたらすものであることを、教えている。

地に足をつけた努力とは、身体的な体験を通じて「確かめられる」ことがらを、どんな主張についても、できるかぎり実際に確かめて「持とうとする」努力である。実際に「確かめられない」主張は「神の領域の知」であると知って自分の知であるかのように誤って受け取らない、という努力である。おそらくソクラテスは、これこそ「正義のための戦い」[59]なのだと考えている。

すでに述べたように、ソクラテスは、人間として立派になるために一切のお金は必要でないことを実際に確かめた。ソクラテスは、金持ちが所有する馬のところへ行っ

【59】プラトン『弁明』三二A。

て、その馬は「金持ちだから」立派だと言われているのかと訊ねて、そうではないことを確かめた。ソクラテスは、このことで人間にしか「もつことができない」金銭は、人間の本質の良さとは関係がないことを確かめている。そのうえ、明らかに、ソクラテスは人間と馬の間に上下があるとは見ていない。

あるいは、精神的な友情の「善さ」が掛値なしのものであることをさまざまな体験を通して確認し、それを人々に語ることで、ソクラテスは他者からの反論がないことを確認していた。つまり周囲の人々から同意を得ていた。また身体的に確認しきれないこと、たとえば、善と美の同等性については、人々の間で交わされている「ことば」のもつ論理（含む・含まれる関係）によって、疑いようがないことを、問答を通して、繰り返し確認していた。

そして自分が体験を通して実際にどれだけのことを知っているか、それとも知らないか、それをつねに問答を通して確かめ続けた。そして、学ぶために、恐れることなくその道の専門家と問答することを止めなかった。農業についてはイスコマコスと、詩についても詩人たちと、あるいは詩を愛する人たちと、その他の職業についても、彼の弁を信ずるなら、話していたのである。

この努力が面倒になり、体験をもたずに知ろうとすることを、ソクラテスは厳に戒めていた。そういうことは、文明社会の人間がもちがちな「傲慢」と見ていた。「体験する」ことは、人間にとって、知るための端緒であると同時に、自分が「そこまでしか知らない」ことを自覚できる貴重な場だからである。このことを人は見落としがちである。人間一生に体験できることは限られる。あるいはどんなに長く生きても、やはり限界がある。

人間が人間なみの知恵から離れることは、人間の真実を捨てて生きることである。それゆえ、それは人間にとって「不正な生き方」である。つまり人間の知には、人間の身体性がつねに絡みついている。そのことをソクラテスは見落とさない。それは人間が他の動物と同じであることを、いやがうえにも確認させる。

したがってソクラテスは、他の動物と同じく、身体をもって生きる人間の素朴な知を、けしてその実体よりも高く見積もることがない。そして「国家」の大きさが、人間の知の間尺に合うものかどうか、疑っている。間尺に合わなければ、どれほどの知恵をもってしても、人間は善い国家をもつことができないことは明らかである。

14 ヨーロッパにおけるソクラテスの運命

わたしがこれまで見て来たことから、「その後のソクラテス」について推測してみると、つぎのようなことになる。

まず注目すべきは、クセノポンにソクラテスの言を伝えたヘルモゲネスの存在である。クセノポン『饗宴』に出てくる話から見ると、ヘルモゲネスは、だれよりも精神的にソクラテスにほれ込み、ソクラテスの哲学を自分のものにしようと努力した人間だと思われる。明らかに、プラトンの比ではない。そして彼は、ソクラテスと同様になにも書かなかった。この点でもヘルモゲネスはソクラテスの真正の弟子なのである。

ソクラテスのことを「書いた」のは、アテナイの人間としては、不肖の弟子プラトンとクセノポンのみである。[60] このうち、ピュタゴラス学派の知に心酔していたプラトンは、プラトン自身が信ずる「真理を追究する姿」をソクラテスに重ねて、『クリトン』をはじめとして、数々の対話篇作品を書いた。そこに出てくるソクラテスは、ピュタゴラス的な論理を駆使しつつ、ところどころに実際のソクラテスの面影をもつ「きびしい吟味」や、ソクラテスに独特のエピソードを交えている。

一方、アテナイに残っていたソクラテス信者たちは、なにも書かず、まわりの人々にソクラテスが話したことを伝えているだけだった。そういうことを見聞きしつつ、プラトンは、数々の作品を書いたが、その作品を広く公開せず、『弁明』以外は、学者仲間、あるいは自分がアカデメイアの地に開いた学校の生徒に見せるだけだった。おそらくプラトン自身、ちょうどアリストパネスが本当のソクラテスではなく自分のソクラテスを書いて劇場で人々に見せたように、自分のソクラテスを書いて学校で生徒たちに見せることに、違和感はなかったのだろう。

他方、クセノポンは、武人気質のまっすぐな性格で、哲学を自分でやろうとする人間ではなかった。ただ、若い頃にソクラテスから多くの大事なことを学んだ記憶があった。そしてペルシアに向かう軍隊に参加して、数年後、ようやくギリシアに帰還で

【60】アテナイ出身でない人間も、ソクラテスについていくつかの作品を書いたことが伝わっている。しかしそのどれも現存していない（納富信留『ソクラテスの弁明』光文社、納富信留『哲学者の誕生』ちくま新書）。

きたときには、ソクラテスはすでにこの世の人ではなかった。そしてソクラテスから学んでいた農場経営の知識を生かして、帰還後は他国での農場経営で家族とともに暮らした。しかしその間、故国の友人を通じてソクラテスの裁判のようすを知り、またプラトンが書いた『弁明』も読んで、ソクラテスの善美を、自分が知りうるかぎり書き残そうと、ヘルモゲネスから聞いていくつかの作品を書いたのだと思われる。

問題はその後の歴史である。「書き残されたもの」がどのような運命をたどったか、アテナイに残る「言い伝え」がどの程度、そこに影響したか、想像しかできない。とはいえ、プラトンの対話篇のほうは、プラトンの死後、ほどなくして学外に伝わっただろう。

他方、ソクラテスの真正の言い伝え（口承）は、ある程度、宗教的な崇敬のもとに受け止められていたと思われる。その典拠として、クセノポンやプラトンの作品が読まれていただろう。そしてクセノポン『饗宴』にある「愛」についてのソクラテスの論説は、一種の宗教的な教えとして、とくに熱心に言い伝えられたのではないかと思われる。というのも、ソクラテスの第一の信者と考えられるヘルモゲネスは、ソクラテスの言う「真実の愛」について、必ずや強い関心を持ったに違いないからである。

ソクラテスが自分をしばしば「売春あっせん人」にたとえていたことを、彼は知っていた。『弁明』では、ソクラテスは自分を「アブ」にたとえているが、それは他者批判（きびしい吟味）をする自分の在り方としてあげているたとえであり、他者に知恵を教える自分の在り方のたとえとしては、ソクラテスは自分を「売春あっせん人」と言っていた。ここで「売春」と言っているのは金で売り買いされる身体の喜びの販売ではなく、知恵を人々に伝え、魂が喜ぶ「愛」の喜びの無料販売であり、「あっせん」とは、知恵をもつものと、それを求める人との「引き合わせ」をいうのである。

これらのことが、数百年間、ギリシア語文化圏のなかで、伝わっていたと思われる。

この間にキリスト教会が生まれ、キリスト教会はギリシア語で新約聖書を書いた。このとき「悪魔」をどういうギリシア語で訳すか、聖書作家は考える必要があっただろう。というのも、ギリシア宗教には、悪魔はいないからである。悪いいたずらをする神やニンフがいても、それは悪魔ではなかった。そこで聖書作家は、「ダイモーン」を悪魔の訳として取り上げた。そこにソクラテスを排除するための深謀遠慮があったかどうかは、わからない。しかし、少なくとも聖書を書いた著作家は、悪魔を「悪いダイモーン」とはギリシア語に訳さなかった。単純に「ダイモーン」とした。

その理由は、周辺に熱心なソクラテス信者が居て、その魅惑的な言動に、福音書作家が嫌う何かがあったからだと、想像できる。ソクラテスが「売春」という、キリスト教徒が特に忌み嫌うことばを用いていたことも、関係したかもしれない。そして何より、使徒パウロが、教会信者たちの融和を求めるために、ソクラテスが説いた「真実の愛」を、「神の愛」として説いていたという事情があった。つまりキリスト教がもつ「愛の教え」が神由来でなく、「売春あっせん人」のソクラテス由来と見られては、教会のためにならなかった。

その後、教会が支配力を発揮した中世の間、ソクラテスはまったく知られることがなかった。そして中世が終わると、ようやく「プラトン全集」を通じてソクラテスがヨーロッパに知られるようになった。しかしこのとき、長く忘却されていたソクラテスの哲学は、すでにプラトン哲学に準ずる哲学として読まれるものでしかなかった。なぜならプラトンの作品中には、プラトンによって説明されるソクラテス（プラトン流のソクラテス）のほかは見いだされなかったからである。

あるいは、アリストテレスの作品には「定義を与える」という功績のみを認められたソクラテスしかいなかったからである。そのため、クセノポンの書いたソクラテスの対話は、逸脱した語り（すなわち、クセノポンが作り出したもの）として受け止められるほかなくなっていた。そしてこのソクラテス理解の道筋は、そのまま現代にまで及んでいる。

紀元前後に始まり、中世を通じて定着したプラトン哲学とアリストテレス哲学の権威によって、かつてソクラテス信者の崇敬を受けたソクラテスは、ヨーロッパにおいて姿を消していた。ただ唯一、プラトンが書いた『ソクラテスの弁明』は、古代において崇敬を集めたソクラテスの肉声を伝えている。

以上が、ソクラテスが味わった歴史であると、わたしは考えている。

おわりに

プラトンが書いた『ソクラテスの弁明』は、ヨーロッパにおいてキリスト教聖書の『福音書』に並ぶ文化だと言われている。[1] そしてどちらも、ふつうの人間理性にとっては謎だらけの作品である。ただしキリストの言動は、神が起こした奇跡だから謎だらけなのは仕方ない。ところが、ソクラテスは神ではないから同じように片付けられない。そして『弁明』に出てくる、「吟味」、「無知」、「徳」、「教育」、「政治への不参加」、「皮肉」[2]、等々は、今日に至るまで研究者たちを悩ませている。

中世哲学を専門に見て来たわたしは、とりあえず自分の領域ではないからと、これに本格的に挑むことは避けてきた。実際、『弁明』に現れるこれらの問題は、通常の哲学的論理で考える限り、どこかに不適合を起こす事柄にしか見えない。

このように言うのなら、本当は読者にたいして、どういうことでこれらの問題が通常の哲学的論理において「不適合」、あるいは、「矛盾」が生じるか、事細かに説明すべきかもしれない。しかし、それも大変になる話なのである。どうしてもそれを知りたい方は、欧米で発行されている数々のソクラテス研究書を読んでみていただくしかない。ただし、途中で嫌になって読むのを止めてしまいたくなるほどの議論（まるで

【1】 C. D. C. Reeve, *Socrates in the Apology: An Essay on Plato's Apology of Socrates*. Indianapolis/Cambridge: Hackett P.C., 1989, introduction (ix).

【2】 プラトン『ソクラテスの弁明』三八A。ギリシア語では「エイロネイア」。これが英語の「アイロニー」のもとになったので、「皮肉」と訳されるが、『弁明』の訳では「空とぼけ」と訳されることが多い。しかし、これは日本語で言うと、むしろ「知らないふり」、「わからないふり」を意味している。日本語訳としては、後者「わからないふり」がもっとも適当だろう。なぜなら、ソクラテスは、大工の仕事や鍛冶屋の仕事など、「わかりきったことを取り上げて、国政を取り仕切る知恵を教える人がどこにいるのか」と問うて、人を戸惑わせていたからであ

中世の煩瑣哲学のよう）であることは、あらかじめ述べておく。実際、わたしも、読み通せなかった。

そして「はじめに」で述べたように、わたしは中世についてはおおかた視野をもてるようになったことで、古代からつづく哲学の歴史についても、いくらか見えるようになった。請け負った学生相手の授業の都合もあって、古代についても納得できる知識が必要だった。『ソクラテスの弁明』の問題は、結局、わたしの中でも捨てて置けない問題になった。

何気なく、それまで読まずに過ごしていたクセノポンの作品を読んでみた。すると、あらためて自分の不明を恥じることになった。そしてお膝元のヨーロッパで、なぜこの問題がかくも混乱しているのか、ということも、なんとなく想像ができるようになった。簡略に言ってしまえば、プラトンの呪縛である。そして古代後期からの長年にわたるキリスト教会のプラトン好きである。

わたしは今回、クセノポンの『家政』、『饗宴』、そして『ソクラテスの思い出』を読み直すことを通じて、『ソクラテスの弁明』がもっていた謎めいた部分を、完全ではないとしても、ほぼ解明できたと思っている。解明できたと言えない部分とは、わたしの能力では手が届かない部分だけである。つまりわたしには、ソクラテスのダイモーンの声を聞いて自分の解明の真偽を確かめることは、到底できない。現代に生きるわたしにできることは、この本の出版を通して、この解明の真偽を一般読者に問う

る。そしてこのことは、人には、「わかっていながら、わからないふりをして、盛んにひとに尋ねている」と受け取られていたと言われている（クセノポン『思い出』第一巻二-三八）。ただし、本文でも明らかにしたように、ソクラテスは国政にかかわる知恵については、本当にわからないと自覚していた。

ことだけである。

とはいえ、ソクラテスは、裁判で死刑が決まったあとに、自分は人間の生涯のうちでもっとも予言のできるときを迎えているのだからと言って、自分の死は、きっと良いものだろうと述べている。このことにあやかれば、つまり、わたしもこの本の最後に至ったところで都合のいい想像を許してもらえるなら、そしてもちろん、ソクラテスの裁判と違ってわたしの場合はかなりなまくらな生活の状態であることはわかっているが、つぎのように言うことができる。

きっとソクラテスを見守った神が、ソクラテスと同様、一般世間から見ればいささか通常からはずれた道を歩むことになったわたしに同情して、わたしの思考を導いてくれたのだろう。

正直なところ、ちょうど不惑の年に哲学で博士号は取ったが、わたしは本気で大学教授になりたいと思ったことはなく、ただ「神の答えがほしい」と思うだけで、これまで好きに生きてきた。大学教育に積極的には協力しなかったことで、たぶん、教授たちに嫌われもしたが、今から思えば、それも法律に決められたこと以外は国政に協力しなかったことでその教育活動を疑われたソクラテスに似たことであったかもしれない。

そして、神の答えを知りたいという願いを、わたしの神は、思いのほか叶えてくれようとしている。少なくともわたしには、そのように見える。わたしの神は、きっと、ソクラテスのダイモーンを知っているのだろう。

しかしその神が、本当は悪魔だったら、わたしはこの見返りになにを求められるのか。キリスト教会から見れば、悪魔に魂を売ったものは、悪魔から見返りを求められるはずである。

とはいえ、わたしにとっては、間違いなく尊崇するソクラテスに迫ることができたのである。思い残すことはない。ソクラテスが裁判所で最後に述べたように、これからのことは、やはり神だけが知っている。わたしにできることは、長年の研究の評価を、ソクラテスにならい、これを神に任せて待つだけである。

平成二十九年　夏を迎えて

八木雄二

主要参考文献

ギリシア語英語対訳付き

XENOPHON, *Memorabilia, Oeconomicus, Symposium, Apology*, Loeb Classical Library, Harvard University Press, 2013.

英訳本

XENOPHON, *Conversations of Socrates*, Penguin Classics, 1990.

邦訳書

プラトン『ソクラテスの弁明』納富信留訳、光文社古典新訳文庫、二〇一二年。

プラトン『ソクラテスの弁明・クリトン』三嶋輝夫・田中享英訳、講談社学術文庫、一九九八年。

プラトン『ソークラテースの弁明・クリトーン・パイドーン』田中美知太郎・池田美恵訳、新潮文庫、一九六八年。

プラトン『ソクラテスの弁明』山本光雄訳、角川文庫、一九五四年。

プラトン『ソクラテスの弁明』久保勉訳、岩波文庫、一九二七年。

プラトン『饗宴』久保勉訳、岩波文庫、一九五二年。

クセノフォン「ソクラテスの弁明」（プラトン『ソクラテスの弁明・クリトン』三嶋輝夫・田中享英訳、講談社学術文庫、一九九八年に所収）。

クセノフォーン『ソークラテースの思い出』佐々木理訳、岩波文庫、一九五三年。

クセノフォン『オイコノミコス 家政について』越前谷悦子、リーベル出版、二〇一〇年。

アリストパネース「雲」橋本隆夫訳、『ギリシア喜劇全集』第一巻、岩波書店、二〇〇八年。

八 木 雄 二　*Yuji Yagi*
1952年、東京生まれ。慶應義塾大学大学院哲学専攻博士課程修了。文学博士。専門はドゥンス・スコトゥスの哲学。現在、清泉女子大学ほか非常勤講師、東京港グリーンボランティア代表。東京キリスト教神学研究所所長。著書に『スコトゥスの存在理解』（創文社）、『イエスと親鸞』（講談社選書メチエ）、『中世哲学への招待』『古代哲学への招待』（平凡社新書）、『「ただ一人」生きる思想』（ちくま新書）、『神を哲学した中世——ヨーロッパ精神の源流』（新潮選書）、『カントが中世から学んだ「直観認識」』（知泉書館）、『天使はなぜ堕落するのか——中世哲学の興亡』『聖母の博士と神の秩序——ヨハネス・ドゥンス・スコトゥスの世界』『哲学の始原——ソクラテスはほんとうは何を伝えたかったのか』（以上、春秋社）など。訳書に『中世思想原典集成』（共訳、平凡社）など。

裸足のソクラテス

哲学の祖の実像を追う

2017年8月15日　第1刷発行

著者————八木雄二
発行者————澤畑吉和
発行所————株式会社 **春秋社**
〒101-0021 東京都千代田区外神田2-18-6
電話 03-3255-9611
振替 00180-6-24861
http://www.shunjusha.co.jp/
印刷・製本————萩原印刷 株式会社
装丁————本田　進

ISBN978-4-393-32373-1
定価はカバー等に表示してあります